KB043481

시각의 폭력

시각의 폭력
고대 그리스부터 n번방까지 타락한 감각의 역사

초판 1쇄 펴낸날 2021년 4월 30일

지은이 유서연
펴낸이 이건복
펴낸곳 도서출판 동녘

주간 곽종구
책임편집 정경윤
편집 구형민 강혜란 박소연 김혜윤
마케팅 권지원
관리 서숙희 이주원

등록 제311-1980-01호 1980년 3월 25일
주소 (10881) 경기도 파주시 회동길 77-26
전화 영업 031-955-3000 편집 031-955-3005 **전송** 031-955-3009
블로그 www.dongnyok.com **전자우편** editor@dongnyok.com
인쇄·제본 영신사 **라미네이팅** 북웨어 **종이** 한서지업사

ISBN 978-89-7297-988-3 (03100)

• 이 저서는 2019년 대한민국 교육부와 한국연구재단의 지원을 받아 수행된 연구입니다(NRF-2019S1A5B5A07111071).
• 잘못 만들어진 책은 바꿔드립니다.
• 책값은 뒤표지에 쓰여 있습니다.

시각의 폭력

유서연

고대 그리스부터 n번방까지
타락한 감각의 역사

동녘

들어가는 말

이 시대 가장 낯익은 폭력

2020년 봄, 코로나 바이러스의 전 세계적인 팬데믹과 그에 동반된 전염의 공포는 사람들을 공황 상태로 몰아넣기 충분했다. 그리고 이 시기 전대미문의 성폭력 사건인 텔레그램 'n번방 사건'은 사람들에게 또 다른 충격을 안겨주며, 디지털 성범죄에 대한 경각심을 불러일으켰다. 이 사건을 계기로 경찰이 9개월간 디지털 성범죄 특별수사본부를 운영한 결과, 피해자만 1154명에 이르고 그중 미성년자만 60.7퍼센트로 확인되었으며, 가담자 3755명이 검거되었고, 이 중 245명이 구속되었다. 또한 n번방의 주동자인 '갓갓'에게는 1심에서 징역 34년이 선고되고, '박사'는 1심에서 45년형이 선고되었다.

그러나 정확히 1년이 지난 지금, n번방 사건은 그것이 언제 존재라도 했는지 가물거릴 정도로 사람들의 관심사 밖으로 사라지고 있다. 그러나 이 사건이 이렇게 쉽게 잊힐 정도로 결코 가벼운 사건은 아님을 우리는 알고 있을 것이다. 오히려 그 피해 내용과 죄질이 너무 무거워서 우리는 이 사건을 의도적으로 잊고 싶은지도 모르겠다. 그럼에도 불구하고 n번방 사건은 사람들에게 디지털 성폭력이 단순한 음란물 문제가 아니라 명확한 중범죄임을 각인시켰음은 확실하다.

디지털 성폭력이라는 여성혐오 범죄이자 여성살해 범죄가 젊은 세대 사이에서 공론화되기 시작한 것은 2015년경부터다. 이는 젊은 여성들을 중심으로 한 페미니즘 운동이 들불처럼 퍼져나가는 단초가 된 2016년 5월의 '강남역 살인 사건'과 더불어, 이들을 주축으로 한 새로운 물결의 페미니즘 운동을 추동했다. 5년간 페미니즘 미학을 강의하는 강단에서 이러한 새로운 물결을 열어나가는 젊은 학생들을 마주하면서, 나는 때로 이 새로운 세대의 열성에 감복하다가도 어느 순간 두려움을 느꼈다. 젊은 페미니스트들은 이미 기성세대가 되어버린 내가 포용할 수 있는 한계를 넘어 더 치열했고, 더 분노했고, 더 용감했고, 더 '쎘기' 때문이다. 그래서 그들을 이해해보려 페이스북을 가입하고 SNS를 통한 운동을 유심히 살펴보기 시작했다. 그리고 이 새로운 물결의 페미니즘 운동은 2000년대 이후 도래한 디지털 시대, 온라인을 잠식해나가던 여성혐오와 디지털 성폭력과 깊은 연관이 있음을 알게 되었다. 또한 이 시대의 페미니스트들은 디지털 성폭력과 같은 신종 성폭력에 맞서 신종 무기인 온라인과 SNS로 무장해 투쟁한다는 것을 알게 되었다. 이들에게 온라인 공간은 성폭력을 고발하고 규탄하며 서로 연대하기 위한 하나의 장으로 존재한다.

언젠가 젊은 활동가가 발표하는 '사이버 성폭력'에 대한 특강을 들은 적이 있다. 거기서 내 또래 정도로 보이는 한 중년 여성이 "나 같으면 그런 것이 있어도 '무서워'하고 피해버리고 말 텐데, 신종 사이버 성폭력에 맞서 싸우는 요즘 젊은이들이 너무 대단한 것 같다"라는 요지의 말을 했는데, 나는 그 말에 뼈저리게 공감했다. 1990년대 중반에서 2000년대 중반 사이에 태어나 디지털 시대의 신기술에 능숙하고 관련 상품을 소비하는 '제트(Z) 세대'는 앞으로 새로운 세계의 주도권을 쥘 것으로 떠오르고 있지만, 사실 나와 같은 40~50대의 기성세대는 아날로그 세대의 경험을 거쳐 디지털 세대로 넘어온, 아날로그와 디지털의 경계선에 있는 세대이다. 우리는 친구와 연인에게 손편지를 쓰고 손편지로 답장을 받았으며, 세미나 등의 약속 시간이 불분명할 때 학교 앞 서점에 메모를 남겨 우리가 있는 곳을 알리곤 했다.

그러나 갑자기 모든 것이 빠르게 변하기 시작했다. 우리 세대는 시대의 변화에 발맞추어 개인용 PC를 구입하고 인터넷을 시작했지만, 여전히 카메라는 젊은 학생의 신분으로는 구입하기 힘든 고가품이었다. 아마도 휴대폰이 나오고 그 기능이 짧은 시간에 업그레이드되면서 더 많은 것이 변했던 것 같다. 2000년대로 접어들면서 전문가 수준의 카메라가 없어도 휴대폰 카메라의 동영상 기능으로 이전에는 상상도 할 수 없던 것을 얼마든지 찍고 전송하며 웹상에 업로드할 수 있는 시대가 도래했다. 그러나 인터넷 기술에 대한 접근과 컴퓨터 활용도, 휴대폰을 통한 동영상 촬영과 편집 기술에 대해서는, 이를 자유자재로 구사하는 제트 세대에 비해 나와 같은 기성세대는 좀 느리고 둔한 경향이 있다. 그리고 디지털 시대의 문화와 기술에 뒤처지기 때문에, 현재 문제시되는 디지털 성폭력이 무엇이며 어떤 형태로 자행되고 있는지 잘 모르거나 간과하기도 한다.

그러나 인터넷을 켜고 조금만 유심히 살펴보면, 우리 세대도 묵과할 수 없는 각종 디지털 성폭력이 온라인상에서 자행되고 있음을 알 수 있지 않을까? 명절이 끝나면 올라온다는 '엄마 몰카', '사촌 여동생 몰카'부터 시작해 온갖 종류의 불법 촬영물과 딥페이크물, 그리고 n번방의 디지털 성착취에 이르기까지 디지털 성폭력 문제는 기존 페미니즘의 틀로는 해결할 수 없을 만큼 광범위하게 퍼져나가고 있다. 최근 한 아동 성착취물 유포 사건에서 체포된 10명이 모두 청소년들이었고, 채널 운영자는 초등학생들이었다는 점에서 알 수 있듯이, 디지털 성범죄 가해자들의 연령은 점점 낮아지고 있다.

이러한 점에서 나는 래디컬 페미니즘이냐, 리버럴 페미니즘이냐 하는 이분법적인 구별 짓기로 어떤 페미니즘이 더 올바르고, 어떤 페미니즘이 더 해악적인가를 따지기 이전에, 아주 어릴 때부터 근본적인 젠더 교육이 이루어지지 않는 한 근절되기 힘든 현 디지털 시대의 성폭력 문제를 제기하고 싶었다. 그리고 대상화되고 객체화된 이미지들이 난립하는 시각의 폭력에 물든 이 사회에서 근본적 변혁이 일어나지 않는 이상, 디지털 성폭력이 근절되기 힘들 것이라는 점을 강조하고 싶었다.

이러한 바탕 위에서 나는 이 시대에 만연한 디지털 성폭력이라는 주제를, 시각적 폭력의 역사라는 보다 근본적인 틀 안에서 접근했다. 현재 카메라나 스마트폰 등 디지털 기기의 범람으로 난무하는 관음증적이고 남근적인 시선은 사실 디지털 시대의 전유물이 아니다. 즉, 디지털 성폭력에서 드러나는 시각의 남용과 타락은 시각적 폭력의 역사가 동반하는 여성의 시각적 대상화와, 여성을 비롯한 타자들과 소수자들을 눈앞에 두어 통제하고 소유하며, 더 나아가 착취하려는 근대의 시각중심주의에서 비롯된다고 할 수 있다.

그리고 이러한 근대의 시각중심주의는 접촉 감각으로서 촉각·후각·미각에 대한 폄하와, 대상과 공간적 거리를 두는 시각의 특권화와 관조라는 서구의 철학적 전통에서 그 뿌리를 찾아볼 수 있다. 신체적 눈이 아니라 정신의 눈으로 바라보는 관조의 시선은, 대상과 거리를 두면서 우리에게 영향을 미치지 않는 대상에 직접적으로 개입하지 않고 무사심(無私心)하게 바라보는 시선이다. 이러한 시선이 무사심하게 바라보는 것은 현재화된 형상, 즉 형태나 모양새로, 그것은 바라보는 자의 눈앞에 고정되어 시간의 흐름이 제거된 무시간적인 것이 된다. 이처럼 관조의 배후에는 존재를 '현전(Anwesen)'으로 바라보는 서구 전통 철학의 시각 경향이 있다. 하이데거(Martin Heidegger)와 데리다(Jacques Derrida)에 따르면, 플라톤 이후의 철학에서 존재는 과거에서 현재, 미래로 연결되는 시간적 맥락이 배제된 채 현재 시점에서 인지·포착할 수 있는 존재, 즉 눈앞의 대상으로 '지금, 여기에 있는 것'으로서 현전이 된다는 것이다.

근대의 시각중심주의는 이러한 현전성이 극대화되어 나타난 것이다. 근대에 접어들면서 시각은 사물들을 모두 내 눈앞에 세우고 눈앞에 현전하는 것으로 만들어, 연구하고 이용 가능하며 접근 가능한 대상으로 만든다. 나는 이 지점에서 대상과 거리를 두고 그것을 마치 초월적인 시선으로 한눈에 바라보면서 파악·장악·소유하려는 근대적 시각의 경향이 '근대(남성의) 광기'를 야기한다고 본다.

근대의 시각 문명 발달은 특히 근대의 최첨단 기술인 렌즈 연구로부터 촉발되었다. 즉, 인간의 시각이 지닌 불완전함을 보완해주는 렌즈를 이용한 기구들이 발달하면서 더 멀리, 더 정확히 볼 수 있게 되자 근대의 시각 문명은 급속도로 발전해 나갔다. 그러나 렌즈는 관음증적 시선을 증폭시키는 도구가 되기도 했다. 더 멀리 더 정확하게 여성의 모든 것을 몰래 훔쳐보고 알고자 하는 근대 남성의 시각적 욕망은, 망원경을 거쳐 카메라가 등장했을 때 그 정점에 이르렀다. 카메라는 안경, 돋보기, 망원경, 현미경 등 렌즈를 이용한 그 어떤 기구들보다도 대상을 객체화하며 몰래 훔쳐보는 관음증적 시각을 유발하는 데 적합했다.

무엇보다도 현재 여성에 대한 불법 촬영 등에 이용되는 것이 카메라 렌즈다. 카메라 렌즈는 처음에는 고정된 외눈으로 외부 대상과 연루되지 않은 채 바라보는, 관조적으로 응시하는 눈을 만들어냈다. 그러나 대상에 대해 아무런 윤리적 책임도 지지 않으며, 대상과 거리를 둔 채 그것과 연루되지 않는 관조의 시선은, 곧 은밀하고 탐욕스럽게 그 피사체를 지배·통제·착취하기 위해 거리를 두고 몰래 바라보는 관음증으로 변모해갔다.

이제 먼 거리에 있는 피사체를 바로 내 눈앞에 '현전'시키는 망원렌즈로 몰래 훔쳐보는 것은 고전적인 의미의 관음증이 되어버렸다. 대한민국의 집, 학교, 직장, 공공화장실, 탈의실, 수영장, 공공시설들을 포함해 도처에 숨어 우리의 일거수일투족을 몰래 훔쳐보는 소형의 카메라 렌즈가 현재의 불법 촬영에 이용된다. 그리고 각종 온라인 사이트에 업로드되면서, 불법 촬영물 속 여성들은 보는 자의 눈앞에 시간이 제거된 채 뒤틀리고 파편화된 몸의 형상으로 '현전'한다. 이제 고전적 의미의 관음증은 디지털 성범죄와 결합해 하나의 거대한 성착취물 산업을 형성하고 있다.

텔레그램 n번방 사건은 1년도 채 되지 않아 그에 대해 이야기하는 사람들의 숫자도 적어졌을 뿐만 아니라, 일회적인 것으로 간주된 채 사람들의 뇌리에서 잊혀갔다. 그리고 n번방을 만든 몇몇 주동자가 중형을 선고받았으나, n번방의 가담자에게 실형이 선고된 경우는 15건에 불과하며, 벌금형과 집행유예가 선고된 것이 대다수이다. 그리고 n번방 가담자에 대한 이러한 가벼운 판결과 세인들의 무관심 속에 제2의, 제3의 n번방이 계속 생겨나는 실정이다. 텔레그램 대화방에서는 여전히 적게는 600명, 많게는 21만 명의 회원들이 성착취물을 구매하고 공유하며 시청한다. 우리는 바야흐로 4차 혁명 시대에 진입했는데, 이 끝이 없을 것 같은 시각의 폭력은 대체 언제쯤 끝날 수 있을까?

이러한 맥락에서 새로운 시각의 가능성을 열어나가기는 결국 미학의 문제에만 국한되지 않는다. 데리다는 서양 철학의 근본적 은유가 고대 태양신론에 근거한 빛과 어둠의 은유라고 바라본다. 그는 감각적으로 지각되는 태양이 초월적 대상으로 신격화할 때, 숨었다가 다시 나타남으로써 항상 그 자체로 돌아오는 서구의 동일성의 논리가 탄생한다고 주장한다. 검은색보다는 백색에, 어둠보다는 빛에 특권을 부여하는 '백색신화'에서 나타나는 이 동일성의 논리는 여성, 이방인, 유색인종과 같이 검은 어둠으로 표상되는 타자를 잠식하는 초월적이고 폭력적인 빛의 고독한 독백으로 귀착한다.

이러한 빛의 폭력에 맞서, 나는 새로운 카메라의 빛으로서 공감과 연대의 빛, 폭력적인 자기동일성의 고독에 머무르는 빛이 아니라 어둠을 포용하는 빛, 내 안에 여성을 비롯한 타자를 끌어안는 촉각적 빛을 제시했다. 그리고 이러한 빛 속에 거주하며, 카메라를 든 내가 앞에 있는 피사체를 어떻게 바라봐야 하는가라는 태도의 문제가 제기될 때, 그것은 철학과 윤리의 문제가 된다. 이러한 문제의식은 피사체의 성적 형상만을 탐욕스럽고 비밀스럽게 응시함으로써 그 피사체가 되는 여성을 지배·착취하려는 관음증과 그것이 근거하는 관조의 시선을 벗어나게 한다. 이러한 맥락에서 나는 우리가 촬영하는 여성과 타자 옆에 공존하고, 그 내부와 접촉하고 공존하려는 촉각적 시각의 가능성을 제시하고자 했다. 이러한 시각에 대한 사유의 변환과 그에 수반되는 실천에, 이 책이 보잘것없지만 작은 밑거름이 되었으면 한다.

원고의 주제가 주제인 만큼, 이 원고를 집필하는 지난 1년의 시간은 지난했고, 때론 고통스럽고 아프기도 했다. 그러나 이것이 단지 제트 세대 여성들의 문제만이 아니라 또 태어나 성장할 다음 세대의 문제, 결국 '우리의 문제'임을 내게 각인시키며 끝까지 포기하지 않고 졸고를 완성시키려 노력했다. 이 과정에서 문제를 함께 공유하며 원고의 방향을 제시하려 애써주신 편집자님의 공이 컸다. 힘든 주제의 원고를 받아주

신 동녘 출판사와 열과 성을 다해 원고의 방향을 잡아주고 편집과 교정을 도맡아주신 정경윤 편집자님께 깊은 감사를 드린다. 또한 몇 년 전 마틴 제이의 《눈의 폄하(Downcast eyes)》를 소개해주며 시각중심주의에 대해 관심을 갖게 해준 지수 선생님과, 지난 1년간 영화 세미나를 같이 하며 내게 많이 부족한 시각예술 이론을 보충하는 데 많은 도움을 주신 시각예술가 분들께 깊은 감사를 드린다.

2021년 4월

유서연

차례

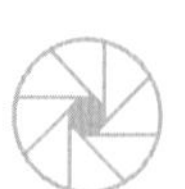

제5장 디지털 시대의 남성들

제6장 렌즈를 깨는 여성 광인

제7장 새로운 시각은 가능한가

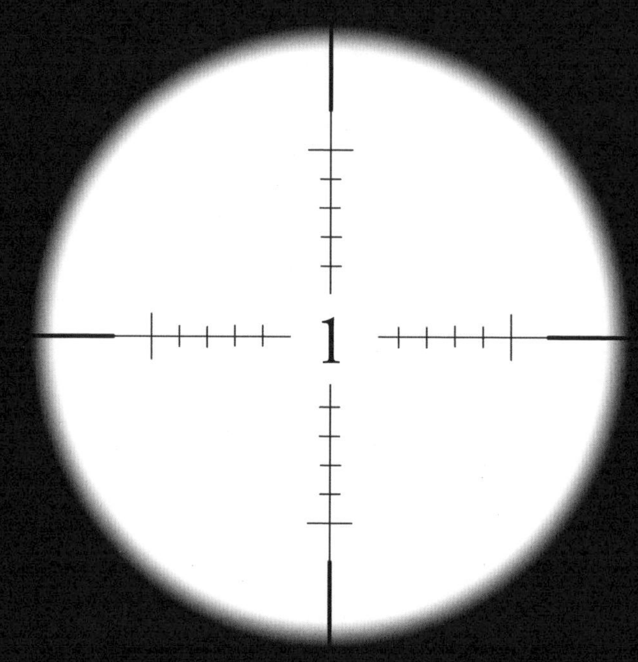

보는 폭력에 대하여

새로운 여성살해

17세기 프랑스의 동화작가 샤를 페로(Charles Perrault)가 전해 내려오는 민담과 실화를 바탕으로 쓴 잔혹 동화 〈푸른 수염〉. 내가 처음으로 이 동화를 읽은 것은 초등학교 5학년 때였다. 열두 살의 어린아이였던 나는 주인공이 바닥에 피가 흥건한 비밀의 방에서 열쇠를 떨어뜨린 후, 열쇠에 스며든 핏자국을 아무리 닦아도 지워지지 않더라는 대목에서 공포로 하얗게 질렸다. 그렇게 열두 살 소녀에게 '푸른 수염'으로 대표되는 연쇄살인마, 그것도 자신의 아내들을 차례로 죽이는 살인마와 '금지된 방'이 주는 선명한 이미지는 오래도록 뇌리에 남았다.

'푸른 수염'은 대저택에 사는 부유한 귀족이었지만, 수염이 푸른색이고 그의 아내들은 하나같이 실종되었기 때문에 근방의 젊은 처녀들은 그를 두려워하고 피했다. 그의 이웃에 사는 귀부인에게는 두 명의 딸이 있었다. 푸른 수염은 그들의 환심을 사기 위해 8일 동안 화려한 파티를 열었고, 이는 아직 나이가 어려 세상물정을 모르고 식견이 없는 둘째 딸을 현혹하기에 충분했다. 그리고 얼마 후 그녀는 푸른 수염과 결혼했다. 어느 날 푸른 수염은 멀리 다녀올 일이 있다며, 어린 아내에게 열쇠 꾸러미를 넘긴다. 금은 접시가 가득한 방, 금은보화가 가득한 방 등 그는 각 방의 열쇠를 가르쳐주며 다른 방은 얼마든지 열어보아도 좋지만, 큰 회랑 끝에 있는 벽장문만은 절대로 열면 안 된다고 일렀다.

푸른 수염이 떠난 후, 어린 아내는 친구들을 초대해 화려한 방을 열어보았다. 친구들이 부러움에 가까운 탄성을 지를수록, 그녀는 푸른 수염이 금지했던 벽장문 방이 너무나 궁금해졌다. 결국 호기심을 이기지 못한 그녀는 몰래 작은 열쇠로 벽장문을 열어보았다. 그 안에 있던 것은 벽에 기대놓은 시체들, 실종된 줄만 알았던 아내들의 시체였고, 바닥은 그들의 피로 흥건했다. 그것을 본 순간 어린 아내는 너무 놀라고 무서워서 열쇠를 바닥에 떨어뜨리고 말았다. 그녀는 다시 정신을 차리고 열쇠로 문을 잠근 후 자신의 방으로 돌아왔지만, 열쇠에 스민 핏자국을 발견하게 된다. 그 핏자국은 비누로 씻어도 모래로 문질러도 지워지지 않았다.

설상가상으로 푸른 수염은 예정보다 일찍 돌아왔고, 아내에게 열쇠를 돌려줄 것을 요구했다. 그는 열쇠에 스며든 핏자국을 보고 아내가 벽장문을 열었음을 알아챘고, 그녀를 죽이려 했다. 푸른 수염의 아내는 기지를 발휘해 죽기 전 잠시 기도 시간을 달라 한 후, 마침 자신의 집을 방문한 언니에게 탑으로 올라가 오늘 오기로 한 오빠들이 오고 있는지 알려달라고 했다. 이윽고 푸른 수염이 한 손으로 그녀의 머리칼을 움켜쥐고 다른 손으로 단도를 높이 치켜들어 그녀를 살해하려는 순간, 오빠들이 들이닥쳐 푸른 수염을 칼로 찔러 죽였다.

다행히도 이 동화의 결론은 해피엔딩이다. 푸른 수염의 재산은 그녀가 다 상속받아, 언니를 결혼시키고 오빠들이 자리 잡을 수 있도록 도왔다. 그리고 이 서슬 퍼런 동화는 다음과 같이 끝난다. “그리고 아주 정직한 남자와 결혼했는데, 그는 푸른 수염과 지낸 악몽의 시간을 잊게 해줄 만큼 아주 훌륭한 사람이었다.” 푸른 수염의 실제 모델로는 15세기 희대의 소년 성애자이자 연쇄살인마인 프랑스의 질 드 레 남작, 혹은 6명의 아내 중 몇 명을 아들을 못 낳았다는 이유로 참수시킨 영국의 헨리 8세 등이 거론되기도 한다.

하지만 이렇듯 결론이 매우 상세했기 때문에 나는 그가 최초로 민담에 수록된 연쇄살인마, 즉 여성살해자가 아닐까 상상해본다. 이는 ‘여성살해(femicide)’가 우리의 상상보다 훨씬 더 오래전부터 자행되었고, 여성들은 모르는 사람에게 살해당하는 경우보다 남편이나 연인, 지인 등 아는 사람들에 의해 살해되는 경우가 많았다는 사실을 알려준다. 사실 여성살해는 어제오늘의 문제가 아니며, 전 세대의 수많은 여성들이 가족이나 애인, 지인, 혹은 자신을 스토킹 하는 사람과 같은 면식

범에 의해 목숨을 잃어왔다. 이것이 수면 위로 떠오른 것은 예전보다 여권이 신장되었다고 여겨지는 최근에 이르러서다.

여성살해, 즉 '페미사이드'라는 용어는 1976년 벨기에 브뤼셀에서 열린 제1차 '여성대상범죄 국제재판'에서 정식화되었다. 다이애나 러셀(Diana E. H. Russell)은 페미사이드를 "남자들에 의해서 자행되는 여자들에 대한 혐오 살인"으로 규정하고, 2001년에는 페미사이드를 "여자라는 이유로 남자들이 여자들을 살해한 것"이라고 재정의한다.[1] 러셀은 1990년 제인 카푸티(Jane Caputi)와 공동 작업한 글에서는 페미사이드를 "여성들에 대한 증오, 경멸, 쾌락, 또는 숭배관에 따른 동기를 가진 남성들에 의한 성차별적 테러리즘의 가장 극단적 형태"로 정의한다.[2] 러셀이 분류한 페미사이드의 유형에 따르면, 가족이나 애인 등 면식범에 의한 여성살해가 낯선 사람에 의한 살해보다 우선적으로 유형화되고 있다.

'한국여성의전화'는 국내 미디어에서만 발표된 살인 사건을 조사한 결과, 2019년 한 해 동안 남편이나 애인 등 친밀한 관계에 있는 남성에게 살해당한 여성이 최소 88명, 살인미수 등으로 살아남은 여성은 최소 196명이라고 발표했다. 피해 여성의 자녀나 부모, 친구 등 주변인이 중상을 입거나 생명을 잃은 경우도 최고 33명에 달했다고 보고한다.[3] 이 조사에 따르면 여성살해를 자행한 가해자들의 범행 동기 중 가장 많은 비율(29.6%)을 차지한 것이 피해자가 "이혼, 결별을 요구하거나 재결합, 만남 등을 거부해서"이며, 피해자 37명은 가해자의 살해 행위 이전에 스토킹 피해를 입은 것으로 보고되었다. 즉, 여성살해는 이별을 빌미로 한 살인의 양상을 띠는 경우가 많다는 것이다. 이 경우 여성 피해자의 49퍼센트는 40~50대 여성들이며, 주로 가정폭력의 희생자들로 이혼이나 결별을 요구하다 살해된 경우가 많은 것으로 추정된다. 그러나 최근 20~30대의 이별 살인 역시 증가 추세에 있으며, 사회적 이슈가 되어 수면 위로 떠오르고 있다.

이러한 살인은 이별 범죄의 한 유형으로 분류된다. 이별 범죄란 배우자나 연인에게서 "이별을 통보받은 사람이 이별을 인정하지 않으려는 심리적 과정에서 이성을 잃고 애인에게 물리적 폭행이나 성범죄, 심지어 살인까지 저지르는" 범죄를 일컫는다.[4] 이는 분노조절장애 범죄의 한 유형이기도 하다.

> 2014년 여자 친구가 이별을 통보하자, 무자비하게 차로 들이받는 사건이 발생했는가 하면, 엘리베이터 안에서 이별을 통보한 동거녀에게 휘발유를 뿌리고 불을 붙이는 사건도 발생했다. …… 이별 범죄는 2011년에는 6700여 건, 2012년에는 7000여 건, 2013년에는 6598건에 달한 것으로 알려져 있다.[5]

몇 년 전에 헤어진 여자 친구의 집에 배관공으로 가장하고 들어가 여자 친구의 부모를 살해하고 여자 친구를 감금한 채 성폭행한 사건도 있었고, 2019년 1월에는 교제하던 여성이 연락을 받지 않는다는 이유로 집에 찾아가 살해한 사건도 있었다. 이 시대의 이별 범죄는 전 연령대를 가로질러 여성에게 자행되고 있는 중이다. 사적으로 친밀한 관계에서 자신의 요구나 욕구가 받아들여지지 않는다는 이유로 여성들을 폭행 또는 살해하는 이별 범죄는, 그러나 단순한 분노조절장애 범죄로 치부하기에는 친밀 영역 안에 젠더 권력관계와 불평등이 도사리고 있음을 간과할 수 없다.

나는 20대 초반의 대학생이다. 나는 막 남자 친구와 헤어져 돌아오는 길이었다. 신입생 환영회 때부터 나를 주시하고 내 곁을 맴돌던 두 학번 위의 선배. 그는 나의 첫사랑이자, 첫 교제 상대였다. 우리는 만 2년을 사귀었지만 그와의 교제는 쉽지 않았다. 그는 어느 순간부터 내가 무슨 과목을 수강하고, 누구와 그 강의를 듣는지 확인했다. 내가 친구를 만나러 가면 카톡으로 30분마다 한 번씩 어디냐고 물었고, 저녁 9시가 넘어가면 5분 간격으로 카톡을 보냈다. 그의 집착으로 동아리도 흐지부지 나오게 되었다. 점점 나의 일상을 옥죄어오는 그의 카톡과 메시지와 전화, 그것이 나중엔 협박 어린 집착이 되었다. 나는 나머지 2년의 대학 생활을 좀 더 자유롭게 보내고 싶어 그에게 이별을 고했다. 그리고 집으로 가는 버스 안에서 카톡 폭탄을 맞았다. 그중엔 우리의 성관계를 몰래 찍은 영상이 있었다. 그는 지독하게도 그 영상을 30초 단위로 여러 개 잘라 보냈다. 익숙한 듯하지만 이 세상에서 가장 낯선 모습으로 재현되는 나의 모습. 그것이 거기에 있었다. "곧 인터넷 사이트에다 이게 퍼질 거야, 각오해"라는 그의 마지막 메시지와 함께.

최근 몇 년간 이별 범죄는 '리벤지 포르노'라는 이름의 '디지털 성폭력'으로 쏟아져내렸다. 리벤지 포르노란 "당사자의 동의나 인지 없이 배포되는 음란물 영상을 말한다. 연인 등 친밀하거나 아는 관계인 사람 간의 이별에 앙심을 품고 상대를 모욕하기 위해 유포하는 경우가 많다."[6] 한국에서 '리벤지 포르노'가 수면 위로 떠오른 것은 2018년 한 20대 여성 연예인과 그녀의 남자친구가 쌍방 폭행을 하고, 이를 남자친구가 경찰에 신고하면서 성관계 동영상 유출로 보복하겠다고 협박한 사건이 알려진 이후였다. 이 사건은 법원에서 남자의 불법 촬영 혐의가 무죄 판결을 받고, 2019년 피해자가 끝내 자신의 생명을 끊음으로써 비극으로 끝났다. 그 이면에는 재판을 담당한 판사가 피해자와 변호인의 항변에도 불구하고 불법 촬영

동영상을 확인하고, 일반인들이 가득 찬 법정에서 두 사람의 내밀한 사적 관계를 만천하에 밝히는 등 사법부에 의해 자행된 2차 가해도 있었다.

사실 '리벤지 포르노'의 문제는 디지털 기기의 발전과 더불어 오랜 시간 동안 축적되어온 문제이다. 불법 인터넷 사이트 소라넷이 2016년에 폐쇄되고 몇 년이 흘렀지만, 합법적으로 운영되는 웹사이트에서 전 남자친구나 혹은 지인들에 의해 몰래 촬영된 영상물들이 '한국 포르노' 혹은 일본에서 수입된 포르노인 양 배포·확산되었다. 그 가운데 자신의 '리벤지 포르노'가 인터넷 사이트에서 유통된 것을 안 피해 여성이 스스로 목숨을 끊는 사건까지 일어났다. 그러나 이후에도 영상물은 '유작'이라는 이름으로 버젓이 유통되었고, 성적으로 방종한 여성은 당해도 싸다는 온라인상의 조롱도 있었다. '리벤지 포르노'라는 용어는 보복을 의미하는 '리벤지'라는 단어가 피해자의 과오로 복수를 당한 것이라는 잘못된 인식을 불러일으키기 때문에, 최근에는 '디지털 성폭력'이라는 용어로 대체되고 있다.

또한 '몰카'라는 희화화된 이름의 불법 촬영 성범죄 역시 학교, 병원, 공중화장실, 탈의실, 가정에서 광범위하게 이루어지고, 웹상에서 유포·공유되는 실정이다. 2019년에는 한 여성 임상치료사가 함께 일해온 동료 남성이 탈의실에 카메라를 설치하고 불법 촬영을 해왔다는 사실을 안 뒤, 악몽과 트라우마에 시달리다가 극단적인 선택을 했다. 앞의 두 사건을 포함해 불법 촬영으로 피해자가 자살에 이르는 사건들은 모두 디지털 시대 새로운 형태의 성폭력이자 '여성살해'라고 할 수 있다. 불법 촬영을 당한 여성은 죽음을 택하기도 할 만큼 고통스러워하고 있음에도 불구하고, 이 '남성연대'의 사회에서 정작 가해자에 대한 처벌은 미약한 현실에 여성들은 분노하고 있다. 다음 글에서는 이러한 디지털 성폭력, 혹은 불법 촬영에 대한 정의와 그 양상들에 대해 더 구체적으로 살펴보려 한다.

디지털 시대의 성폭력

'디지털 성폭력' 혹은 '불법 촬영'은 디지털 기기를 사용해 당사자의 동의 없이 성적인 목적으로 몰래 촬영·배포하거나 보는 행위를 뜻한다. 호주와 미국의 연구자들은 디지털 성폭력을 '이미지 기반 성폭력'으로 부르기도 한다. 이들은 리즈 켈리(Liz Kelly)의 '성폭력 연속체'라는 개념을 빌려와 "성행위의 동의 없는 촬영, 이미지와 영상의 합성 및 편집, 디지털 기기의 해킹 등"을 단편적인 사례가 아니라 연속된 사례로 본다.[7] 즉, '이미지 기반 성폭력'이라는 용어는 이른바 '리벤지 포르노'를 비롯한 여성에 대한 폭력적 이미지의 생산과 유포를 가부장제라는 연속성 속에서 파악하고, "남성적 폭력에 대한 여성의 경험 등을 더 잘 반영하기 위한 개념적 도구"라는 것이다.[8] 나는 '이미지 기반 성폭력'을 가부장제하의 여성에 대한 폭력이라는 성폭력 연속체 속에서 이해해야 한다는 관점에는 동의하지만, 용어의 통일을 위해 최근 한국에서 쓰이기 시작한 '디지털 성폭력' 혹은 '불법 촬영'이라는 용어를 사용하려 한다.

그렇다면 구체적으로 '디지털 성폭력'은 어떤 양상으로 나타나는가? 이에 대한 답변은 우선 '디지털 시대'에 대한 이해가 선행되어야 가능할 것이다. 20세기 후반에 대두한 3차 산업혁명은 컴퓨터와 인터넷 기반의 지식정보혁명, 혹은 '디지털' 혁명이라 불린다. 디지털 혁명은 2차 산업혁명처럼 에너지를 전환해주는 것이 아니라 정보를 전환해준다. 이는 모든 아날로그적 신호와 정보를 '0'(off)과 '1'(on)이라는 이진법 수치로 번역해 컴퓨터라는 기계가 인지할 수 있게 하는 '디지털화'를 바탕으로 한다. 또한 복잡한 절차와 노동을 컴퓨터 기계가 재현하도록 만드는 '프로그래밍' 기술을 통해 모든 것을 수량화해 수집 대상으로 전환하는 '데이터화'가 특징이다. 즉, 컴퓨터는 이전 기계들을 넘어서는 디지털 혁명을 불러왔다. 이를 바탕으로 컴퓨터와 컴퓨터를 연결시켜 빠르게 정보를 교환하는 20세기 후반의 인터넷 기술이 디지털 시대의 정점을 찍게 된다.

이러한 디지털 시대의 기술들을 발판으로, '4차 산업혁명'이라는 용어까지 등장했다. 2016년 1월 다보스 포럼에서는 '4

차 산업혁명'을 제시하며 "디지털 혁명에 기반해 물리적 공간, 디지털적 공간 및 생물학적 공간의 경계가 희석되는 기술 융합의 시대"라고 규정했다.[9] 3차 산업혁명과의 단절이 아닌 연결선상에서 이해되는 4차 산업혁명은 '초연결성', '초지능화'의 특성을 띤다. 이는 "사물 인터넷, 클라우드 등 정보통신 기술을 통해 인간과 인간, 사물과 사물, 인간과 사물이 상호 연결되고 빅데이터와 인공지능으로 보다 지능화된 사회로 변화"시킬 것으로 예측된다.[10]

나는 오늘 아이폰 알림이 울리면서 아침 6시 반에 기상했다. 원래는 7시에 맞춰놓았지만, 도로 상황이 복잡함을 인지한 아이폰이 30분 일찍 나를 깨운 것이다. 나는 아이폰을 켜고 "시리야, 오늘 날씨가 어떠니?"하고 묻는다. 시리는 "지금 서울시 날씨는 구름 약간 많음입니다. 기온은 섭씨 16도입니다"라고 대답한다. "시리야, 오늘 비가 올 것 같니?"라고 물어보니 시리는 "오늘은 비가 올 것 같지 않아요"라고 응답한다. 거실에 나가니 나의 기상 시간에 맞춰 거실의 등이 켜지고, 커피포트가 저절로 끓기 시작한다. 아이폰을 통해 집 앞으로 무인 택시를 불러 타고, 훤히 트인 빈 공터에 다다른다. 그리고 오늘의 첫 번째 촬영 실습을 시작한다. 드론을 띄우면서 말이다. 집에 도착하기 전, 인공지능 스피커를 이용해 청소와 빨래를 실행시킨다.

이와 같은 일상은 지금 이루어지고 있거나 그리 멀지 않은 시대에 이루어질 일들로, 우리에게 낯설게 다가오지 않는다. 즉, 4차 산업혁명은 모바일 환경과 온라인 네트워크의 확대 아래 "시/공간을 초월해 연결성을 강화하고, 온/오프라인의 경계를 무너뜨리며 가상과 실재를 결합함으로써 우리의 삶에 커다란 변화들을 만들어내고" 있다.[11] 더불어 휴대폰 동영상 기능을 포함한 온갖 디지털 기기와 온라인 네트워크의 발달은 많은 종류의 신종 디지털 성폭력도 양산해내고 있다.

한국사이버성폭력대응센터가 2019년에 펴낸 《2020 한국 사이버 성폭력을 진단하다》에 따르면, 한국에서 디지털 성폭력은 1997년 설치되기 시작한 초고속 인터넷 회선과 함께 발달하기 시작했다. 그 이전에는 성적인 동영상을 구하기 위해 청계천 등으로 직접 나가야 했고, 동영상 유통업자와 이를 구매하는 소비자의 경계가 비교적 명확했다. 그러나 2000년대 초반 초고속 인터넷 네트워크가 활성화되면서 불법 촬영물들을 사고파는 사이트들이 생겨났다. 이에 따라 영상을 직접 촬영해 온라인에 업로드하고, 동시에 다른 불법 촬영물을 다운받아 소비하는 등 "성적 이미지의 생산, 유통, 소비 간의 경계가 무너지기 시작했다."[12]

1999년 개설되었다가 2016년 4월 폐쇄된 소라넷은 디지털 시대 새로이 등장한 성폭력과 불법 촬영물의 온상이었다. 소라넷은 '리벤지 포르노' 등의 성관계 동영상을 유통하는 데 한정되지 않았고, 여성의 셀카나 사진 혹은 동영상을 두고 성적으로 능욕하는 게시판인 '육변기 게시판'을 활성화시켰다. 이처럼 여성을 단순한 배설의 대상으로 보는 설정에서 볼 수 있듯이, 소라넷은 디지털 시대 이전에는 상상할 수 없는 갖가지 디지털 성폭력이 우리 일상에 광범위하게 퍼져 있음을 여성들에게 각인시켰다. 여성들, 특히 젊은 여성들이 '나 하나 조심하면 된다'는 생각만으로 도저히 이 신종 성폭력에 맞설 수 없는 사태가 계속 벌어지고 있었던 것이다. 메갈리아를 중심으로 한 여성들의 집단행동으로 소라넷은 폐쇄되었지만, 4차 산업혁명 시대에 접어든 지금, 소라넷보다 더욱 악랄하고 더욱 지능화되고 더 많은 초연결망을 갖추고 온라인과 오프라인을 넘나드는, 또 다른 형태의 소라넷과 디지털 성폭력 제작자·유포자가 판을 치고 있다.

이에 현재 진행되는 디지털 성폭력의 양상을 몇 가지로 구분해볼 필요가 있다. 첫째, 최근 '디지털 성폭력'이라는 용어로 대체된 '리벤지 포르노'이다. 이 형태를 띠는 디지털 성폭력은 피해자에게 이별을 요구받는 등 가해자의 개인적 원한에 따라 애인 또는 지인에 의해 자행되는 경우가 대부분이다. 그러나 최근의 디지털 성폭력은 단순히 사적 관계에 머무르지 않고 광범위하게 이루어진다. 리벤지 포르노 역시 이른바 '도촬'(도둑 촬영) 형태로 몰래 촬영한 경우가 많지만, 피해자가 촬영에 동의한 경우도 있을 수 있다. 즉, 피해자가 촬영에는 동의했으나, 피해자의 동의 없이 촬영물이 온라인상에서 유포되는 경우가 있다. 이러한 점에서 이는 '몰카' 혹은 '도촬'로 불리는 불법 촬영과 미세한 차이가 있다.[13]

두 번째 유형의 디지털 성폭력은 당사자의 동의 없이 촬영하고 유포하는 '불법 촬영'의 경우다. 일반적 의미의 성폭력은 피해자가 가해자와 안면이 있거나, 안면이 없어도 성폭력 피해 사실을 인지할 수 있으므로 즉각 신고가 가능하다. 그러나 이른바 '몰카'로 불리는 불법 촬영의 경우, 나와 직접 접촉하지 않고 거리를 둔 불특정 다수가 유포된 영상을 보거나, 보면서 모욕하는 행위가 모두 포함되므로 피해자가 인지할 수 없는 경우가 많다. 예를 들어 수많은 여자 화장실이나 탈의실 구멍에 몰래 소형 카메라를 끼워 불법 촬영을 하거나, 여성의 집에 설치된 IP 카메라를 해킹해 일상생활의 모습 등을 불법 촬영해 유포하는 경우라고 할 수 있다. 신종 코로나 바이러스가 한참 창궐하던 2020년 3월에는 드라이브 스루 선별진료소에서 한 의료봉사자가 간호사를 휴대전화로 불법 촬영하는 사건도 발생했다.[14] 코로나의 팬데믹 상황도 불법 촬영을 피해 가지 못한 것이다.

세 번째 유형의 디지털 성폭력은 포토샵 프로그램을 이용해 피해 여성의 사진에 성적 이미지를 합성하거나, 성행위 동영상에 여성의 얼굴을 합성하는 등의 '딥페이크 포르노'이다. 이 경우 "여성들이 자신의 SNS나 메신저 프로필에 올린 사진을 합성하거나 이를 여성을 모욕하는 글이나 허위 정보와 함께 유포하는" 형태를 띤다.[15]

네 번째 유형은 여성에 대한 강력범죄가 동영상 촬영을 동반해 온·오프라인에서 동시에 일어나는 '디지털 성착취'[16] 범죄이다. 이러한 유형이 처음 대두된 사건은 버닝썬 사태와 정준영 단톡방 사건이다. 이들은 클럽 등지에서 여성들에게 물뽕이 섞인 음료를 제공해 혼절시킨 후 집단 성폭행을 하고, 이를 동영상으로 찍어 단톡방에 공유하는 악행을 저질렀다. 이보다 한 발 더 나아가, 더 악랄하고 체계적으로 이루어진 범죄는 텔레그램 대화방을 통한 성착취이다. 성착취물의 생산과 유포를 기업적으로 실행한 'n번방'이 대표적이다. 오프라인 성착취와, 이를 디지털 기기로 촬영해 온라인상에 유포·판매하는 성범죄가 결합한 것이 특징이며, 이는 더 많은 수익 창출을 가능하게 하는 디지털 자본과 결탁해 이루어진다.

신자유주의는 디지털 기술 아래 세계를 하나의 시장으로 만들었으며, 금융자본은 실물자본을 이탈하기 시작했다. 비트코인 등 온라인에서만 거래되는 전자화폐는 'n번방'이나 다크웹의 제작자들과 관리자들의 거래 수단이 되었다. 이는 자금의 세탁을 용이하게 만들었으며, 더 많은 수익 창출을 가능하게 했다. 디지털 성폭력이 자본과 결탁해 조직적으로 수익 창출을 도모한 것은, 2018년 그 실체를 드러낸 '웹하드 카르텔'에서 이미 진행되고 있었다. 이는 불법 동영상을 올리는 헤비 업로더, 유통·공유가 이루어지는 웹하드, 불법 검색 목록을 차단하는 필터링 업체, 불법 자료를 삭제하는 디지털 장의사 간에 유착 관계가 형성되어 성착취를 조직적으로 산업화한 경우이다.

이러한 '디지털 성폭력'은 가해자가 피해자의 동의 없이 촬영하거나 온라인에 유포한 사실을 피해자가 인지한 경우, 개인뿐만 아니라 집단에게 성폭력을 당하는 상황이 되므로 피해자를 엄청난 패닉 상태로 몰고 간다. 따라서 일반적인 성폭력보다 더 무서운 결과를 양산할 수 있다. 서맨사 베이츠(Samantha Bates)는 디지털 성폭력의 피해자들이 "가까운 사람과의 신뢰관계가 무너지면서 발생한 정신적 문제, 외상후 스트레스 증상, 불안과 우울감, 자살 충동"을 겪는 등[17] 실제로 물리적 성폭력 피해자들이 겪는 다양한 후유증을 겪는다고 지적한다. 어떤 면에서는 물리적 성폭력보다 더 심한 후유증을 경험하며, 죽음에 이르기도 한다. 그럼에도 불구하고 4차 산업혁명의 시대로 접어든 오늘날 디지털 성폭력의 강도는 나날이 더 심해지고 악마화되고 있으며, 그 정점을 찍은 것은 2020년 초 그 실체가 드러난 'n번방' 사건이었다.

n번방과 시각의 광기

2020년 초봄, 전 세계적인 팬데믹 속에서 대부분의 사람들이 정부의 권고에 따라 사회적 거리두기를 실시했고, 이는 이전에 경험해보기 힘들었던 삶을 불러왔다. 즉, 사적인 일상생활을 영유하는 집에서 디지털 기기를 이용해 공무를 보고 온라인으로 수업과 강의를 듣는 등 삶 속에서 아날로그 세계와 디지털 세계가 중첩되었다. 이처럼 코로나 전염병의 전 세계적 확산이라는 초유의 사태는 집과 직장과 학교, 공과 사, 그리고 온라인과 오프라인의 경계를 허물었는데, 이는 한국이 세계적으로 뛰어난 정보통신 기술을 가지고 있었기에 가능했다.

그리고 이 시기, IT 강국인 한국에 또 다른 초유의 사태가 발생했다. 이는 'n번방'으로 대표되는 텔레그램 성착취 대화방에 대한 경찰의 수사 결과, 그중 하나인 '박사방'을 만든 이른바 '박사' 조주빈을 비롯해 성착취물을 제작·유통한 124명이 검거되고 그중 18명이 구속된 사건이다.[18] 검찰의 수사와 언론 보도를 통해 수면 위로 올라온 'n번방'은 성착취 영상의 잔인함과 유통 규모, 그리고 피해자에 미성년자가 다수 포함된 사실이 일반인들의 경악을 불러일으켰다.

n번방 사건은 2018년 하반기부터 2020년 3월까지 피해 여성들을 협박하거나 유인해서 성착취물을 찍게 하고, 이를 텔레그램과 디스코드 등 메신저 앱을 이용해 유포하는 등 온라

인과 오프라인에서 동시에 이루어진 신종 디지털 성착취 사건이다. '갓갓'이라는 닉네임의 가해자는 자신의 알몸이나 자위행위를 올리는 일탈계를 운영하는 여성들, 특히 미성년자들을 타깃으로 삼아 그들의 링크를 해킹해 신상정보를 얻었다. 그 후 그들이 찍은 영상을 가족과 학교에 유포하겠다고 협박해 음란 동영상을 강제로 찍게 만들었다. 이렇게 만든 성착취 동영상은 '1번방'부터 '8번방'까지 8개의 텔레그램 대화방에 올려져 'n번방'으로 불리게 되었다.[19]

이러한 n번방이 기사화되어 경찰 수사가 이루어지고 세간에 알려지게 된 배경에는 텔레그램 기반 디지털 성범죄 추적단 '불꽃'의 잠입 취재가 있었다. 기자를 꿈꾸는 대학생 두 명으로 구성된 '불꽃'은 2019년 여름부터 이른바 "n번방, 지인능욕방, 딥페이크방, 박사방을 비롯해 디지털 성범죄가 벌어지는 텔레그램 대화방 100여 개"에 잠입 취재했으며, 이를 경찰에 신고하고 언론사에 제보했다.[20] 이들은 텔레그램에 가입한 지 다섯 시간 만에 링크를 받아 n번방 중 하나인 1번방에 입장했을 때의 충격을 다음과 기술한다.

> n번방 입장과 동시에 눈에 들어온 것은 피해자들의 나체였다. 고담방과 파생방 회원들이 수없이 말하던 '노예'였다. 대부분 중학생 혹은 초등학생으로 보였다. 피해자들은 도구를 이용해 자위행위를 하거나, 칼로 몸에 글자를 새기기도 했다.

야외 공간 등에서 겉옷 하나만을 걸친 채 나체로 길거리를 활보하기도 했다(이는 '갓갓'이 피해자들에게 시킨 행위 중 일부일 뿐이다).[21]

이러한 n번방 피해 영상은 지금까지도 계속 유포되고 있다. '갓갓'의 n번방을 모방해 제2의 n번방인 텔레그램 성착취 대화방들이 생겨났는데, 이 중 가장 유명했던 방이 2019년 7월부터 나타난 '박사' 조주빈이 만든 '박사방'이었다. 조주빈은 인스타그램이나 트위터 등을 이용해 여성들에게 '고액스폰알바'를 제시하며 접근했다. 그리고 이에 응한 여성들에게 신상정보와 얼굴이 나오는 나체 사진들을 얻어낸 뒤, 여성들을 협박해 가학적인 사진과 영상을 찍게 만들어 이를 텔레그램 대화방에 유포·판매했다. 박사방의 경우 무료로 운영되는 '맛보기' 대화방을 운영한 뒤, 방마다 금액이 달라지는 3단계 유료 대화방을 운영하며 가상화폐로 거래했다. '맛보기' 대화방은 회원 수가 1만 명 정도로 추산되며, 유료 대화방까지 합하면 총 26만 명의 회원이 박사방에 있었던 것으로 추정된다. 유료회원의 경우, 등급이 높아질수록 '노예'로 불리는 여성이 신체나 성기를 훼손하는 등의 매우 가학적이고 잔인한 장면이 담긴 성착취 동영상을 시청할 수 있었다. 또한 조주빈은 직원으로 불리는 공범들에게 성폭행을 지시하고, 자금 세탁, 성착취물 유포, 대화방 운영 등의 임무를 맡겼다고 한다.[22] 박사방을 통한 피해자 수는 확인된 것만 최소 74명이고, 그중 약 16명이 미성년자다.

이처럼 여성의 인격과 정신을 제거하고, 여성의 몸을 한낱 고깃덩어리 혹은 사물로 여기며 가학적으로 착취하는 성착취물의 유포는 단순히 n번방이나 박사방을 운영하는 개인의 일탈로 취급할 수 없다. 이미 n번방 사건이 공론화되기 전에 이와 유사한 다크웹 '웰컴투비디오' 사건이 있었다는 것이 이를 증명한다. 다크웹은 일반 인터넷 검색엔진에서는 검색되지 않으며 특정 프로그램을 사용해야만 접근이 가능해서 '어둠의 인터넷'이라고 불리는데, 그곳에서 운영된 사이트가 '웰컴투비디오'이다. 소라넷이 폐쇄된 후 만들어졌으며, 회원 수 121만 명에 아동·청소년 음란물 46만 건을 유포한 '에이브이스눕'에서 내려받은 성착취물을 유포한 '웰컴투비디오'는 "이용자만 128만 명에 이르는 세계 최대 규모의 아동 성착취물 유통사이트"였다. 이곳에서는 온갖 성착취 영상물들이 유통되었는데, 피해자 중에는 생후 6개월 된 아기도 있었다고 한다.[23]

한국·미국·영국의 수사당국은 25만 건의 아동 성착취물을 유통한 한국인 손정우와 12개국의 유료회원 4000여 명 중 310명을 적발했는데, 적발된 유료회원 중 한국인이 242명으로 가장 많았다. 이 한국인들 중 기소의견으로 한국 검찰에 송치된 사람은 206명이었다. 그러나 검찰은 이들 중 123명만을 기소했고, 나머지 83명은 기소유예했다. 유료회원 2명당 1명만이 정식 재판에 회부된 셈이다.

n번방과 박사방, 다크웹 등에서 이루어진 성착취 산업은 더 많은 수익 창출을 가능하게 하는 디지털 자본주의와 결탁해 더욱 조직화되고 광범위해졌다. '박사방'의 주범 조주빈이 2020년 9월 1일에 열린 재판에서 자신이 만든 성착취물을 '브랜드화'할 요량이었다고까지 진술한 것을 보면, 그가 적발되지 않았다면 더 큰 규모로 이를 확장하려 했을 것으로 추측된다.[24] 또한 n번방의 주범들이 디지털 성착취를 별다른 죄의식 없이 자본주의 아래 커피 같은 상업적 브랜드로 인식하고 있었다는 점을 알 수 있다.

그렇다면 디지털 성폭력이 다른 어떤 나라보다 한국에서 만연하는 현상은 어디에서 왔을까? 2020년 4월 14일 추미애 당시 법무부 장관이 페이스북에 올린 〈국민께 드리는 영상〉에서 말했듯이, "세계에서 가장 앞서가는 정보통신기술(ICT)을 누리는 우리 사회의 밝은 면 뒤에 다크웹 등을 통해 성착취물을 전 세계에 제작·유통하는 진원지라는 어두운 그림자를 드러낸 것"이라고 할 수 있다. 추 장관은 "김학의 사건, 장자연 사건 등의 처리 과정에서 법 집행기관이 제 식구를 감싸는 등 잘못된 처리를 함으로써 여성을 성적 유희의 대상으로 삼고, 법은 강자의 편에 있다는 잘못된 신호를 보냈던 것"[25]이라며 비판적인 어조로 검찰과 수사기관을 비판했다. 그의 말대로 디지털 성폭력 문제는 성범죄에 관대한 한국의 사회 분위기와 약한 법적 규제의 일환에서 이해해야 할 것이다.

한국에서 디지털 성폭력이 공론화된 것은 젊은 여성들의 집단행동이 결집되기 시작한 2015년경부터였다. 그러나 법은 현실을 따라가지 못했다. 기존의 법이 일반 성범죄에 관대한 처벌을 내린 것과 마찬가지로, 디지털 성범죄자들에 대해서는 더 가벼운 솜방망이 처벌이 잇따랐다. 몇 년 전 세간을 떠들썩하게 만든 '웹하드 카르텔'의 양진호 전 한국미래기술회장의 불법 동영상 유통에 대한 재판은 1년이 넘도록 결론을 내리지 못한 채 1심이 진행 중인 상태이다(2021년 3월 기준). 그는 이 혐의와 별도로 폭행, 직원 불법사찰, 마약류 관리에 대한 법률 위반 등의 혐의로 1심에서 7년을 선고받았지만, 이마저도 2심에서는 5년형으로 감형받았다. 또한 '버닝썬 게이트'의 주역들 역시 제대로 처벌을 받지 않고 흐지부지 되었다.

또한 세계 최대의 아동 성착취물 사이트 '웰컴투비디오'를 만든 손정우는 2018년 1심에서 징역 2년에 집행유예 3년을 선고받았다. 2심에서는 실형이 내려졌지만 고작 1년 6개월을 선고받은 손정우는 2020년 4월 27일 출소할 예정이었다. 그러나 강력한 처벌을 촉구하는 청와대 국민 청원글이 올라오고, 여기에 20만 명 이상이 동의하면서 상황은 달라지는 듯했다. 미국 법무부의 범죄인인도조약에 따른 강제송환 요청에 따라 손정우를 미국으로 송환해 재판받도록 해야 한다는 취지의 글이 올라오면서, 법원이 미국 송환을 위해 그에게 구속영장을 발부하고 구속한 것이다.[26] 아동 성착취물을 퍼뜨린 혐의에 대해서는 이미 국내에서 형이 확정이 되었기 때문에 미국에서는 국내 법원의 유죄판결과 중복되지 않는 '국제자금세탁' 부분에 대해서만 범죄인인도절차가 진행될 예정이었다.

그러나 몇 달 후 결국 손정우를 미국에 송환하지 않겠다는 판결이 나오고, 손정우가 석방되면서 많은 이들의 공분을 샀다. 이러한 현실에서 n번방 등 텔레그램 성착취방은 사법부의 솜방망이 판결을 먹고 자랐다는 성토가 일어났다. 아동·청소년성보호법에 관한 법률 11조는 아동·청소년 이용 음란물을 제작·수입·수출한 자를 무기징역 또는 5년 이상의 징역형에 처하도록 규정한다. 영리 목적 판매는 벌금형 없이 10년 이하의 징역에 처하고, 단순 배포의 경우에도 최대 7년까지 징역에 처할 수 있도록 한다. 그럼에도 최근 5년간 청소년 성보호법 11조 위반으로 처벌받은 50건 중 44건인 88%가 집행유예를 선고받았고, 실형은 12%에 머무르는 등의 솜방망이 처벌이 이어진 것이다.[27]

이처럼 약한 처벌도 문제이지만, 사람들에게 커다란 충격을 안긴 n번방 같은 디지털 성폭력 사건을 처벌하기 위한 법적 근거가 미약한 현실도 문제가 되고 있다. 이와 관련해 정부는 관련 법규를 보충·강화하고 있는 실정이다. 2020년 개정된 성폭력 범죄의 처벌 등에 관한 특례법(이하 '성폭력처벌법') 제14조에서는 "카메라 등을 이용해 수치심을 일으킬 수 있는 신체 등을 촬영 대상자의 의사에 반해 촬영하거나 그 촬영물을 '반포'하는 것"에 덧붙여 "대상자의 의사에 반해 촬영물을 성적 수치심을 유발할 수 있는 형태로 편집, 합성하고 그것을 반포하는 딥페이크 포르노"를 처벌에 포함시켰다. 또한 국회는 2020년 4월 30일, 텔레그램 n번방과 같은 디지털 성범죄에 대한 처벌 수위를 강화하는 성폭력처벌법 일부 개정안을 통과시켰다. 불법 촬영물을 소지·구입·저장한 사람은 물론 그것을 '본', 즉 시청한 사람도 처벌하는 내용이 그 골자이다.

이처럼 뒤늦게나마 법이 강화되는 것은 환영할 만한 일이지만, 오늘날 한국에 만연한 디지털 성범죄 문제는 단순히 법적 규제가 강화된다고 해소될 수 있는 간단한 문제가 아니다. 초등학교와 중학교의 어떤 남학생들은 스마트폰을 통해 '엄마 몰카', '여동생 몰카'를 찍고, 여학생 화장실과 기숙사를 불법 촬영했으며, 한 고등학교에서는 온라인 수업 도중 남성 성기 사진이 유포되어 여성 교사와 학생들에게 성적 불쾌감을 불러일으키기도 했다. 이들은 자신과 동영상을 공유하는 몇몇 친구들의 '재미'를 위해 디지털 성폭력을 저지른다. 이러한 행위가 타인에게 위해를 가하는 명백한 폭력임을 인식하지 못하고 그에 대한 충분한 교육도 받지 못한다면, 이들은 더욱 큰 자극과 '재미'와 금전을 위해 성착취물을 재유포하거나, 심지어 성착취물 채널을 상업적으로 운영하는 데 이를 수 있다.

일례로 n번방 사건이 터진 후, n번방을 모방해 텔레그램에서 아동·청소년 성착취물을 수집한 뒤 방 입장료를 받고 판매한 고등학생들이 경찰에 적발되었다. 또한 텔레그램에서 디스코드 대화방으로 옮겨 아동·청소년 성착취물을 유포한 중고생 등 남성 10명이 경찰에 검거되었다. 또 다른 채널 운영자 중에는 2019년 범행 당시 초등학생이었던 만 12세의 촉법소년이 있었다. 또한 채널을 직접 운영하지 않고 일대일 대화 방식으로 아동·청소년 성착취물을 '재유포'한 7명 중, 1명을 제외하면 모두 12~17세의 미성년자였다.

따라서 디지털 성폭력 문제를 해결하기 위해서는 강력한 법 처벌, 어릴 때부터 이루어지는 성인지 감수성 교육, 디지털 기기 사용자의 윤리의식 정립 등이 병행되어야 할 것이다. 그럼에도 불구하고 나는 이 문제를 조금은 다른 차원에서 접근하는 것, 즉 '본다는 것'의 폭력성에 대한 탐구를 병행할 필요가 있다고 본다. 디지털 시대, 지워도 지워도 끝없이 나타나는 여성에 대한 폭력적 이미지들의 범람과, 그 뒤에서 하나도 놓치지 않고 끝없이 보고 끝없이 소비하겠다는 수천, 수만, 수억 개의 광기 어린 눈들. 현재 광범위하게 퍼지는 디지털 성폭력의 저변에는 여성의 시각적 대상화와 시각중심주의의 광기라는 매우 오래된 문제가 도사리고 있다. 그 근원에는 여성을 비롯한 타자들과 소수자들을 눈앞에 두고 시각적으로 대상화하고 통제하려는 서양의 근대 시각중심주의적 이성이 있다. 기원을 더 거슬러 올라가면, 그것은 서구의 전통 형이상학이 시각에 부여한 특권과 '현전성'에 그 뿌리를 둔다고 할 수 있다.

왜 이 시대 이토록 '보는' 것이 문제가 되고 있으며, 그것은 왜 폭력을 동반하고 나타나는 걸까? 나는 여기서 대체 '본다'는 것은 무엇이며, 시각이 왜 다른 감각에 비해 더 폭력적으로 변질되었는지 서양 철학의 역사와 그것이 배태한 관조와 관음증의 역사 속에서 추적하려 한다. 서구의 고대와 근대를 거치며 가장 고귀한 감각으로 여겨졌던 시각은 어째서 현시대 가장 타락하고 저주스러운 감각이 되었는가? 이는 혹시 고대인들이 가장 고귀한 감각으로 격상시킨 지성적 시각의 메커니즘에 내재한 문제이며, 그 결과는 아닐까?

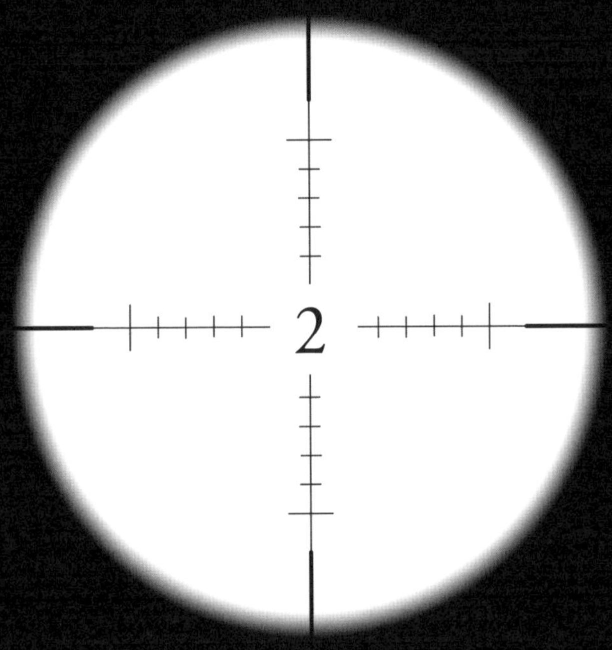

시각이라는 특권

가장 고귀한 감각의 타락

사용자가 직접 정보를 만들어 공유하고, 소비·협력하는 상호작용 환경을 제공하는 '웹 2.0'의 등장과 함께 대두한 1인 미디어의 시대. 누구나 크리에이터가 되어 유튜브에 동영상을 올리고, 그 조회 수에 따라 광고 수입이 1인 창작자에게 돌아가는 시대. 현시대는 그야말로 개인의 취향에 따라 카메라를 자유자재로 사용해 동영상을 촬영하고, 시청자들의 취향에 따라 구독자 수와 '좋아요' 수가 올라가는 만큼 수익을 내는 시대가 되었다. 카메라 뒤의 크리에이터를 따라 사람들은 웃고 즐길 수 있다. 누구에게나 일상일 수 있는 강아지와 고양이와의 즐거운 한때, 사람들의 스트레스를 한방에 날릴 수 있는 매운 음식 '먹방' 등이 그것이다.

물론 카메라 뒤의 크리에이터는 어떻게 하면 더 많은 구독자를 확보할 수 있을지 매순간 염두에 두고 촬영할 것이다. 때로는 무슨 목적으로, 무엇을 대상으로, 어떤 도구를 가지고 촬영하는가에 따라 카메라는 수익 창출을 위한 칼이 되기도 한다. 그래서 어떤 크리에이터가 찍는 반려동물은 너무나 귀여운 갖가지 모습으로 우리를 즐겁게 하지만, 카메라 뒤 세계에서는 이 동물이 학대를 당하고 있었다거나, 유명 유튜버가 사람들을 현혹시키는 가짜 뉴스를 퍼트리고 있었다거나 하는 현실이 전개되기도 한다.

더 나아가, 해외에 IP 주소를 둔 불법 웹사이트나 특정 환경의 브라우저에서만 접속되는 다크웹 등의 플랫폼을 이용해 미성년자 여성을 성착취하는 동영상을 '제작'하며 '창작'한다고 믿는 자들에게, 카메라는 피해자를 난도질하는 날카로운 금속성의 물질이 된다. 그러한 카메라의 부정적 속성은 여성을 가해하는 혐오스럽거나 공포스러운 장면을 여과 없이 보여주거나, 여과 없이 보는 자들을 위한 사디즘적 메커니즘으로 흐르게 된다.

영화 〈저주받은 카메라(Peeping Tom)〉(1960)는 이미 1960년대에 그러한 금속성 무기 같은 카메라의 속성을 보여준 영화이다. 남자 주인공은 낮에는 극영화 촬영기사로 일하고, 밤에는 삼류 잡지에 실을 젊은 여성들의 에로틱한 몸을 찍는 자이다. 때로는 밤거리의 여인을 쫓아가서, 혹은 자신이 일하는 영화사의 여성 단역배우를, 아니면 삼류 잡지의 여성 모델을 촬영한 후 카메라에 연결된 긴 단도로 여성들의 목을 찌른다. 이때 여성들은 카메라에 부착된 반사경을 통해 자신이 죽어가는 모습을 극한의 공포 속에서 바라보아야만 한다. 영화 속에서 은유라 할 것도 없이 직설적으로 보여주는 흉기화된 카메라는, 남성의 시선 아래 대상화되고 짓이겨지는 여성의 공포를 날것의 상태로 보여준다.

이처럼 흉기화된 카메라를 통한 시각의 남용은, 오늘날 손쉽게 구하고 촬영할 수 있는 카메라와 스마트폰을 통해 여성 몸의 성적 객체화에 자본이 결탁하면서 점점 더 격화되고 있다. 스마트폰으로 온 세상에 전지전능하게 편재한 '눈'을 갖게 된 사람들. 이들은 언제 어디서나 (여성의) 무엇이든지 볼 수 있고 그 모든 것을 대상화시킬 수 있다는 '눈'의 남용을 행하고, 그 결과 야기된 '본다는 것'의 타락은 현시대에 극대화되어 나타난다. 이는 사실 서양 근대의 시각중심주의가 기반을 둔 시각의 특권화 역사 속에 이미 그 뿌리가 있다.

서구의 전통에서 오감 가운데 시각과 청각처럼 주체와 대상 사이에 일정한 공간적 거리나 시간적 거리를 갖는 감각은 고급 감각이자, 인식 기능을 갖춘 남성적 감각으로 간주되었다. 반면 촉각, 미각, 후각과 같은 접촉 감각은 인식 기능이 현저히 떨어지거나 없는 저급한 감각이자 여성적 감각으로 여겨졌다. 특히 미각과 후각은 감각적 탐닉이나 즐거움과 관련되며, 인식적 기능이 없는 동물적 감각으로 간주되었다.[1] 고급 감각이자 대상과 거리를 두는 시각·청각과 달리, 이 세 가지 접촉 감각, 즉 촉각·미각·후각은 혐오의 정서와 깊은 연관을 맺는다. 혐오의 정서는 배설물, 침, 땀, 콧물, 월경혈 등의 신체 분비물이나 그것으로 더럽혀진 오염물에서 역겨움을 느끼며, 그 혐오스러운 대상과 접촉하지 않기를 원하기 때문이다. 따라서 주로 혐오를 유발하는 것은 악취나 끈적거리는 촉감, 그리고 불쾌한 맛과 연관이 된다.[2]

그러나 이런 식으로 고급 감각과 저급 감각을 나누는 분류 방식은 실제 생활 방식에 비추어 볼 때 문제를 야기할 수 있다. 촉각의 경우, 시각 장애인이 점자를 통해 글을 인식할 수 있다는 점으로 미루어 보면 상당한 인지적 기능이 있다고 볼 수 있다. 시각 장애와 청각 장애를 지닌 헬렌 켈러(Helen Keller)에게 설리번(Anne Sullivan) 선생이 손에 물을 접촉시킨 뒤 '물'이라는 단어를 손바닥에 써서 가르쳤던 예에서 볼 때, 촉각 자체의 인지적 기능은 상당하며, 일반인의 경우에도 촉각은 시각을 보완하는 훌륭한 기능이 있다고 볼 수 있다.

암막 커튼을 친 캄캄한 방 안에서 우리는 손의 촉감을 통해 벽을 더듬어 이곳이 어디인지 가늠한 후에야 전기 스위치를 켤 수 있다. 더 나아가, 눈이 만들어내는 순간적인 환영을 촉각으로 확인할 수도 있다. 예를 들어 캄캄한 새벽 귀갓길에 하얀 옷 입은 유령이 우리 눈앞에 나타난다면 순간적으로 실재라고 착각할 수 있지만, 직접 손으로 만져보고 촉각을 통해 그 질감을 감각할 때 그것이 바람에 펄럭이는 하얀 종이라는 것을 인식하게 된다. 한때 프랑스에서 아무것도 보이지 않는 캄캄한 레스토랑이 손의 촉각을 통해 포크와 나이프를 쥐고 식사하는 콘셉트를 선보여 인기를 끌었던 것도, 시각이 작동하지 않는 상황에서 원초적인 촉각을 통해 식사가 가능한 경험을 제공했기 때문이라고 할 수 있다.[3]

촉각뿐 아니라 후각이나 미각도 기억이나 정서와 연결되는 감각이 될 수 있다. 마르셀 프루스트(Marcel Proust)의 《잃어버린 시간을 찾아서》에서 주인공이 마들렌 과자를 홍차에 찍어 먹으며 콩브레에서 보낸 유년시절을 회상하듯이, 앙리 베르그손(Henri-Louis Bergson)이 《의식에 직접적으로 주어진 것에 대한 시론》에서 말한 것처럼 장미의 향기를 맡는 순간 바로 "향기 그 자체에서 추억을" 숨 쉬듯이, 나는 진한 라일락 향을 맡거나 센베이 과자를 먹으면서 유년의 봄, 라일락 꽃이 아름답게 피어나던 앞마당에서 센베이 과자를 주시던 할머니의 향과 기억을 가슴 저리게 떠올릴 수 있는 것이다.

그럼에도 불구하고 서구의 전통 형이상학은 대상과 공간적 혹은 시간적 거리를 갖는 시각과 청각을 고급 감각으로 간주했고, 특히 시각을 모든 감각 중에서 가장 고귀한 감각으로 격상시켰다. 이 지점에서 시각이 서구의 고대와 근대 사상에서 어떤 중요성을 갖는지, 그리고 서구인들이 가장 '고귀한 감각'이라 불렀던 시각에 대한 특권화가 근대를 통과하면서 어떻게 시각의 남용과 타락으로 이어지는지를 다음 글들에서 살펴볼 것이다.

정신의 눈, 고대 그리스의 전통

서구 사상의 근본이 되는 두 갈래의 전통에서는 '듣다'와 '본다'가 중요한 위치를 점했다. 구약성서에 나타나는 고대 히브리 전통에서 '본다'는 것은 항상 이미 듣는 행위에 의해 예정되어 있었다. 구약성서에 등장하는 많은 선지자들에게는 신의 계시를 '듣는' 행위가 두드러진다. 창조물은 말에 토대를 두고 있었고, 말은 그 구속력에서 창조물보다 우선했다. 가시적인 형태의 조각상들을 우상숭배로 규정하며 파괴한 모세의 금기에서부터 히브리 전통은 시각혐오적인 동시에 청각에 우위를 두는 사상으로 발전해나간다.

그러나 구약에서 신약으로 넘어가면서 청각을 중시했던 히브리 전통은 그리스의 시각적 사유 방식에 영향을 받기도 한다.[4] 〈요한복음〉에서 하나님에 대한 시각적인 빛의 은유를 사용한 것이 그것이다. 그럼에도 불구하고 이 빛에 선행하는 것은 청각적인 말씀이다. 〈요한복음〉 1장 1절의 구절처럼 "태초에 말씀이 계셨다." "말씀은 처음 천지가 창조되기 전부터 하나님과 함께 계셨다."[5] 즉, 사람들이 생명을 얻은 하나님의 '빛'은 하나님의 말씀에서 기인한 것이다. 이와 반대로 고대 그리스 전통에서 사유의 모든 확실성은 가시성에 토대를 둔다. 그리스적 사유에서 '듣는 것'은 진리와 차이가 나며, 구속력이 없는 의견, 즉 개념적인 참된 인식이 아니라 의견인 독사

(doxa)의 전달을 의미했다.[6]

한스 요나스(Hans Jonas)는 《시각의 고귀성》에서 그리스 사상에서 드러난 시각적 편향과, 가장 고귀한 감각으로서의 시각을 다음과 같이 정리한다. 첫째, 시각은 "다른 감각들보다 시간적 흐름을 덜 드러내기 때문에, 역동적인 변화보다는 정적인 존재를 승격시키는, 즉 덧없는 외양보다는 고정된 본질을 높게" 평가하는 경향이 있다. 그래서 파르메니데스부터 플라톤에 이르는 시각중심적인 그리스 철학은 무시간적이며 불변하는 영원한 존재를 강조한다. 둘째, 그리스의 시각중심주의는 주체와 대상 사이의 공간적 구분을 바탕으로 하며, 이처럼 외재적인 대상을 바라보는 관찰자의 응시는 대상에 직접적으로 개입하지 않고 중립적으로 바라본다는 것이다. 셋째, 시각은 먼 거리에 있는 것을 파악하게 함으로써 무한성에 대한 그리스적 사유가 나오게 되었다.[7]

그리스 사상에 드러난 시각에 대한 한스 요나스의 두 번째 정의에서, 대상과 거리를 두면서 우리에게 영향을 미치지 않는 대상에 직접적으로 개입하지 않고 무사심(無私心)하게 바라보는 '관조'라는 개념이 나온다. 마틴 제이(Martin Jay)에 따르면 '관조(theoria)', '이론(theory)', '극장(theater)'은 동일한 어근을 공유한다.[8] 고대 그리스의 원형극장에서 공연되는 비극을 몰입해 바라보는 고대 그리스인들을 떠올려보자. 배우들과 관객들은 분리되어 있고, 관객은 공연에 어떤 개입도 하지 않은 채 거리감을 갖고 배우의 연기를 주의 깊게 바라본다. 이처럼 극장이라는 어원을 공유하는 '관조'는 관찰자가 사물과 거리를 두고 그 사물에 개입하지 않으면서 중립적·객관적으로 바라보고 탐구하는 '이론'의 어원이기도 하다.

이러한 관조에 대한 정의와 더불어, 시각에 대한 요나스의 첫 번째 규정은 고대 그리스에서 '본다'라는 의미가 현상적인 것을 보는 감각적 시각에서, 무시간적이고 고정된 존재의 본질을 바라보는 정신적 시각으로 변모해가는 것을 보여준다. 고대 그리스에서 '로고스(logos)'는 언어(말)·진리·이성을 의미하지만 사물의 본질, 즉 각 사물을 고유하고 일정한 것이 되게 하는 형태나 모양새인 '에이도스(eidos)', 다시 말해 형상을 의미하기도 한다. 따라서 본질을 파악한다는 것은 형태를 바라보는 것, 즉 무시간적이고 정적인 형상인 에이도스, 혹은 '이데아(idea)'를 바라보는 것이다(플라톤에게 에이도스와 이데아는 같은 의미를 지닌다). 즉, 보는 행위에서 궁극적으로 참된 본질과 실재인 이데아를 인식하고 파악할 수 있다는 것이다.

이데아는 어원학적으로 '이데인(idein)'에서 파생되었으며, 이데인은 '본다', '안다'를 의미한다. 따라서 그리스인들이 '본다'는 말을 사용할 때 그 이면에는 '안다', '깨닫다'라는 인식적인 의미가 있다. 이처럼 고대 그리스에서 시각은 본질을 보고 인식하는 '정신의 눈'이 된다. 이처럼 시각을 정신적인 것으로 특권화하는 것은 플라톤에게서 두드러지게 나타난다. 플라톤은 '시각'을 신체적 감각보다는 지성적으로 훈련을 받아 진리에 이르게 하는 '정신의 눈'이라는 은유로 사용했으며, 이 정신적 눈을 통해 인간이 '감각적인 것(le sensible)'을 떠나 '가지적인 것(l'intelligible)'에 있는 선의 이데아를 '볼' 수 있게 된다고 주장했다.

플라톤에게 일상적인 의미의 신체적·감각적 시각은 환영을 만들어낼 수 있기에 믿을 수 없는 것이었다. 이러한 측면에서 그는 시각에 의지하는 모방예술, 특히 회화에 적대감을 드러내며 《국가》에서는 회화를 금지시킬 것을 주장한다. 고대 그리스에서 신체적 감각으로서의 눈에 대한 '정신의 눈'의 우위를 보여주는 예는, 고대 그리스의 예언자 중에 종종 시각 장애인이 존재한다는 사실이다. 이들은 신체의 눈이 아니라 '제3의 눈'이라 할 수 있는 '정신의 눈'으로 미래를 바라보고 예언할 수 있다.

그리스 테베의 유명한 예언가로서 그리스 비극에 자주 등장하는 테이레시아스는, 숲에서 목욕하는 아테나 여신의 모습을 우연히 보고 저주를 받아 앞을 보지 못하게 되었다. 그러나 그 대가로 심안(心眼)을 통한 예언의 능력을 부여받았다. 이처럼 그는 감각적인 신체의 눈을 잃은 대신, 인간의 운명과 자연과 신들의 이치를 꿰뚫어보는 정신의 눈을 얻어 미래를 보게 되었고, 신탁을 받아 인간의 비밀과 신의 계시를 사람들에게 전하게 된다.

고대 그리스에서부터 시작된 서구 형이상학은 이처럼 '정신의 눈', 즉 지성적 시각에 특권적 위치를 부여했다. 이를 비판적으로 고찰한 철학자인 데리다(Jacques Derrida)는 서구 형이상학이 "그 첫 번째 단어들을 말하기 시작할 때부터 시각과 인식을 연관시킨다"[9]고 말한다. 그에 따르면 서구 형이상학에 등장하는 시각이란 생물학적으로 주어진 신체적 감각이 아니라 훈련된 지성적 시각이며, 더 나아가 철학에 의해 수립되었고, 동시에 철학을 수립하는 빛의 은유적 시각에 오염된 가공물에 지나지 않는다는 것이다.

빛의 은유에 물든 서양 철학

어둠. 먼 서쪽 하늘에서 해가 지고 붉은 빛 노을이 번져가는 지금, 나는 곧 닥쳐올 어둠이 두렵다. 무엇이든지 할 수 있을 것만 같은 힘을 주는 태양의 빛이 남은 한줄기마저 사그라들면, 이 바닥부터 깔려오는 어둠 속에서 나는 볼 수도 없고, 그래서 무엇인가를 행할 수도 없다. 들짐승들의 습격을 피하기 위해 동굴 앞에 모닥불을 피운다. 그러나 나는 이 어둠의 공포 속에서도 늘 안심한다. 나의 태양은 늘 그래왔듯이 동쪽에서 또 떠오를 것

> 이고, 새벽 여명의 빛에서 나는 사냥을 위한 도구를 만들고 나를 위협할 자들에 대비해서 칼을 갈 것이다. 이 모든 것은 태양의 빛 아래서 가능하며, 어둠이 내리면 나는 앞을 가늠할 수 없는 어두운 시야 속에서 누군가 나를 덮쳐올지도 모른다는 공포에 떤다. 그래서 내게 어둠과 검은색은 악이요, 빛과 흰색은 선이다.

〈백색신화(La mythologie blanche)〉에서 데리다는 서구의 사상이 몇 개의 은유로 이루어져 있으며, 그중 빛과 어둠의 은유는 서양 철학의 기반을 이루는 근본적인 은유라고 주장한다. 데리다에 따르면, 서양 철학에서 빛과 어둠의 은유는 태양을 숭배하는 고대의 태양신론에 기반하고 있다. 태양은 규칙적으로 회전하며, 나타났다가 숨는다.

> 태양은 단지 하나의 예를 제공하지 않는데, 이는 모든 것 중에서 항상 사라지거나 시야에서 없어지거나 현전하지 않을 수 없는, 현저히 눈에 띄는 감각적 존재였다. 나타남과 사라짐의 대립, …… 날과 밤, 보이는 것과 보이지 않는 것, 현전과 부재, 이 모든 것이 태양 안에서 가능할 뿐이다.[10]

이처럼 저녁에 사라졌다 아침이면 떠오르는 태양에 대한

숭배로부터 흑색보다 백색에, 어둠보다 빛에 특권을 부여하는 서구의 근본적인 은유가 탄생한다. 그리고 흑색에 대한 백색, 어둠에 대한 빛의 절대적 우위는 하얀 피부를 지닌 백인종의 신화, 즉 인도유럽인의 신화인 '백색신화'를 낳는다. 빛의 원천으로서 태양을 숭배하는 백색신화는 다른 인종이나 성에 대한 백인 남성의 지배를 표현하거나 정당화하는 데 기여하게 된다. 데리다에 따르면 태양의 은유에 기반을 둔 서양 철학적 수사의 꽃은, 태양의 회전운동에 따라 빛을 쫓는 향일성 식물인 해바라기와 같다.[11] 감각적으로 지각되는 태양이 초월적 대상으로 신격화될 때, 향일성 식물과 같은 철학의 장 안에서 항상 그 자체로 돌아오는, 숨었다가 다시 나타나 현전하는 동일성의 논리가 탄생하게 된다. 그리고 이러한 동일성의 논리는 타자를 알지 못하고 존중하지 못하는 자기동일화의 고독한 독백 속에 틀어박힌다. 이는 모든 어둠 속에 있는 타자를 잠식해버리는 폭력적인 빛의 고독이기도 하다.[12]

"우리의 철학사 전체는 하나의 광학(photologie)이다"[13]라는 서양 철학사에 대한 데리다의 비판적 성찰에서 알 수 있듯이, 서구 형이상학의 역사는 이러한 빛의 은유가 지니는 특징들을 활용해왔다. 서구인의 눈과 마음에서 "동쪽에서 떠오르는 태양은 서쪽의 눈과 마음속에서, 그 여정의 저녁 무렵 기꺼이 내면화"되기 때문에, 서구인은 "'진정한 빛에 의해 비춰짐으로써' 인간의 본질을 요약하고 추측하며 완성한다"고 믿게 되었다.[14]

서구 형이상학은 이러한 빛의 특권화에서 시작한다. 서구 형이상학이 추구한 진리는 "존재 자체에 비춰지는 빛", 즉 초월적 의미의 빛이며, 가장 높은 형식의 인식은 정신의 눈을 통해 빛을 고요하게 관조하는 것이다. 데리다는 플라톤의 '태양'으로부터 데카르트(René Descartes)의 '자연의 빛'을 거쳐, 후설(Edmund Husserl)의 본질직관(Wesenshau)에서 드러나는 '관조의 제국주의'와, 최종적으로 후기 하이데거(Martin Heidegger)의 '존재의 드러남의 빛'에 이르기까지, 이 은유의 궤적을 추적한다.[15]

빛과 그림자의 은유는 플라톤의 '동굴의 우화'에서 명확하게 드러난다. 예를 들어보자. '나'는 어릴 적부터 동굴 속에 갇혀 손발이 묶여 있고, 동굴 안쪽의 벽만을 바라보며 자랐다. 내 뒤에는 동굴 안을 비추는 불빛이 있다. 항상 동굴 안쪽 벽만을 보고 자란 나는 동굴 벽에 어른거리는 그림자를 실제 사물이라고 생각하며 살았다. 그러던 어느 날 결박에서 풀린 나는 비로소 동굴 밖을 나가 눈부신 태양 아래 서게 된다. 이 햇빛을 처음 경험한 나의 눈은 찌르는 듯한 햇살에 눈이 부시지만, 점차 빛에 익숙해져 태양 아래의 실물을 보게 된다. 마침내 나는 가파른 오르막을 올라 태양을 보게 된다. 여기서 빛이 없는 공간인 동굴은 감각적인 가상세계인데, 나는 이 동굴 밖으로 나와 지성에 의한 배움을 통해, 눈이 부시지만 빛나는 태양, 이데아 중의 이데아인 선(善)의 이데아를 보게 된다. 이와 같이 플라톤 철학에서는 "존재의 빛으로 모든 것을 비추는 태양으로 형상화되는" 선의 개념이 등장한다. 이는 마치 태양처럼, 보이는 사물들 가운데 "그 독자적인 뜻으로 '떠오르는'"[16] 초월적 의미의 진리다. 플라톤의 철학은 이처럼 명확하게 빛의 형이상학을 내포한 빛의 은유를 사용하고 있다.

데리다에 따르면, 근대적 시각중심주의의 창시자로 여겨지는 데카르트 역시 시각에 특권을 부여하며 빛의 은유에 물든 서구 형이상학의 전통을 따른다. 그러나 당대의 실험과학을 받아들인 책 《굴절광학》에서 데카르트는 관찰적 시각, 즉 정신적 시각과 구분되는 감각적 경험으로서의 시각을 플라톤처럼 기만적이라고 폄하하지만은 않았다. 이는 그가 《굴절광학》에서 다음과 같이 말한 것에서 입증된다. "우리의 삶은 감각에 의존해 유지된다. 그리고 시각이 가장 포괄적이고 가장 고귀한 감각이기 때문에, 시각적 능력을 증가시키기 위한 발명들이 가장 유용하다는 사실은 의심의 여지가 없다."[17]

이처럼 데카르트는 인간의 눈이 신체적 감각 중 가장 고귀하다고 보았지만 동시에 그 불완전함을 인정했고, 이를 보완할 수 있는 기구들을 탐구하는 데 열중했다. 그것이 바로 당시 최첨단 과학 기구라 할 수 있는 렌즈였다. 일설에 의하면 네덜란드의 안경 제작자 한스 리퍼세이(Hans Lippershey)는 렌즈에 대한 탐구를 통해 망원경을 발명했는데, 네덜란드에서 오래 체류했던 데카르트가 이러한 망원경의 발명에 자극을 받아 《굴절광학》을 쓰게 되었다는 것이다. 근대 광학의 발달과 함께 등장한 렌즈는 인간의 시각을 확장시켜주고, 이전에는 비가시적이었을 영역을 인간의 지각 능력에 가져다준다고 여겨졌다.

이와 같이 《굴절광학》에서 관찰적 시각과 그것을 보완하고 더욱 발전시키는 기술적 발명품이 중요하게 대두했음에도 불구하고, 궁극적으로 데카르트는 이 저서에서 시각의 감각적 경험이 지성보다 우선한다는 경험주의 과학자들의 입장을 거부한다. 그리고 이 책에서 "감각하는 것은 몸이 아니라 정신"이라는 유명한 주장을 펼친다. 이는 "오성의 개입이 없다면 상상이나 감각은 우리에게 어떠한 확신도 주지 못"한다는 《방법서설》[18]의 입장을 반복한 것이다.[19] 그는 신체적 눈에서 렌즈 역할을 하는 수정체와 유리체라는 물리적 장치를 넘어 눈과 시각적 인식의 관련을 고찰하며, 뇌에 전송된 대상의 이미지를 정신이 반드시 지각한다고 본다. 예를 들어 우리의 망막 스크린에 맺힌 사물들의 상은 거꾸로 뒤집힌 이미지다. 이를 어떻게 우리가 똑바로 보고 인식할 수 있는가의 물음에 대해, 그는 정신적 시각이 이미지들을 단지 수동적으로 감각하지 않는다고 말한다. 그에 따르면 "뇌 안에서 형성된 이미지는 외부 현실의 완벽한 복제가 아닌 기호를 읽는 것과 유사한 과정으로 나온 것이다. 그러므로 실제로 '보는' 것은 눈이 아닌 정신이다."[20]

이처럼 《굴절광학》에서 데카르트는 궁극적으로 보는 것은 정신적 시각이라고 주장하면서도, 감각을 통한 관찰적 시각과 근대 실험과학의 성과와 발명품들을 완전히 배제하지 않았으며, 이 두 가지 시각의 이원론적 모델을 제시했다. 반면 《성찰》과 같은 철학서에 나타나는 데카르트적 시각은 신체적 감각으로서의 눈이 아니라 정신의 눈이라는 점을 분명히 해야 할 것이다. 《성찰》에서는 가시적인 것의 속박, 감각적 시각이 만들어내는 환영에서 벗어나려 하며, 현상적·경험적 성격의 시각을 배제하고 정신적 시각에 특권을 부여한다. 그리고 이 정신적 시각은 하나님의 빛을 관조하는 데로 나아간다.

데카르트가 〈제1성찰〉과 〈제2성찰〉에서 행했던 '방법적 회의'는 아무리 의심하려 해도 더 이상 의심할 수 없는 명백하고 절대적인 진리를 찾기 위한 회의이다. 그는 먼저 악한 신이 자신을 속일 수 있기 때문에, 감각을 통한 감각적 지식이 거짓이 아닌지를 의심한다. 또한 그는 우리가 가장 확실하다고 믿는 보편적인 것에 관한 지식인 수학적 진리('2+3=5'와 같은)마저 의심하기에 이른다. 그러나 이 회의는 〈제3성찰〉에 이르러 하나님에게서 유래한 '자연의 빛(lumen natural)'에서 멈추게 된다. '자연의 빛', 즉 하나님이 내게 부여한 '이성'과 그 빛이 참되다고 보게 하는 공리들은 가장 급진적인 회의에도 휘둘리지 않는다. '자연의 빛', 즉 하나님이 우리에게 부여한 '이성'은 매 단계 의심을 벗어나게 하고, 참된 것을 보게 하며, 빛 안에서 전진하며, 특히 나를 속이지 않는 신의 존재를 증명해준다. 데카르트에 따르면 내 자신에 대한 관념도 태어나면서부터 나의 정신에 내재한 본유관념이듯이, 내가 하나님에 대해 갖는 관념도 선천적으로 타고난 관념이다. 하나의 독립된 완전한 존재, 즉 하나님의 관념은 아주 명석하고 판명하게 내 정신에 나타나는 것이다.[21] 또한 하나님이 나를 속인다는 것은 절대로 있을 수가 없다. 속인다는 것 안에는 어떤 불완전성이 있어서 그러한 속이려는 악의와 약함을 드러내는 것인데, 이는 완전하고 결함 없는 하나님 안에는 있을 수 없기 때문이다.

> 이로부터 하느님[하나님]이 기만자일 수 없음이 아주 명백하다. 기만이 이런 결함에 의존함은 자연의 빛에 의해 명백하기에 말이다. 그러나 이것을 좀 더 주의 깊게 검토하고, 또 이것으로부터 끄집어낼 수 있는 다른 진리를 고찰하기에 앞서 여기서 잠깐 머물러 하느님[하나님] 자체를 관상하고, 그 속성들을 조용히 헤아려보고, 이 찬란한 빛의 아름다움을, 거기 눈이 부신 내 정신이 견딜 수 있는 데까지 응시하고, 찬탄하고, 숭경하는 것이 옳다고 생각된다.[22]

여기서 하나님의 찬란한 빛을 바라보는 시각은 신체적인 감각적 눈이 아니라, 계시적인 신의 은총의 빛을 무사심적으로 고요하게 응시하고 관조하는 정신의 눈이다. 눈부신 빛의 원천을 찾는 우리는 찬란한 빛의 하나님이 우리에게 부여한 '자연의 빛' 덕분에 그 존재를 증명한다. '자연의 빛', 즉 이성이란 이러한 하나님에게서 유래하고 하나님에게로 돌아가는 빛의 순환적인 원 속에 있다.[23] 이러한 맥락에서 데리다는 〈백색신화〉에서 데카르트의 철학 역시 서구 전통 형이상학의 은유, 즉 태양의 순환운동에서 기인한 빛과 어둠의 은유를 따르고 있음을 지적한다. 데리다에 따르면, 데카르트에게 하나님은 "모든 것이 눈부시게 빛나고 현혹시키는 그의 태양, 부재와 현전의 태양"이자, 사라졌다 다시금 나타나는 순환 속에 있는 태양이며, 서양 철학과 과학을 지배하는 태양의 궤적이라는 은유 속에 나타나는 존재이다.

후기 하이데거의 사상 역시 빛의 은유라는 특징을 활용한 서구 형이상학의 전통을 계승하고 있다. 동시에 그것은 독특하게도, 근대적 의미의 시각중심주의와 이에 연관된 과학기술 문명을 비판한다. 이러한 경향은 하이데거가 1930년 이후의 사상적 전회[24] 뒤에 집필한 저작들에서 두드러지게 나타난다. 여기서 그는 근대에 나타난 타락한 유형의 시각 지배와는 다른 시각 경험, 즉 소크라테스 이전 그리스 자연철학자들의 시각 경험으로 되돌아갈 것을 촉구한다.

《형이상학 입문》에서 하이데거는 소크라테스 이전의 자연철학자들이 말하는 존재로 우리를 데려간다. 그리스 자연철학자들은 존재 전체를 자연(피지스), 세계(코스모스), 진리(알레테이아)라고 불렀다. 하이데거는 특히 그리스 자연철학자들이 존재라고 부른 것 중 하나인 '피지스(physis)'를 분석하며, 빛의 존재론으로 우리를 데려간다. "우리는 존재가 그 자신을 그리스인들에게 피지스로 드러냈다는 것을 안다. 피지스는 동시에 본래 빛나는 나타남이다." 그것은 "번쩍 빛나다, 스스로를 나타내 보이다, [빛 속에] 나타남이다."[25] 이처럼 그리스 자연철학자들에게 존재란 빛 속에 드러나는 것이다. 존재는 나타나 보임으로써 무엇인가를 은폐 상태에서 밖으로 나오게 하는 탈은폐(알레테이아)이며, 이러한 탈은폐가 진리이다. 이 지점에서 탈은폐로서, 즉 진리 속에 서 있는 빛나는 존재를 인식하는 것은 근원적인 봄을 통해 가능하다.

이처럼 하이데거는 소크라테스 이전의 자연철학자들을 끌어와 좀 더 근원적인 시각 경험을 말한다. 그러나 데리다의 관점에서 볼 때, 하이데거 역시 서구 전통 형이상학과 마찬가지로 빛의 은유 속에서 드러나는 진리론과 빛을 응시하는 시각 모델에서 자유롭지 못하다. 그럼에도 후기 하이데거의 사상은 서양 철학의 역사에 만연한 현전성과 근대적 의미의 시각중심주의를 비판한다는 점에서 유용하다.

하이데거에 따르면 그리스 자연철학자들은 '경이'라는 기분 안에서 찬연한 모습으로 자신을 드러내는 존재 자체를 피지스로 보며 그 본질적인 성격을 이해하려고 했다. '나'는 지금 아침 햇살을 받으며 정원에서 이어진 숲길로 들어서고 있다. 아침 이슬을 머금은 채 햇살에 빛나는 아름답고 싱그러운 나뭇잎사귀, 다람쥐가 올라가는 푸르른 신록이 돋아나는 나뭇가지, 걸음을 멈추고 아래를 바라보면 샌들 사이로 올라오기 시작하는 들풀들, 그리고 그 모든 것을 비추는 밝고 환한 태양. 그 햇살 아래 빛나는 모든 것이 너무 아름답고 경이롭다. 빛은 내게로 비춘다. 빛나는 자연 앞에서의 놀라움과 그로 인한 숭배의 마음.

이처럼 고대 그리스 자연철학자들에게 피지스, 즉 자연이란 “모든 존재자들이 각각의 고유한 본질의 빛을 발하면서 환하게 드러내면서도 서로 조화를 이루며 존재하는 근원적인 세계를 말한다.”[26] 하이데거에 따르면 이러한 빛 속에서 찬연히 드러나는 근원적 세계에 대한 그리스 자연철학자들의 근원적인 봄과 대비되는 시각적 태도가 바로 ‘현전’으로 바라봄이다. 다음 글에서는 이러한 맥락에서 존재를 ‘현전’으로 바라봄이 존재 망각의 역사를 불러일으켰다는 하이데거의 주장과 함께, ‘현전의 형이상학’에 대한 데리다의 비판을 살펴볼 것이다.

‘지금, 여기’만을 향한 눈길

하이데거에 따르면 ‘경이’와 ‘찬양’ 속에서 존재의 빛나는 열어젖힘을 바라보던 그리스 자연철학자들과 달리, 플라톤 이후의 철학자들은 존재란 무엇인가의 물음에서 존재 그 자체가 아니라 존재자의 본질을 묻게 된다. 앞서 살펴봤듯이, 플라톤은 이러한 존재자의 본질을 '에이도스'(형상) 혹은 '이데아'로 불렀고, 이는 과거-현재-미래로 연결되는 시간의 흐름이 제거된 '영원한 지금'으로서, 시간으로부터 독립된 형태를 의미했다. 그리고 "지금에 우위를 두고 시간을 지금의 연속으로 파악하는"[27] 아리스토텔레스의 시간관 속에서 존재자는 '지금, 여기에 있는 것'으로서 '현전(Anwesen)'이 된다.

이러한 맥락에서 하이데거는 《존재와 시간》에서 "특정한 시간 양태"인 '현재'만을 고려하는 '현전성(Anwesenheit)'이 플라톤 이후의 서구 형이상학을 지배해왔다고 본다.[28] 그에 따르면 존재 그 자체가 아니라 "존재자를 존재자이도록 하는 본질적 특성, 즉 존재자성"[29]으로서 우시아(ousia)가 바로 '현전성'이다. 이는 과거와 미래의 시간이 사상되고 현재화된 것으로, '눈앞에 그것이 있음'[30]을 의미한다. 하이데거의 주장에 따르면 플라톤 이후의 존재론은 이처럼 존재를 시간의 흐름이 사상된 눈앞의 존재자로 보았고, 그리스 자연철학자들이 말한 피지스는 불변의 이데아로 변질되는 '존재망각의 역사'가 시작되었다.

하이데거의 관점에서 볼 때, 이처럼 서구 형이상학을 지배한 '현전성'이 가장 정점에 오른 것은 근대에 접어들면서이다. 근대인들은 세계를 인간의 날카로운 도구적 이성의 시각을 통해 분석·해부해야 할 것으로 파악한다. 따라서 원초적으로 세계를 세계로서 이루어주는 피지스(자연)는 복사·모방되어야 할 원형으로 전락한다. 또한 그리스 자연철학자들의 존재론은 점차 계산적·도구적 합리성에 의해, 그 합리성 시각의 왜곡시키는 힘에 의해, 그리고 그 합리성의 생산양식에 의해 지배받게 된다. 근대성에서 시각적 장을 비추는 배경조명은 한정되며, 시각은 눈앞에 고정된 '지금, 여기'에 있는 현재로서의 대상에만 강도 높게 초점을 맞추는 하나의 눈길로 협소화된다.[31]

데리다는 이러한 하이데거의 '현전성'에 대한 비판을 이어받아, 전통 서양 철학을 바로 '현전의 형이상학'이라고 규정한다. 데리다는 하나의 철학적 인식 모델로 작용하며 철학을 수립하는 시각의 근원을 추적하면서, 철학적·정신적 시각의 특징이 '현전으로 바라봄'에 있다고 본다. 이러한 맥락에서 그는 존재를 시간의 흐름이 제거된 '지금, 여기'에 있는 눈앞의 대상으로 바라보는 서구의 '현전의 형이상학'을 비판한다. 그리고 이러한 현전의 형이상학은 필연적으로 고대 그리스의 시각 전통인 '관조'와 공생관계로 얽혀 있다.

플라톤 이래로 고대 그리스 철학의 '관조'(테오리아)는 내 눈앞에 지속적으로 현재화된 형상만을 무사심하게 주시하는 것이다. 이는 점점 이러한 형상을 감각적인 "질료에 부과하고 각인함으로써 이 질료를 장악하려는 의지"가 되어갔다.[32] 이러한 지배 의지는 확실히 보는 것으로서의 시각적 지배를 불러일으키며, 이는 현전의 형이상학에 그 뿌리를 두고 있다. 지금 눈앞에 놓여 있는 것으로서 현전하는 것만이 시각을 통해 개념적으로 파악할 수 있는 것이 되고, 그 개념적 파악을 통해 뜻대로 다루고 지배할 수 있는 것이 되기 때문이다. 이러한 맥락으로 데리다는 《목소리와 현상》에서 서구 전통 형이상학의 역사가 "존재의 현전적 제시인 앎이자, 존재자를 산출하고 모아들여 현전하게 함인 지배, 충만한 현전"[33]에 기대고 있다고 주장한다. 이는 서양의 학문과 이론에 내재된 지배 의지의 원천임을 암시한다.

이처럼 서구 전통 형이상학을 관통해 지배한 현전의 형이상학은 후설의 현상학에서 그 절정에 이른다. 데리다는 자기의식에 근거를 둔 후설의 현상학이 근대적 인식 형이상학의 완성이라고 보았다. 그가 볼 때, 후설은 존재 자체를 사심 없이 바라보려는 관조의 전통 속에 있다. 그의 현상학은 세계의 일상적인 지각경험을 당연시하고 존재를 둘러싼 소박한 믿음을 갖는 자연적 태도에 대한 판단중지(epoche)를 통해, 더 근본적 수준의 실재인 초월론적 의식에 접근하고자 했다. 이러한 차원에서 후설의 현상학은 본질을 꿰뚫어보는 직관적 통찰을 통해 '직관적 과학'이 되려 했으며, 이는 자연적 태도에 대한 판단중지와 더불어 후설의 방법론을 특징짓는 '본질직관'을 통해서 가능하다.

문자 그대로 본질을 '본다'는 의미인 '본질직관'은 후설이 시각중심주의의 전제하에 있음을 극명하게 보여준다. 본질직관은 우선 본질을 파악하려는 임의의 한 개별적 대상에서 시작한다. 가령 의자의 본질을 파악한다고 해보자. 안락의자, 벤치, 소파 등 다양한 의자들의 개별적 형태에서 시작해 의자의 보편적 형태를 직관하는 것이 본질직관이라 할 수 있다.[34] 이는 눈앞에 현전하는 사물의 형태나 모양새, 즉 형상을 통해 질료를 파악하고, 형상을 질료에 부과함으로써 질료를 장악하려는 '관조' 전통의 끝에 있는 것이다. 그리고 그 배후에는 시간성이 아니라 지금의 연속으로서 현전에 우월한 지위를 부여하는 현전의 형이상학이 있다.

"형상(eidos)이라고 하는 시각적 개념에서 비롯한 후설의 본질직관은 후설이 '눈 깜빡할 사이에'라는 은유"가 시사하는 지금 여기의 자기동일적 동일시를 전제한다.[35] 후설은 눈 깜빡임(Augenblick)의 자기동일성 속에서 타자를 받아들인다고 주장한다. 지금, 눈앞에 현전하는 타자는 나의 눈 깜빡임의 순간만큼만 지속될 뿐이며, 눈앞의 타자는 눈 깜빡이는 순간이라는 현재 속에 고정된다. 따라서 후설이 논하는 초월적 주체는 더 이상 근거 지어질 필요가 없는 근거, 절대적 원리로서 일체의 타자성이 배제되고 차이를 제거하는 동일성으로 나아간다.

이처럼 데리다가 보기에 현전의 형이상학의 정점에는 관조의 제국주의와 동일성 논리의 폭력이 있다. 그것은 무사심하다고 여겨지지만 사실은 형상에 대한 직관을 통해 감각지각적인 질료를 장악하고, 더 나아가 타자를 눈앞에 현전하는 것으로 만들어 장악하려 한다. 그리고 데리다의 이러한 비판은 하이데거가 앎과 기술의 공모관계(다음 글 참조) 속에서 드러내는 근대성 비판에 영향을 받은 것으로 보인다. 존재를 현전하는 눈앞의 형상으로 보는 플라톤의 형이상학은, 하이데거가 '세계상(世界象)의 시대'라고 부른 근대에 새로운 형태의 시각중심주의로 발현되었으며, 대상에 대한 무사심한 태도로 여겨져온 고대 그리스의 '관조'는 근대에서 새로운 시각적 권력으로 변모해간다.

시각은 어떻게 권력이 되는가

비록 데리다가 후기 하이데거의 저작에 나타나는, 서구 형이상학 전통을 계승하는 '빛의 은유'에 비판적이었다 할지라도, 하이데거가 근대적 시각중심주의의 배후에 앎(에피스테메)과 기술(테크네)의 공조가 있음을 지적한 것은 간과할 수 없다. 하이데거에 따르면 고대 그리스에서 "에피스테메는 보다 넓은 의미의 앎, 즉 할 줄 앎에 속한다. 할 줄 앎, 통달함 혹은 숙달함은 여태껏 어두웠던 어떤 것에 밝아지는 것, 사리에 밝아짐"이다. 또한 에피스테메는 관조의 시선이 포착하는, 눈앞에 현전하는 대상의 형상을 꿰뚫어보아 안다는 것을 의미한다. "이런 의미의 진리를 깨치는 또 다른 방식이 테크네이다. 에피스테메와 마찬가지로 테크네는 존재자를 현전하도록 드러내는 하나의 방식이다."[36] 이처럼 '테크네', 즉 기술이라는 낱말은 플라톤 시대에 이르기까지 '에피스테메', 즉 앎이라는 말과 같이 사용되어왔다.

이 두 낱말은 넓은 의미에서 인식을 지칭한다. 그것들은 무엇에 정통하거나 통달해 있다는 뜻이다. 이와 같은 맥락으로 고대 그리스 철학에서부터 시작된 앎과 기술의 공모관계는, 근대적 인식이론에 기반을 둔 현대 과학기술 문명에서 그 극단에 이른다. 무사심하게 여겨지는 고대 그리스의 관조적 시선에서 비롯된 근대적 인식이론이 가장한 객관적·가치중립적 시선의 배후에는, 내 눈앞에 현전하는 "존재자를 확실하게 알아내어 그것을 자유자재로 다루고 구사하려는 의지가 꿈틀대고" 있다.

> 알고자 하는 의지와 (기술을 익혀) 지배하려는 의지는 공속한다[공존한다]. 대상을 확실히 앎은 그것을 뜻대로 다룰 줄 앎, 부릴 줄 앎이다. 근대인의 이론적 시각을 규정하는 이러한 앎에의 의지, 자연지배 혹은 세계지배의 의지가 근대과학을 거쳐 현대 기술에서 그 극단적 가능성을 펼치고 있다는 것이다.[37]

하이데거는 《기술과 전향》에서 이처럼 고대 그리스의 플라톤 철학에서 시작된 앎과 기술의 공모관계의 끝에 있는 현대의 과학기술은, 자연과 대상에 대한 도발적 요청이라고 주장한다. "그것은 그 자체로 채굴되어 저장될 수 있는 에너지를 자연에게 내놓으라고 무리하게 요구"한다.[38] 이 도발적 요청은 자연에 숨겨진 에너지를 채굴하고, 캐낸 것을 변형하며, 변형된 것을 저장하고, 저장한 것을 다시 분배하며, 분배된 것을 다시 한번 전환해 사용함으로써 이루어진다.

하이데거는 이처럼 자연을 부품으로 요청하도록 인간을 이끌어가는 과학기술 문명의 속성을 '닦달', 즉 '게슈텔(Ge-stell)'이라고 부른다. 게슈텔은 "통상적인 의미로는 일종의 집기, 예를 들어 책장 같은 것"[39]을 의미한다. 뼈대도 '게슈텔'이라고 부른다. 닦달이란 이처럼 하나의 사물로서 자연을 '세우다(stellen)'를 의미한다. 그것은 "이쪽에-세워놓음, 눈앞에-세워놓음", 즉 밖으로 끌어내어 앞에 세워놓음을 의미하며,[40] 플라톤 이후 현재화된 눈앞의 것으로 존재의 본질을 주시하는, 서구 형이상학이 내포한 '현전성'의 근대적 형태라고 볼 수 있다.

하이데거의 《세계상의 시대》는 과학기술 문명이 기반을 둔 근대의 주관성과 표상적 사유가, 이처럼 대상을 눈앞에 현전하는 것으로 일으켜 세워 지배하려는 의지와 맞물려 있음을 보여준다. 이 저작에서 하이데거는 우리가 어떤 상을 갖게 되었을 때, 그것은 우리 마음속에 떠오르는 어떤 것이라고 말한다. 즉, 다시 말해 우리가 무언가를 이해한다고 말할 때 실제로 이해하는 것은 '보는 것'으로, 그 무엇을 우리를 위해 우리 앞에 놓인 '상'으로 이해한다. 예를 들어 사과를 떠올릴 때 우리는 사과를 사과의 모양, 즉 눈앞에 놓인 '상'으로 이해한다. 우리가 연필을 이해한다고 할 때, 우리에게 쓰이기 위해 앞에 놓인 연필의 상을 떠올리게 된다. 다시 말해 이 '상'은 세계에 대한 단순한 이미지가 아니라, 우리 앞에 놓인 어떤 것으로 이해되는 세계 자체이다. 하이데거는 이러한 '세계상의 시대'가 바로 근대이며, 이는 "모든 것을 자신 앞에 세워진, 즉 표상된 것(vorgestellt), 대상적인 것으로 파악하는 시대이다."

'표상(Vorstellung)'이란 기억에 의해 상이 재생된다는 뜻이다. 동시에 그것은 앞(vor)-세움(stellung), 즉 우리 앞에서 스스로를 명백히 드러내며 현재로서 현전하는 어떤 대상(Gegenstend), 다시 말해 우리 앞에 마주 서 있는 그러한 대상으로서 사물을 간주한다는 의미이다.[41] 사물을 '우리 앞에 서 있는 것'으로 간주하는 근대에 접어들어, 사물들이 그 앞에서 드러날 수 있는 '광경'이 되는 동시에, 자신의 의지에 따라 그 존재들을 이용하고 처분할 수 있다는 주관성 개념이 탄생한다. 대상이 내 앞에 다시 보여야, 즉 내 '앞'에 '세워져야' 대상을 꿰뚫어 이용하고 처분할 수 있다. 이렇듯 시각을 통해 이용·지배하기 위해 사물을 닦달·대상화하는 근대 시대에는 기술로 조직된 전 지구적 제국주의가 탄생하게 된다.

이러한 맥락에서 데이비드 레빈(David Michael Kleinberg-Levin)은 시각이 "우리의 모든 지각 양상들 중에서 가장 사물화하는 경향이 강한 것"이라고 주장한다. 즉, 시각은 사물들을 명백히 눈앞에 현전하는 것으로, 우리가 연구하고 이용하려 할 때 언제나 접근 가능한 대상으로 세계 내에서 지각하는 양식이다.

> 따라서 시각은 보여지는 대상이 적나라하게 드러나기 때문에, 관찰자를 놀라게 하거나 당황하게 만들 수 있는 그 어떤 비밀도 없다는 확신을 제공함으로써 관찰자로 하여금 안전하고 확실하다는 느낌을 갖게 만든다. 이 확신은 보여지는 대상을 멀리 떨어져서 관망할 수 있고 예측할 수 있으며 그렇기 때문에 그것을 보고 파악함으로써 지배할 수 있다는 확신이다.[42]

이러한 맥락에서 레빈은 "불가피하게 '시각에 내재하는 권력 충동'(보려는 욕망의 중심부에서 나오는 것으로서, 우리 주위의 세계를 드러내고 지배하려는 경향)을 바라보며, 완벽한 시각성에 대한 충동은 사물에 대한 완벽한 통제 욕망과 결과적으로 똑같아진다고 말한다."[43] 레빈은 이러한 충동과 욕망을 근대 세계에서 '시각의 헤게모니'로 명명하며, 이를 근대의 사회·경제·정치 생활에 작용하는 권력에의 의지와 관련시킨다.[44] 그리고 이는 근대의 정치적 감시뿐만 아니라 전 지구에 대한 과학적·기술적 착취로 뻗어나간다고 본다.

레빈이 칭한 '시각의 헤게모니'는 근대 유럽을 중심으로 한 백인 남성의 제국주의적 시각과 관련된다. 이는 유럽의 백인 남성이 아닌 여성, 유색인종과 같은 다른 타자와 소수자를 모두 통제하고 눈앞에 두려는 근대적 시각이다. 이러한 근대 시각중심주의적 시각은 플라톤 이후의 서구 전통 형이상학을 수립하는 동시에, 그것에 의해 수립되고 오염된 정신의 눈, 즉 지성적 시각의 한 갈래라고 할 수 있다. 이는 시간이 사상된 지금, 여기 바로 눈앞의 대상으로 존재를 바라보는 서구 형이상학, 즉 데리다가 명명한 '현전의 현이상학'의 한 갈래이자 그 정점을 이루는 도구적 이성의 시각이다. 3장에서는 이러한 시각의 헤게모니가 어떻게 '모든 것을 바라보려는' 근대적 의미의 욕망과 광기로 연결되어 관음증이 탄생하게 되는지 살펴볼 것이다.

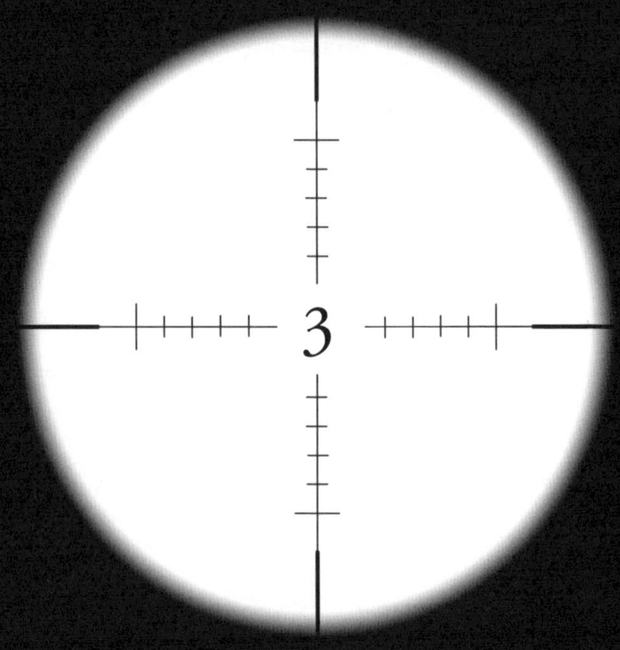

관음증의 탄생

모든 것을 보고 싶어 하는 광기

파노라마(panorama)를 처음으로 만들어낸 사람은 18세기 말 로버트 바커(Robert Barker)라는 스코틀랜드 화가였다. 1780년대 중반 바커는 에든버러에 있는 칼튼 힐(Calton Hill) 꼭대기를 향해 산책했다. 그렇게 에든버러 시내를 굽어보던 바커에게 360도 경치 전체를 그리는 아이디어가 떠올랐다. 고정된 위치에서 360도를 빙 돌아가며 부분 부분을 연속으로 스케치한 다음, 그 부분들을 모두 연결해 하나의 이미지로 만드는 것이었다. 그는 열두 살짜리 아이들의 도움을 받아 이 작업을 완성했다. 그는 일종의 착시 효과를 담은 이 그림을 전시할 구조물을 떠올렸다. 머리 위에는 숨은 조명을 설치하고, 아래 단상에서 계단을 통해 출입구에 이르도록 만드는 것이었다.

바커는 1787년 자연경관을 보여줄 용도로 이 장치의 특허를 땄다. 그는 에든버러에서 시제품을 선보여 성공했고, 이후 런던으로 이주했다. 그는 자금력이 있는 투자자들의 지원을 받아 주식회사를 설립한 후, 웨스트엔드 지역에서 자신이 발명한 기법의 진가를 보여줄 장소를 물색했다.

> 그는 블랙프라이어스 브리지 근처에 있는 알비온 밀스(Albion Mills)에 아들을 보내, 지붕 꼭대기에서 본 런던 풍경을 두 사람이 칼튼 힐에서 에든버러의 풍경을 그린 방식 그대로 스케치해오라고 했다. '고전에 심취한 친구'의 제안에 따라 바커는 '전방위적인 풍경'이라는 뜻을 지닌 그리스어 표현을 따, 자신이 발명한 기법의 이름을 지었다. 바로 '파노라마'였다.[1]

근대인의 시각 헤게모니는 이와 같은 파노라마, 즉 전방위적인 풍경처럼 모든 것을 한눈에 보고자 하는 경향으로 치닫는다. 베르그손의 표현을 빌리자면 이는 '시간의 공간화'를 동반한다. 베르그손에 따르면, 근대과학이 물질적 사물이나 어느 고립된 계(系)에 부여한 추상적 시간 t 라는 수는 등질적으로 균일하게 나뉠 수 있는 추상적 시간의 연속이다. 즉, 근대과학이 물질에 부여하는 시간은 측정 개념으로서 추상적 시간 t에 지나지 않으며, 이 시간은 등질적 공간 속에서 도표화될 수 있는 시간이다. 따라서 근대과학이 탐구하는 물질적 대상에는 엄밀한 의미에서 과거를 포함한 현재란 존재하지 않으며, 다만 현재의 순간순간으로만 이루어진 동시성만이 있을 뿐이다. 이는 체험적이고 질적인 시간마저도 좌표화되는 시간, 즉 "과거, 미래, 현재가 단번에 [공간 속에] 부채처럼 펼쳐"지는 것으로 귀결된다.[2] 이처럼 근대의 시각은 시간과 공간이 부채꼴 모양으로 한번에 눈앞에 펼쳐지는 것, 즉 모든 것이 눈앞에 바로 지금 현재의 순간들로서 현전하는 것이다. 이는 360도 회전해야 볼 수 있는 3차원적인 광경을 2차원적인 평면으로 만드는 전방위적 풍경으로서의 파노라마처럼, 모든 것이 한눈에 펼쳐지는 시각이다.

파노라마가 등장한 계몽주의 시대에는 시각의 특권을 의심하지 않았고, 계몽주의 시대 철학자들은 '이성의 빛' 속에서 사물들을 보려는 경향이 있었다. 이 시대 추구되는 명증성과 합리성은 무엇보다 시각과 밀접한 연관이 있었다. 따라서 몽테스키외, 장자크 루소와 같은 계몽주의 사상가들이 시각 문제에 천착한 것은 당연한 결과라고 할 수 있다. 계몽주의 시대의 시각중심주의는 태양왕 루이 14세의 탄생으로 거슬러 올라간다. 마틴 제이에 따르면 당시 사회적 위계를 뚜렷이 구분하도록 고안된 세련된 궁정 의례의 과시는, 거리를 두지 않는 접촉 감각인 후각과 촉각을 평가절하하고 더 거리감이 있는 시각을 선호했다.

> 스페인 바로크에서 암시되기만 했던 궁정적 스펙터클의 정치적 기능은, 태양왕 루이 14세의 베르사유 궁전에서 최고조에 이른다. …… 루이왕 궁정의 아폴론적 광휘는 행위를 통제하

> 는 가시적인 권력이 기계와 같은 더욱 커다란 비인격화 장치로 변형되었음을 보여준다.[3]

그리고 이러한 군주의 이미지는 "시각적 경로로 싸인 거대한 연결망의 중심"이었다.[4] 판유리와 안경, 거울, 실내조명 등이 발달한 17~18세기에는 2만 4000개의 양초가 밝히는 정원과 베르사유 궁전의 반사되는 거울들 한가운데 왕이 존재했다. 17세기 프랑스의 극작가 코르네유(Pierre Corneille)가 연극에서 묘사하는 그 왕은 "신과 같은 모든 빛의 원천, 모든 것을 볼 수 있는 눈, 거울 같은 반사적 정체성을 지닌 인물"[5]로 간주되었다. 그는 절대적 시선을 지닌 자이며 태양과 같이 신적인 심판의 눈을 지닌 자였다. 이처럼 모든 것을 볼 수 있는 신적인 시선이 계몽주의 시대의 눈이다. 계몽주의를 의미하는 프랑스어 '뤼미에르(Lumière)'가 '빛'을 의미하듯, "계몽과 이성의 시선은 인식의 원천으로서의 눈과 태양을 동등하게 간주"할 만큼, 시각을 특권화하고 절대시했다.[6]

몽테스키외와 같은 18세기 계몽주의 사상가는 이러한 시각적 특권 속에서 가능한 한 광대한 광경을 한눈에 보려는 신적 눈의 관점에서 오는 쾌락, 즉 파노라마적인 전지적 시각의 쾌락을 추구했다. "그에게 명증성은 보기의 한 즐거움이다. 특히 고전적 덕목인 합리성과 명증성은 지식의 한 타입일 뿐만 아니라 행복의 한 유형이다. 그것들은 희미해질 때까지 멀리 시야를 배치하고 형상을 장악하는 것을 보장한다."[7] 마틴 제이에 의하면 몽테스키외의 탁 트인 파노라마적 시각은 이른바 "패인 둑(claire-voie, 영어로는 'ha-ha'라고 불렀다)이 설치된 귀족층 시골 별장의 넓고 세련된 전망에 비유될 수 있다. 이는 가축이 저택에 다가가지 못하게 만든 둑이면서 동시에 시야를 가리지 않는, 울타리보다 도랑에 가까운 것이었다."[8] 이처럼 농민이나 가축 등 불필요한 타자와의 접촉을 삼가고 더 멀리, 더 많은 대상을 한눈에 보려는 욕망에서 비롯된 근대의 파노라마적 시각은 가능한 한 멀리까지 인간의 영역을 확장하는 것을 의미하므로, 시각은 대상과 거리를 두고 그것을 관찰하고 파악하며 장악하고 소유하는 경향을 띤다. 보는 것은 곧 소유하는 것이다.

나는 이처럼 신과 같이 모든 것을 한눈에 보려고 하는 경향이 바로 '근대(남성)의 광기'라고 명명하고 싶다. 모든 것을 보려는 자가 모든 것이 보이는 자를 감시하는 이 근대적 광기의 형태는 푸코(Michel Foucault)가 《감시와 처벌》에서 말한 파놉티콘(panopticon)에서 실현된다. 영국의 공리주의자 제러미 벤담(Jeremy Bentham)이 설계한 근대적 감옥인 파놉티콘은 '두루'라는 뜻의 'Pan'과 '본다'라는 뜻인 'Opticon'이 결합한 용어이다. 이 원형 감옥은 죄수가 머무는 A 구역의 조명을 밝게 하고, 간수가 머무는 F 구역을 어둡게 한다. 빛에 노출된 죄수들은 간수의 활동을 살필 수 없고, 항상 간수의 시선에 노출되어

●

벤담이 그린 파놉티콘 설계도.
A 구역이 죄수가 머무는 옥사이고,
F 구역은 간수가 머무는 감시 구역,
G 구역이 죄수들이 침범하지 못하도록 하는
물웅덩이다.

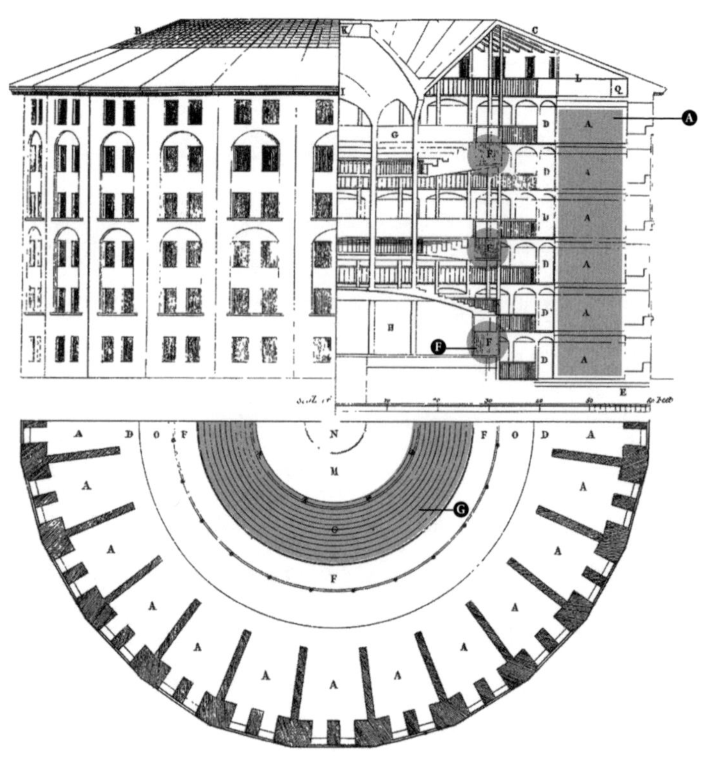

자신이 감시당한다는 사실을 내재화한다. 반면 어두운 곳에 있는 간수는 환한 빛에 노출된 죄수들의 일거수일투족을 모두 볼 수 있고, 모두 감시할 수 있다.[9] 이 '일망감시시설'에서 '보이는 자'는 모든 곳에 시선이 편재함을 느끼며 감시의 시선을 내재화하고, 이 전지전능한 시선에 규제받는다. 반면 '보는 자'는 모든 것을 한눈에 살피고 볼 수 있다는 근대의 시각중심주의적 이성의 광기를 드러낸다고 할 수 있다.

이러한 광기가 실현되는 공간이 근대적 의미의 감옥이나 고문실, 혹은 정신병동이다. 벤담이 제안한 파놉티콘 구조를 보여주는 대표적 건축물 중 하나가 서대문형무소이다. 1908년 일본인 건축가 시텐노 가즈마(四王天數馬)가 설계한 한국 최초의 근대식 감옥인 경성감옥이었던[10] 서대문형무소는 원래 1층 옥사로만 이루어져 있었다. 하지만 3·1운동 이후 넘쳐나는 수감자를 수용하기 위해 1920년대 초에 2층 옥사가 만들어졌다고 한다. 2층은 T자형으로, 복도 천장에 채광창을 설치해 2층 난간에서 1층 옥사가 한눈에 들어오도록 만들었다. 즉, 2층 옥사는 수감자들의 동태를 살피며 감시하고 통제하기 위해 만들어졌다고 볼 수 있다.

수감자들이 볕을 쬐거나 간단한 운동을 했던 격벽장은 서대문형무소 안에서도 전형적인 파놉티콘 형태의 건축물이다. 이는 '부채꼴 모양'의 원형 구조로, 운동할 때 대화하거나 도주하는 것을 막기 위해 벽을 세워 수감자들을 분리했다. 수감

●

서대문형무소의 2층 옥사(위)는
수감자들의 동태를 살피며 감시하고 통제하기 위해 만들어졌다.
수감자들이 볕을 쬐고 간단한 운동을 하기 위해 만들어진
격벽장(아래)은 수감자들이 서로를 보지 못하게 만들고
가운데 감시대에 서 있는 간수만 한눈에 볼 수 있게 만든 전형적인
파놉티콘 형태의 건축물이다.

자료: 서대문형무소역사관.

자들은 간수나 다른 수감자들을 보지 못하지만, 가운데의 높은 감시대에 있는 간수는 수감자들을 한눈에 모두 볼 수 있다.

> 나는 1980년대 중반을 살아가며 두 아이를 둔 30대 아버지이다. 학생시절인 1970년대부터 갖가지 민주화운동과 관련해 수배와 투옥을 반복했다. 결혼을 하고 아이들을 낳았어도, 집 근처 경찰서 형사들은 이제 반말을 할 정도로 친해졌다. 그런데 이번엔 다르다. 가족들과 함께 목욕을 갔다 오던 길에 갑자기 나는 연행되어 안대가 씌워진 채 차에 올라, 알 수 없는 곳으로 향하고 있다.

영화 〈남영동 1985〉에서 민주화운동을 하던 주인공은 어느 날 갑자기 남영동 대공분실로 끌려온다. 영화에서는 자세히 묘사하지 않았지만, 건축가 김수근이 설계해 1976년 5층으로 지었다가 다시 1983년 7층으로 증축된 남영동 대공분실은 그 구조가 매우 특이한 곳이다. 이곳에 끌려온 사람들은 안쪽으로 움푹 파여 숨겨진 출입문을 통과하면 1층에서 한 번 구타당한다. 원형 계단을 기어 올라가면 방향감각을 상실해 이곳이 어디인지 탈출구는 어디인지 알 수 없는 데서 비롯된 공포감이 증대한다. 원형 계단은 5층 고문실과 연결되지만, 끌려온 사람들은 몇 층인지 가늠할 수 없다.

더욱이 대공분실 고문실의 창은 맞은편 고문실과 비대칭적으로 나 있다. 끌려온 사람들은 문을 통해 벽면만 볼 수 있을 뿐이다. 그렇기에 다른 고문실에서 자행되는 고문의 순간을 볼 수 없지만 고문당하는 자의 비명을 통해 공포감은 더 극대화된다. 고문실과 취조실의 창은 빛이 거의 들 수 없을 정도로 작아 침침하기만 하다. 게다가 영화 〈남영동 1985〉에서 볼 수 있듯이, 피해자는 늘 안대가 씌워진 채 물고문이나 전기고문을 당하는데, 이때 피해자를 전지전능하게 축이고 구워삶는 고문관은 피해자의 모든 것을 보는 자이다. '시각적으로' 완전히 고립된 이 공간에서 무기력하게 누인 피해자의 심신은 고문관에게 늘 끊임없이 감시당하고 파헤쳐진다.

나는 서른 살 공시생이다. 어릴 때부터 어머니의 훈육에 따라, 어머니의 광기에 가까우리만치의 집념에 따라 과외를 하고 학원을 다니며, 열심히 영어 단어를 외우고, 영어 회화를 연마하고, 수학 과외에 집중했다. 어머니는 이 세대의 거의 모든 어머니들과 마찬가지로 내가 의대에 진학하기를 바랐다. 의대를 가지 못하고, 의사 남편도 만나지 못한 어머니가 택한 수였다. 그러나 불행히도 나는 수학 머리가 없었다. 고등학교 시절 몇 번의 잡음을 겪고 나는 인문대에 진학했다. 대학을 졸업하기도 전부터 이 시대의 거의 모든 청년들이 그러하듯 나는 공무원 시험에 매달렸다. 의사가 되지 못하면 공무원이라도 되어 안정된 노후를 보장받고, 어머니의 뜻에 따라 같은 공무원 남편을 만나서 안정되게 살고 싶었다. 그러나 불행하게도 나는 연거푸 대여섯 번을 낙방했다. 마지막 시험에 낙방하던 그 다음다음 날 나는 내 방에서 목을 맸다. 그러나 여전히 나이에 비해 눈초리가 잰 어머니가 발 빠르게 나를 발견했고, 그날로 나는 폐쇄 정신병동에 입원했다.

병원은 둥근 원형으로 입원실들이 배치되어 있었고, 낮밤을 교대 근무하는 간호사들은 원형의 꼭대기 제어탑에서 CCTV로 모든 병실의 동태를 살피고 있었다. 이곳에 온 첫날, 나는 그나마도 원형의 방들 중 하나에 들어가지 못하고 특수 관리실에서 묵어야 했다. 그곳은 간호사의 허락 없이 방 밖으로 나가는 것이 금지되어 있었다. 병적이라고 간주되는 나의 모든 행동과 말은 의사와 간호사, 가장 이성적이라 여겨지지만 모든 것을 하나도 빠트리지 않고 보겠다는 광기 어린 일념으로 번득이는 그들의 시선 아래 놓여 있다. 나는 어머니의 소망을 충족시키기 위해, 어릴 때부터 어머니를 위해 살았는데, 대체 내가 무슨 죄를 지었다고 이런 처벌을 받

> 는단 말인가? 저들은 나보고 '미쳤다'고 말하지만, 그들이 나보다 이성적이고 미치지 않았다는 근거는 어디에 있는가?

푸코에 따르면 파놉티콘은 수감의 형태였던 감옥의 기능을 근대적인 감시의 기능으로 바꾸어놓았다. 푸코는 파놉티콘의 건축 형태를 사회구조의 시선 권력과 비교해, 권력과 가시성을 결합시켰다. 현대에 접어들어 파놉티콘은 일상 속에 편재한 CCTV를 통한 감시와 통제 같은 다양한 형태로 발견된다. 근대적 의미의 광기는 이제 현대의 디지털 시대에 더욱 교묘해지고 잔악해지며 더 널리 편재한 형태로 진화한다. 그 광기는 모든 것을 객체화해 통제할 수 있으며, 이러한 시선의 권력에서 벗어나려는 타자의 움직임이 엿보이면 언제든 시각적으로 폭력을 행사할 수 있다는 신과 같은 자만심이다. 현시대에 이는 드론을 띄워 남의 집 아파트에서 일어나는 사적이고 내밀한 부분까지 모두 남김없이 보려는 광기로 나타나기도 한다. 다음 글에서는 이처럼 모든 것을 한눈에 보려 하는 '근대(남성의) 광기'가, 렌즈 연구로 촉발된 근대 시각 문명 발달과 함께 본격적으로 등장한 관음증에 어떻게 연관되는지 밝히려 한다.

관음증과 망원경

프로이트(Sigmund Freud)에 따르면, 절시증(窃視症, scopophilia)은 보는 즐거움이다. 이는 보는 시선에 대한 애착이며, 대상을 시야에 두고 싶은 욕망을 말한다. 절시증적 본능은 다른 사람들을 대상으로 받아들이고 그들을 향해 호기심에 찬 응시를 보내는 것으로 귀착된다. 이에 비해 관음증의 경우, 거리를 두고 다른 사람들의 성적 행위나 성적 부위를 엿보며 느끼는 쾌감으로 국한된다. 절시증도 "타인이나 다른 신체 이미지를 바라보면서 얻는 성애적인 쾌락"[11]일 수 있지만 그러한 보는 즐거움이 전적으로 생식기에 국한되거나, 과도한 혐오감과 관련되는 배설 기능에 주목할 때 관음증이 된다. 또한 응시의 대상이 남이 본다는 사실을 알 수도 있고 모를 수도 있는 절시증과는 달리, "응시의 대상이 남이 보고 있다는 사실을 몰라 되돌아보지 않은 경우"[12] 그 보는 쾌락은 관음증적이라고 말할 수 있다.

프로이트에 따르면 어느 정도의 주시와 접촉은 정상적인 성 목적을 달성하는 데 반드시 필요하다. 그러나 관음증의 경우 주시가 "정상적인 성 목적에 이르는 예비 과정이 아니라 성 목적을 대신"하는 도착적인 경우에 일어난다.[13] 예를 들어 타인의 생식기나 성관계를 몰래 훔쳐보는 경우, 그것이 일반적인 성행위를 통해서 얻는 쾌락을 대치하거나 그 이상의 쾌감을 느낄 때 이를 관음증적이라고 말할 수 있다.

애슐리 몬터규(Ashley Montagu)는 영·유아기에 접촉 감각이 원활히 충족되지 않았을 때 관음증이 일어난다고 해석한다. 아이의 발달 초기에는 촉각 경험이 시각 경험보다 중요하지만, 시간이 지남에 따라 시각이 우선시된다. 갓난아이일 때 원초적으로 통합되어 있던 감각에서 시각이 분리되어 나오면서, 시각은 지성적으로 훈련되기 시작한다. 이 지점에서 몬터규는 생후 1년 동안 사물을 바라보고 만지며 입으로 가져가는, 서로 밀접하게 연결된 행위가 통합적으로 이루어지지 않을 때, 특히 바라보기와 만지기 사이의 관계가 잘 이루어지지 않고 접촉과 촉각을 통한 구순 욕구가 잘 해소되지 않을 때 관음증이 나타나기 쉽다고 주장한다. 그 결과 관음증이나 그 파생물인 노출증처럼, 접촉이 아니라 바라보는 것이 성욕의 배출구로 대체되기도 한다는 것이다.[14]

프로이트는 《성욕에 관한 세 편의 에세이》의 제1장 〈성적 이상〉에서 관음증과 노출증은 종이 한 장 차이임을 역설한다. 그에 따르면 보는 즐거움이 성 목적으로 바뀌는 경우는 노출증 환자들에게서 특히 두드러진다. 그들은 "다른 사람의 생식기를 호혜적으로 보기 위해 자기네들의 생식기를 내보"[15]이기 때문이다. 다시 말해, 예전 한국의 여중·여고 앞에 출몰하곤 했던 '바바리맨'들의 노출증적 도착은 '나의 것을 보여주었으니, 너의 성기도 보여다오' 식의 호혜적 '봄'의 관념에서 나온다는 것이다.

이러한 경향은 최근 각종 SNS를 통해 과시적으로 자신의 일상을 노출하고, 이를 절시증적 욕망을 가진 불특정 다수가 보고 소비하며 '좋아요'를 눌러주는 현상에서 심화되고 있다고 볼 수 있다. 우리는 SNS를 통해 지인들과 불특정 다수에게 고급 레스트랑의 훌륭한 스테이크 사진, 해외 여행지 속 럭셔리하고 즐거웠던 한순간을 노출하는데, 이는 사실 자신의 생식기를 드러내 보이는 노출증 환자의 노출증과 깊게 연관되어 있다. 스테이크와 멋진 옷과 여행지라는 페티시가 생식기를 대신할 뿐이다. 그리고 누군가의 사생활을 몰래 바라보는 행위는 이러한 21세기의 새로운 페티시를 통해 타인을 염탐하고 지켜보며, 거기서 쾌감을 느낀다는 점에서 절시증을 넘어 '관음증'적이다.

프로이트가 규정한 관음증의 기원은 관음증자를 뜻하는 '피핑톰(Peeping Tom)' 이야기에서 연유한다. 중세 시대 영국 코번트리의 영주였던 레오프릭 백작이 농민들에게 과중한 세금을 부과하자, 백작의 아내 고다이바(Godiva)는 남편에게 농민들의 세금을 줄여달라고 부탁했다. 백작은 고다이바에게 실오라기 하나 걸치지 않은 알몸으로 말을 타고 성내를 한 바퀴 돌면 부탁을 들어주겠다고 한다. 이에 고다이바는 성안 사람들에게 자기가 알몸으로 말을 타고 한 바퀴 돌 때 자신의 모습을 보지 말아달라고 부탁했고, 사람들은 모두 창에 커튼을 치고 그녀의 모습을 보지 않았다. 그러나 단 한 명, '피핑톰'이라는 자가 몰래 고다이바의 모습을 훔쳐봤고, 그에 대한 신의 징벌로 눈이 멀게 되었다. 이후 '피핑톰'은 타인의 은밀한 곳을 몰래 훔쳐보는 '관음증자'의 대명사가 되었다.

여기서 흥미로운 것은 피핑톰이 벌을 받아 눈이 멀었다는 점이다. 이는 '눈'과 남근의 연관, 더 나아가 실명과 거세가 밀접한 연관이 있음을 의미한다. 예를 들어 오이디푸스왕이 자신이 근친상간을 범했음을 알고 스스로 눈을 찔렀을 때, 이는 자신을 거세했음을 암시한다. 이러한 눈과 남근의 연관성은, 근대로 넘어와 무언가 금지된 것을 보는 행위가 거세 공포를 불러일으키는 것으로 표현되곤 한다. 이는 근대의 피핑톰이 등장하는 호프만(E. T. A. Hoffmann)의 소설 《모래 인간》에 암묵적으로 깔린 복선이다. 그리고 이것은 렌즈, 즉 망원경을 통한 엿보기라는 관음증, 다시 말해 근대적 의미의 관음증을 보여주고 있다.

프로이트는 1919년에 발표한 논문 〈두려운 낯설음(Das Unheimlich)〉에서 호프만의 《모래 인간》을 분석하며, 거세를 집행하는 무서운 아버지의 상징인 변호사 코펠리우스를 통해 아들이 아버지에게 느끼는 거세 공포가 어떻게 실명 공포와 연관되는지를 보여준다. 이 환상소설은 나타나엘이라는 대학생이 자신의 어린 시절을 회고하면서 시작된다. 밤이 되면 어머니는 종종 아이들을 침실로 보내기 위해 "모래 인간이 온다"라는 말로 겁을 주곤 했다. 그러면 아이들은 그때 정말로 아버지를 만나러 오는 한 방문객의 무거운 발걸음 소리를 듣곤 했다. 아이들을 돌보는 하녀가 들려주는 이야기는 더 끔찍했다.

> 모래 인간은 나쁜 사람인데, 잠을 자지 않는 아이들을 찾아와서는 아이들 눈 속에 모래를 뿌리는 거야. 그러고는 피가 뚝뚝 떨어지는 눈알들을 뽑아내지. 그다음에는 자기 아이들에게 먹이기 위해 눈들을 자루 속에 담아서 뿌연 반달 빛을 받으며 사라지지. 모래 인간의 아이들은 저기 멀리 새둥지같이 생긴 집에서 기다리고 있다가 갈고리처럼 생긴 부리로 말 안 듣는 아이들의 눈을 콕콕 쪼아 먹는 거야.[16]

마침내 그는 모래 인간이 어떻게 생겼는지 알아보기로 결심했고, 다시 모래 인간이 찾아와 아버지의 서재에서 기다리고 있던 어느 날 저녁, 미리 서재에 들어가 몸을 숨기고 있었다. 나타나엘은 그 방문객이 대낮에 집으로 초대받아 왔을 때도 아이들이 겁을 먹고 달아나게 했던 무서운 아저씨, 변호사 코펠리우스라는 사실을 알게 되었고, 그 이후 나타나엘에게는 코펠리우스가 바로 그 무서운 모래 인간이 되어버린다.

아버지와 방문객은 불그스레한 불빛이 일렁이는 벽난로 앞에서 열심히 이야기를 나누고 있었다. 몸을 숨기고 있던 아이는 코펠리우스가 소리치는 것을 듣는다. "눈이 여기 있다! 눈이 여기에!" 아이는 그만 소리를 지르고 말았고 코펠리우스의 손아귀에 붙잡힌다. 코펠리우스는 시뻘건 작은 숯 조각들을 집어 아이의 두 눈에 뿌리려다가 다시 난로 속으로 던진다. 나타나엘의 아버지가 "선생님, 선생님! 제 아들 나타니엘의 눈을 뽑지 마세요, 제발 뽑지 마세요!"라고 코펠리우스에게 간청했기 때문이다. 아이는 깊은 실신 상태에서 깨어난 후에도 오랫동안 병을 앓아야 했다. 1년 후, 다시 모래 인간이 집을 방문했을 때는 폭발 사고가 일어나 아버지가 죽고 만다. 집 안에 있었던 코펠리우스는 아무 흔적도 남기지 않은 채 사라진다.

대학생이 된 나타나엘은 이탈리아 출신의 한 떠돌이 안경 상인 주제페 코폴라를 만나게 되는데, 이 사람의 여러 모습에서 나타나엘은 어린 시절의 기억 속에 남아 있던 그 끔찍한 얼굴을 다시 봤다고 생각한다. 나타나엘이 공부하며 머무르던 도시를 찾아온 안경 상인은 그에게 기압계를 권하지만, 나타나엘은 작은 망원경 하나를 산다. 그리고 (코폴라가 '눈깔'이라고 부른) 이 망원경으로 집 바로 맞은편에 있는 스팔란차니 교수의 아파트를 엿보다가 그의 딸인 올림피아를 훔쳐보게 된다. 그녀는 아름다운 여인이었지만 왠지 이상하게도 단순해 보였고, 또 움직이지 않았다. 나타나엘은 약혼녀가 있었는데도 올림피아를 보는 순간 벼락을 맞은 듯했고, 자신의 약혼녀를 잊어버린다.

그러던 어느 날, 스팔란차니 교수는 무도회를 열어 자동인형 올림피아를 사람들에게 소개한다. 기계적으로 피아노를 치고 누가 무엇을 물어보건 "아, 아"라고만 대답하는 올림피아를 모두가 이상하게 생각하지만, 나타나엘만이 올림피아를 본 뒤 매혹되고 사랑에 빠지게 된다. 영혼 없는 '자동인형' 같은 올림피아가 움직이고 말하는 모습에 모두들 이상함과 두려움을 느꼈으나, 오직 나타나엘만이 "아, 아"라고 대답하며 자신의 얘기를 모두 들어주고 이해해주는 듯한 올림피아와 사랑에 빠진다.

그러나 올림피아는 스팔린차니 교수가 톱니바퀴들을 조립해 만든 자동인형에 지나지 않았고, 인형에 눈을 박아 넣은 사람은 코폴라(모래 인간)였다. 어느 날, 나타나엘은 스팔란차니 교수의 집에서 스팔란차니 교수와 안경 상인 코폴라가 서로 다투고 있는 모습을 보게 된다. 나타나엘이 나타났을 때 안경 상인 코폴라는 두 눈이 없어진 나무 인형을 가져가버렸고, 내부 장치를 만든 스팔란차니는 바닥에 떨어져 피범벅으로 굴러다니는 올림피아의 눈을 집어, 코폴라가 올림피아의 두 눈을 그 학생(나타나엘)에게서 훔친 것이라고 소리치며 나타나엘을 향해 던졌다. 나타나엘은 다시 발작을 일으킨다. 섬망 상태 속에서 아버지에 대한 그의 회상은 이러한 새로운 경험과 뒤섞인다. "우-우-우! 불의 원-불의 원! 돌아라. 불의 원이여!-좋다. 좋아! 작은 꼬마 인형. 우. 아름다운 꼬마 인형이 돈다-" 나타나엘은 이렇게 말하며 올림피아의 아버지라 할 수 있는 스팔란차니 교수에게 달려들어 목을 조르려고 한다.

고향으로 돌아간 뒤, 오랫동안 앓았던 깊은 병에서 회복된 나타나엘은 제정신으로 돌아와 약혼녀 클라라와 함께 시청의 높은 첨탑에 올라가 본다. 첨탑의 꼭대기에서 나타나엘은 이상한 광경을 보게 되고, 호주머니에 있던 망원경으로 갑자기 클라라를 바라본다. 나타나엘은 다시 발작을 일으켜 "불의 원이여, 돌아라"라고 외치며, 첨탑 아래 등장한 변호사 코펠리우스를 보게 된다. 그는 "맞아! 알흠다운 눈깔, 알흠다운 눈깔"이라고 외치더니 난간 너머로 몸을 던졌고, 코펠리우스는 사람들의 아우성 소리를 뒤로 한 채 사라진다.[17]

프로이트는 이 이야기에 등장하는 나타나엘의 거세 불안을 '두려운 낯설음'[18]의 정서와 관련지어 설명한다. 그에 따르면 눈이 상하거나 시력을 잃는 것은 어린아이들에게 끔찍한 두려움을 동반한다. 어른이 된 후에도 많은 사람들은 어느 부위보다 눈의 손상을 두려워한다. 프로이트는 실명 공포가 거세 불안의 한 형태라고 분석한다. 나타나엘의 실명 공포는 아버지의 죽음과 밀접한 연관을 맺는다.

프로이트는 모래 인간의 다른 이름인 코펠리우스를 거세를 집행하는 나쁜 아버지의 위치에 놓는다. 나쁜 아버지인 코펠리우스는 나타나엘의 눈을 멀게 해주겠다며 위협하고, 좋은 아버지인 실제 나타나엘의 아버지는 아이의 눈을 보호하기 위해 용서를 구한다. 이 두 부성적 존재는 훗날 안경 상인인 코폴라와 스팔란차니 교수로 변형된다. 나타니엘이 사람들에게 두려운 낯설음을 불러일으킨 자동기계 올림피아와 사랑에 빠지게 되는 계기도, 거세 콤플렉스로 아버지에게 매인 청년은 여인을 정상적으로 사랑할 수 없다는 심리적 메커니즘을 보여준다. 그는 오직 안경 상인 코폴라가 '눈'이라고 부른 망원경을 통해 물리적·시각적 거리를 둔 상태에서만 여성에 대한 사랑과 욕망을 투사한다.

엘렌 식수(Hélène Cixous)의 《사랑의 이름》에 따르면, 어린 시절부터 청년 시절에 이르기까지 나타나엘은 금지된 것을 보려는 욕망, 들키면 눈이 뽑힐 정도로 금지된 비밀을 보려는 욕망을 드러내는 인물이다. 이 작품을 관통하는 주제는 금지된 시선이라는 것이다.[19] 나는 여기서 나타나엘의 '봄'의 욕망은, 가려져서 볼 수 없는 것까지 포함해 모든 것을 보려 하는, 만천하에 드러나는 장면을 비밀 없이 보려 하는 근대인의 욕망과 일맥상통한다고 생각한다. 16~17세기 네덜란드를 중심으로 눈의 불완전성을 교정해줄 렌즈와 안경에 대한 연구가 시작되었고, 데카르트나 스피노자(Baruch Spinoza) 같은 근대 철학자들도 렌즈를 이용해 새로운 이론을 탐색하려 했다.

2장에서 언급했듯이, 망원경은 17세기 초 안경 직공인 한스 리퍼세이를 통해 탄생했다. 그는 자신이 연마해온 렌즈 제작 솜씨를 확인하기 위해 볼록렌즈와 오목렌즈를 한 개씩 조금 떼어서 보았다가 교회 탑이 엄청나게 크게 보이는 것을 발견했다. 이를 이용해 그는 1608년 수정렌즈로 된 망원경을 만들어냈다. 1609년 갈릴레이는 네덜란드에서 만들어진 망원경을 개량해 천체망원경을 만들어냈다. 그러나 이 망원경이라는 장치가 멀리 떨어진 경치를 관람하거나 천체를 관측하는 데만 쓰이지 않았음은 분명하다. 망원경이라는 새로운 렌즈, 즉 우리 신체의 불완전한 눈을 보완해 비가시적 영역을 가시적 영역으로 만들어주며, 대상과 거리를 두고 고정된 응시를 가능케 하는 이 새롭고 완전한 '눈'은 근대적 의미에서 절시증과 관음증을 탄생시킨다.

전부를 보지만 아무것도 보지 못하는

《모래 인간》에는 이 새로운 '눈'에 대한 은유가 넘쳐난다. 안경 상인 코폴라가 나타나엘에게 기압계 대신 권한 것은 안경이었다. 그는 나타나엘에게 "알흠다운 눈깔도 있어-알흠다운 눈깔"이라고 말하는데, 그때 안경이 탁자를 뒤덮고 기묘한 빛을 내며 번쩍거린다. "수많은 눈알이 눈빛을 번득이고 씰룩씰룩 움찔대며" 자기를 올려다보기도 하고, "이글대는 눈빛이 갈수록 사납게 솟아나 뒤섞이며 핏빛 빛줄기를" 나타나엘의 가슴에 쏘아대기도 했다.[20]

나타나엘이 이 안경이라는 렌즈의 '눈알'에 공포를 느끼자 코폴라가 권한 것이 바로 '망원경'이다. 그는 이 망원경으로 이웃집 스팔란차니 교수의 딸 올림피아를 훔쳐보게 된다. 망원경으로 보면 올림피아는 여느 때와 마찬가지로 두 손을 모은 채 앉아 있으며, 그제야 비로소 나타나엘은 올림피아의 아름다운 이목구비를 볼 수 있다. 올림피아의 눈은 처음에는 희한할 정도로 멍하고 생기 없어 보였으나, 망원경으로 자세히 들여다보자 두 눈에서 달빛이 보얗게 솟아오르고, 눈빛이 갈수록 생기 있게 타올랐다.

이처럼 신체의 '눈'을 보완하고 교정하며 더 완전하게 해주는 렌즈와 망원경 같은 기구들은, 대상과 거리를 두고 고정적으로 응시하며 몰래 '훔쳐보기'를 가능하게 하는 관음증적 시각을 탄생시킨다. 여성의 모든 것을 관찰하고 훔쳐본다고 간주되는 이 관음증적 시각은, 파악할 수 없는 미지의 것이나 과잉적인 어떤 것을 제거하며, 여성을 남근적 욕망의 투사에 따라 포착되고 알 수 있는 대상으로 환원한다. 이러한 의미에서 관음증적 시각은 주체가 보고 싶어 하는 것만 보는 시각이며, 여성의 영혼이나 정신과는 상관없이 여성을 아름다운 얼굴, 가슴과 엉덩이라는 물화되고 객체화된 형상으로 바라보는 시각이다. 《모래 인간》에서 망원경이라는 신문물을 통해 훔쳐보기의 대상이 된 것은, 인형처럼 객체화되고 최소한의 지적 수준도 요구되지 않으며 "아-아"라고만 말하는 여성이다.

실제로 오펜바흐(Jacques Offenbach)의 오페라 〈호프만의 이야기〉를 현대적으로 해석한 어떤 공연에서는, 나타나엘의 관음증적 욕망을 충족시키는 자동기계 인형 올림피아가 가수 마돈나처럼 야한 속옷 같은 무대의상을 입은 섹시한 글래머 스타로 재현된다. 이 공연에서 나타나엘과 올림피아가 직접 만나 둘 사이의 시각적 거리가 사라졌을 때, 자동기계 인형 올림피아는 거대한 가슴과 엉덩이로 나타나엘의 얼굴을 짓누르면서, 그의 관음증적 쾌락을 전복적인 방식으로 짓이겨버리고 조롱한다.

키에슬로프스키(Krzysztof Kieślowski) 감독의 영화 〈사랑에 관한 짧은 필름〉은 현대판 나타나엘의 재림이다. 18세기 말 아버지의 죽음을 목격한 트라우마 때문에 '눈'에 집착하는 나타나엘은 20세기 말, 더 끔찍한 모습으로 재현된다. 그것은 여성과 정상적 관계를 맺기 힘든 청년의 관음증이 '순수한 사랑'으로 포장되기 때문에 더 잔인하다. 수줍은 성격에 대인기피증이 있는 우체국 직원 도메크는 맞은편 아파트에 혼자 사는 연상의 여인 마그다를 망원경으로 훔쳐본다. 이는 그 방에서 원래 살던 친구가 떠나며 그에게 알려준 도착적인 시각적 쾌락이다. 그는 마그다의 관심을 끌기 위해 가짜 송금표를 만들어 우체국으로 오게 하고, 그녀의 편지를 몰래 훔치며, 그녀의 집에 애인이 등장했을 때 가스 고장 신고를 한다.

어느 날 가짜 송금 통지서를 갖고 우체국에 들른 마그다에게 도메크는 통지서를 보낸 것은 자신이며, 그녀를 오랫동안 망원경으로 훔쳐보았다고 고백한다. 그리고 혼신의 힘을 다해 마그다에게 데이트 신청을 하고, 둘은 시간을 보내다 마그다의 집으로 간다. 마그다는 속옷 차림으로 도메크를 유혹하고, 도메크는 마그다의 허벅지를 두 손으로 만지는 순간 모든 것이 끝났음을 느낀다. "그런 것이 사랑이다"라고 말하는 마그다를 뒤로 한 채, 도메크는 집으로 와 자살을 시도한다.

도메크의 '순수한' 사랑은 망원경을 통해, 물리적 거리를 두고 시각적으로 마그다를 관찰할 때만 이루어진다. 그 여인이 어떤 사람인지, 어떤 성격이고 무엇을 좋아하는지, 무엇을 먹고 어떤 남자를 좋아하는지, 무엇에 고통을 느끼며 어떨 때 우는지는 오로지 그녀와 거리를 두고 망원경을 통해 바라볼 때만 '알 수' 있는 것이 되고, 막상 그녀와 마주앉아 짧은 '접촉'을 했을 때, 그 여인은 알 수 없는 불가해한 대상이 되고 만다. 그 불가해한 여성의 섹슈얼리티 앞에서 그는 뒷걸음질 치며 도망간다. 그가 사랑했다고 믿었던, 시각적 거리를 둔 대상은 어디에도 존재하지 않는다. 그는 그 여성의 어떤 것도 보지 못했다.

아커만(Chantal Akerman) 감독의 〈갇힌 여인〉은 마르셀 프루스트의 《잃어버린 시간을 찾아서》 제5편 〈갇힌 여인〉을 모티브로 한 영화이다. 이 영화에 등장하는 젊은 부르주아 남성은 얼마나 시간이 넘쳐나는지, 자신과 함께 고급 아파트에 동거하는 애인 아리안느가 외출하면 그녀를 미행하기 바쁘다. 그는 아리안느가 잠들었을 때의 몸, 아니면 샤워실의 불투명 유리 사이로 보이는 그녀의 몸에 관음증적으로 집착한다. 그의 관음증적 괴벽은 영화 첫 장면에서부터 나타난다. 그는 아리안느가 여자친구들과 함께 해변에서 뛰어노는 모습을 영사기로 되돌려 보면서, “나는 … 나는 … 당신을 … 당신을 사랑합니다”라고 중얼거린다. 그는 실제적인 모습의 아리안느가 아니라 거리를 두고 화면에 나타나는 아름다운 아리안느를 관조적으로, 혹은 관음증적으로 바라보며 그녀를 사랑한다고 말한다.

하지만 그는 아리안느에게 너무 집착한 나머지 그녀의 일거수일투족, 그 모든 것을 보고 싶어 한다. 급기야 아리안느가 여자친구들과 동성애 관계에 있다고 착각하고, 그녀를 몰아붙이며 차를 몰고 해변으로 향한다. 주인공의 모든 요구에 아리안느는 “당신이 원한다면”이라고 말하며 해변의 호텔에 투숙한다. 그러나 얼마 후 아리안느는 미지의 검은 대륙처럼 시커먼 바다로 사라지고, 그는 그녀를 찾기 위해 바다로 헤엄쳐 나가지만, 다음날 혼자 구조되어 담요에 감싸인 채 검은 바다를 가르는 보트에 실려 육지로 돌아온다. 그때 그의 얼굴에 나타난 표정에는 애인의 모든 것을 바라보고 모든 것을 알고자 했지만, 결국 관음증자인 그로서는 아무것도 알 수 없는 불가해한 ‘미지의 검은 대륙’과 같은 여성에 대한 경악과 공포가 담겨 있다.

이러한 측면에서 관음증적인 남근적 시각은 ‘(여성의) 모든 것을 응시한다'고 착각하지만, 사실 '모든 것을 본다'는 것은 '아무것도 보지 못하는 것'이다. 그래서 나타나엘의 '망원경'을 통한 여성 훔쳐보기는 어둠 속 비밀스러운 실체가 드러났을 때, 즉 올림피아가 실은 자동기계 인형이었다는 비밀에 직면했을 때 파열되고, 관음증적인 남근적 시각은 산산조각이 난다. 결국 나타나엘은 망원경을 통한 남근적 시각이 포착해낼 수 없었던 과잉적인 실체 앞에서 광기로 미쳐간다. 이런 광기는 근대 시각중심주의가 내포한 관음증적 주체가 귀결할 수밖에 없는 결과이다. 이러한 근대의 시각중심주의는 카메라의 등장과 함께, 대상과 거리를 두며 그 형상을 무사심하게 바라보는 관조에서 비롯된 관음증적 시선과 결탁하며 엄청난 여성혐오적 메커니즘으로 작동하게 된다.

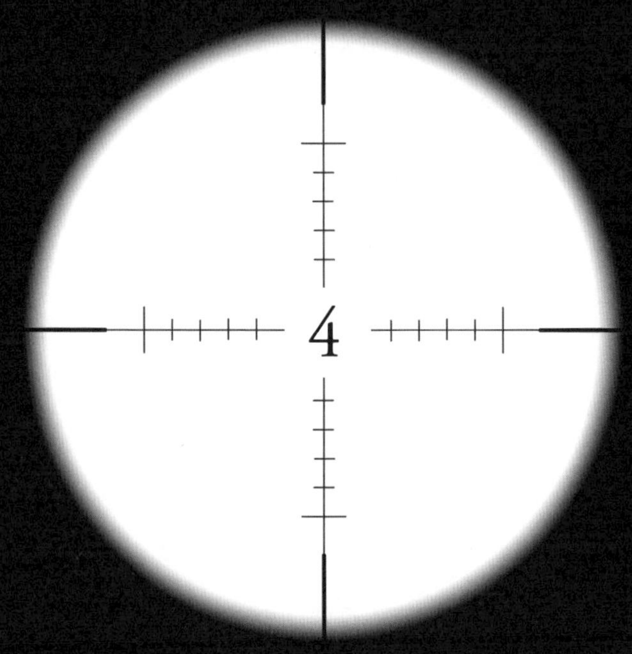

카메라가 가져온 것들

원근법, 카메라 시각의 근원

이 장에서는 카메라의 본격적인 등장에 대해 설명하기에 앞서, 카메라 시각의 근원인 원근법과 그 창시자인 건축학자 알베르티(Leon Battista Alberti)와 브루넬레스키(Filippo Brunelleschi)에 대해 이야기하려 한다. 15세기에 알베르티는 원근법 이론을 글로 설명했다. 그는 "가로수가 늘어서 있는 길이 지평선상의 한 점으로 사라지게" 되는 시각 현상처럼, 시선 방향과 평행한 모든 직선이 소실점으로 수렴하는 '피라미드' 도식을 통해 원근법을 설명한다. 원근법 피라미드는 회화의 기본으로, 피라미드를 그리기 위해 '화가의 시점'과 '재현 대상(소실점)'의 위치, 그리고 그 사이에 횡단면으로서 그림 화면의 위치를 확정하는 것이 중요하다.[1]

알베르티가 책을 써서 원근법의 원리를 전파했다면, 브루넬레스키는 대중 앞에서 직접 실험을 통해 원근법의 원리를 증명하고자 했다. 브루넬레스키는 원근법을 이용해서 당시 피렌체를 대표하던 건물 산 조반니 세례당(Battistero di San Giovanni)을 그렸다. 그리고 한 명의 관찰자는 브루넬레스키가 그린 산 조반니 세례당 건물 쪽을 향해 구멍 뚫린 판을 들고 있었는데, 이 판은 브루넬레스키가 그린 산 조반니 세례당 그림이었다. 이 그림의 정면은 실제 건물인 산 조반니 세례당을 향해 있었고, 관찰자는 그림 뒷면의 구멍을 통해 세례당 건물을 보고 있었다.

> 그러나 그림(구멍 뚫린 판)과 실제 건물의 사이에 거울을 위치시키면서 상황은 훨씬 미묘해진다. 거울 방향은 건물 쪽이 아니라 그림 쪽으로 잡혀 있다. 따라서 구멍을 통해 보면, 먼저 거울의 반사면이 보이고 그 뒤로 멀리 건물이 보이게 된다. 이때, 거울에는 브루넬레스키의 그림 앞면이 비춰 보인다. 결과적으로 관찰자는 거울 속에 담긴 그림을 먼저 보고 그 뒤로 그림의 실제 모델을 함께 보게 된다. 한눈에 이중으로 재현된(다시 말해 그려지고 반사된) '가상의 이미지'와 함께 '실제 이미지'를 비교할 수 있도록 고안된 장치인 것이다. 관찰자는 브루넬레스키의 그림이 지닌 정확성뿐 아니라 시연 방식의 기발함에 감탄하게 될 것이다.[2]

이처럼 15세기 르네상스 시대의 원근법 창시는 다른 감각 기관에 비해 눈이 특권적 위치를 점유하고 있으며, 시각이 지

브루넬레스키의 산 조반니 세례당 원근법 시연

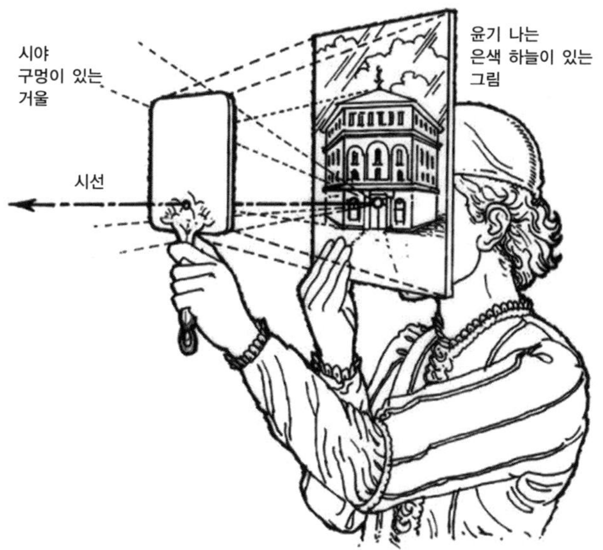

자료: BRUNELLESCHI and the Re-Discovery of Linear Perspective @ maltaly.

식의 기초 모델로서 보편적 가치판단의 기준이 되었음을 보여준다. 브루넬레스키의 원근법 실험에서도 알 수 있듯이, 원근법은 두 눈을 활용한 실제적인 공간 지각이 아니라, 이 실제적인 공간에서 고립되고 고정된 외눈을 통해 가상의 공간을 지각한다. "그리고 이는 기하학적·수학적 원리에 엄격하게 기초한 구조로서 착시 현상을 일으키게 된다."[3]

> 그림이 보는 사람들로 하여금 실체로부터 차단되어 있거나 멀리 떨어져 있다는 느낌을 주는 것처럼 사물의 크기를 왜곡하고 속임수를 쓴다. 이 원근법의 원리는 수세기가 지나면서 일반화되었으며, 서구에서는 그것을 당연하게 여겼고, 서구인들은 사실상 '약호화된 환영'에 불과한 것을 '사실(reality)'로 보게 되었다.[4]

15세기에 창안된 화가들의 이러한 원근법주의를 암묵적으로 이어받아 원근법적 주체를 정립한 사람이 17세기의 철학자 데카르트였다. 데카르트 시대에는 실험적 광학의 발달로 인해 원근법에 대한 새로운 탐구가 일어났다. 마틴 제이에 의하면, 빛의 발산 혹은 수렴이라는 광학 원리에 근거한 선 원근법(perspective projection)은 "새로운 과학적 질서와 동일한 방식으로 작동했다." 과학적 질서와 마찬가지로 원근법은 "추상적인 선적 좌표라는 질서 있는 단일한 체계를 이루기 위해, 공간의 실제 의미는 제거되었다. 이와 같이 공간은 이야기가 시간에 따라 진행되는 무대라기보다는, 객관적 과정을 담아내는 불변의 장소였다."[5] 다시 말해, 원근법적 공간은 3차원의 실제 공간을 2차원적 공간에 옮겨놓은 유클리드 기하학적 공간, 합리화된 공간, 규격화된 평면이다.

여기서 "빛이 발산한다고 추정되는 점 또는 오히려 빛이 수렴된다고 여겨지는 점", 즉 소실점은 보는 자의 눈을 대체한다. 이는 "능동적이고 입체적인 그리고 깊이에 대한 시각적 경험을 주는 구체적인 실제의 두 눈이 아니라" 깜빡거리지 않는 고정된 외눈으로 보는 자가 원근법적 시각의 특권화된 중심이라고 상정한다.[6] 원근법 기구를 사용해 세상을 바라보는 이 외눈은 시간적 지속을 넘어서는 영속화된 눈이며, 화가와 관람자의 생생하게 살아 있는 몸을 실제적 공간에서 떼어놓는 탈신체화된 눈이다.

데카르트적인 근대의 시각주체 역시 바로 고정된 눈으로 대상을 응시하는 탈신체화된 원근법적 주체이기도 하다. 데카르트가 《굴절광학》에서 행한 시각 탐구는 케플러(Johannes Kepler)의 영향을 많이 받았다. 그러나 데카르트가 보기에 케플러는 망막에 맺힌 뒤집힌 사물의 '상'이 어떻게 시각의 실제 의식적 경험이 되는지, 즉 뒤집힌 상을 우리가 어떻게 똑바로 보고 인식할 수 있는가의 물음에는 답하지 못했다. 이러한 물음에 데카르트는 수동적 감각으로서 케플러의 눈과는 다른, 정신의 작용으로서 원근법적인 시각체계를 제시한다. "자신이 표상하는 대상을 모든 측면에서 닮아 있는 이미지는 없다. 왜냐하면 모든 측면에서 닮았다면 대상과 이미지 사이에 구별이 없을 테니 말이다. 오히려 대상을 몇몇 방식에서만 닮는 것으로 충분하다."[7] 즉, 2장에서 언급했듯이, 망막에 맺힌 사물의 상을 정신의 시각을 통해 지각하고 인지하는 것은 외부 현실의 완벽한 복제가 아니며, 기호를 읽는 것과 유사한 과정을 거친다.

이때 데카르트는 외부 대상과 완벽하게 똑같지는 않지만 그에 대한 정확한 시각적 경험을 가능하게 하는 예로 원근법을 든다. "원근법의 규칙을 따르면, 어떤 형태의 원보다 타원이 원을 가장 잘 표상한다. 그리고 어떤 형태의 사각형보다 다이아몬드 형태가 사각형을 가장 잘 표상한다."[8] 즉, 정신의 눈은 현실을 있는 그대로가 아니라 수학적인 기하학적 원리에 기반한 하나의 원근법적인 선적 좌표와 같은 기호로 지각한다는 것이다.

앞서 언급했듯이 데카르트는 《굴절광학》에서 사변적인 정신적 시각과, 감각경험을 통한 관찰적 시각이라는 두 가지 이원론적인 시각 모델을 제시했다. 그러나 마틴 제이는 "이 이원론은 사변적인 태도를 취하든 혹은 관찰적인 태도를 취하든 간에 육화된 눈보다는 완전히 관람자적인 눈, 즉 순간적인 일별보다는 깜빡이지 않는 고정된 응시를 정당화한다"고 주장한다.[9] 이처럼 데카르트는 유클리드의 기하학적 공간에서 탈신체화된 고정된 눈으로 대상을 응시하는 근대적인 원근법적 시각주체를 정립했다. 근대부터 19세기에 이르기까지 서구의 시각 모델은 이러한 데카르트의 원근법적 주체에 기반하고 있었다. 그리고 이렇듯 탈신체화된 원근법적 시선의 메커니즘으로 만들어진 장치와 발명품이 바로 19세기에 등장한 카메라였다.

'어두운 방'부터 카메라 발명까지

카메라의 전신인 '카메라 옵스큐라(camera obscura)'는 오늘날의 필름 카메라뿐만 아니라 디지털 카메라에까지 그 원리가 이용되는 장치로서, 카메라 시선의 메커니즘을 보여준다. 카메라 옵스큐라는 라틴어로 '어두운 방'이라는 뜻으로 "상자나 방의 한쪽 면에 작은 구멍을 내어 이곳을 통해 빛이 들어가도록 해, 반대편 벽면에 물체의 이미지가 거꾸로 보이도록 해놓은 장치"[10]이다.

이는 기원전 4세기 아리스토텔레스가 태양의 일식을 관찰할 때 암상자의 원리에 주목하면서 만들었고, 고대 중국에서는 묵자(墨子)가 자신의 저술에서 그 원리를 설명했던 장치이기도 하다. 16세기 들어서는 레오나르도 다빈치가 드로잉을 위한 사생 도구로 활용했으며, 광학적 관측 장비로도 사용되었다. 17세기에는 거울을 설치해, 생긴 이미지가 우윳빛 유리 스

●

초기의 카메라 옵스큐라.
어두운 방에 구멍을 뚫어 빛이 들어가게 하면 반대편 벽면에
바깥세상의 이미지가 거꾸로 맺힌다(위).
17세기에는 거울을 설치해 바깥 이미지가
유리 스크린에 반사되어 똑바로 볼 수 있는
카메라 옵스큐라가 발명되었다(아래).

자료: "Agents of Change: Camera Obscura", Artland Magazinemagazine.artland.com; "camera obscura", Britannicabritannica.com.

크린에 반사되어 다시 똑바로 보이도록 했다. 카메라 옵스큐라의 모양은 큰 방에서 오두막, 가마, 천막 등으로 다양하게 변하다가 17세기에는 암상자, 18세기에는 다양한 규격이 등장하게 된다.

이처럼 사생 도구나 광학적 관측 장비로 이용된 카메라 옵스큐라는 자동적이고 정확한 원근법에 입각해서 정밀한 그림을 그리는 수단이 되었고, 19세기 초에는 화가들에게 널리 사용되었다고 한다. 그것은 처음에 구멍, 나중에는 렌즈를 통해 3차원의 세상을 2차원적인 생생한 평면 위에 재현해냈다. 이렇게 탄생한 것이 1810년 영국의 물리학자 울러스턴(William Hyde Wollaston)이 만든 '카메라 루시다'였다. 카메라 루시다는 원근법으로 그림을 그리기 위한 광학 도구였지만, 카메라 옵스큐라보다 값이 싸고 크기가 작아 휴대가 가능했고, 활용 범위도 카메라 옵스큐라보다 훨씬 넓었다고 한다.[11] 이처럼 카메라 옵스큐라는 정확한 원근법을 이용해 그림을 그리는 데 사용되었고, 이는 회화의 발전을 불러왔다.

지금 내 앞에는 카메라 옵스큐라가 놓여 있다. 많은 화가들이 이를 이용해 지금 내 눈앞에 펼쳐진 세계의 풍경을 보다 완벽하고 정확하고 생생하게 재현해내려 하지만, 나의 관심은 다른 데 있다. 그림이 아무리 정확하다 할지라도 화가의 눈과 손을 통해 재현된 이상, 흘러가는 시간의 한순간을 포착한 완벽하게 고정된 이미지가 아니다. 나는 내 앞에 놓인 카메라 옵스큐라를 통해 보는 이 순간의 이미지를 영원히 고정시키고 싶다. 그것은 재현이나 모사의 문제가 아니라, 지금 내가 바라보고 있는 풍경의 순간을 고정해 불멸하는 이미지를 만들고 싶은 욕망이다.

이처럼 카메라 옵스큐라를 통해 본 이미지를 고정시키려는 욕망과 노력은 '사진'과 '카메라'라는 발명을 낳았다. 19세기 초 영국의 토머스 웨지우드(Thomas Wedgewood)는 질산은 혹은 염화은에 종이를 담그는 방법으로 카메라 옵스큐라의 이미지를 고정시키려 했지만, 인화된 이미지는 영구적이지 못했다. 이를 영구적으로 만든 사람이 프랑스의 발명가 니엡스(Joseph Nicéphore Niépce)였다. 1817년 3월 니엡스는 빛에 반응하는, 유대 지방의 역청 용액을 금속면에 발라 화상을 복제했다. 그리고 많은 실험을 거듭한 끝에 1822년, 빛에 노출되면 굳는 역청 용액을 유리판에 발라 양화 이미지를 만들어냈다. 니엡스가 '헬리오그래피(heliography)'라고 부른 이것이 "바로 진정한 의미의 첫 번째 사진이었다. 즉, 카메라 옵스큐라에 의해 생긴 이미지를 유리판 위에 기록한 것이다."[12] 그럼에도 불구하고 역청의 감광도는 매우 낮아 상이 선명하지 못했으며, 노출에도 여덟 시간이 필요해 움직이는 사물이 피사체가 되기엔 부적절했다.

니엡스의 발명은 다게르에 의해 진전을 보게 된다. 오페라의 무대배경 화가였다가 훗날 고정된 이미지를 만드는 사진기를 발명한 다게르(Louis-Jacques-Mandé Daguerre)는, 1822년 포부르 신전 근처에서 디오라마(diorama)[13] 극장을 개관했다. 그는 여기서 "광선 효과의 변화에 따라 서로 다른 장소를 보여주는 회화적 광경의 연속 장면"을 만들어 "보는 사람들로 하여금 실제로 세계를 여행하는 듯한 환상을 느끼게" 해주었다.[14]

디오라마 극장이 성공을 거두자 다게르는 런던의 리젠트 공원에도 극장을 개관했다. 그리고 이 극장에서 사용하는 장면을 정확하고 효과적으로 그리기 위해 카메라 옵스큐라를 이용했고, 곧 자신이 그리는 이미지들을 고정하기 위해 노력했다. 니엡스의 소문을 들은 다게르는 1829년 그와 동업자로서 협정을 맺었다. 그들은 "자연이 제공하는 광경을 고정하는 새로운 방법을 완벽하게 하는 작업을 함께할 것"을 약속했다.

그러나 4년 후인 1833년 니엡스는 죽었고, 다게르는 은판을 이용해 이미지를 고정하는 실험을 계속 해나갔다. 그는 은도금 위에 요오드 증기를 쐬어 요오드화은을 생성시켰고, 유대 역청이 아닌 요오드화은을 수은 증기와 반응시켜 은판에 화상을 만들었다. 요오드화은에 30분 동안 빛을 주어 빛을 받은 부분이 밝아졌고, 그것을 식염수에 고정시켰다. 이렇게 동판 위에 은으로 광을 낸 표면이 만들어졌다. 이는 사진의 보존 기간을 늘렸으며 금속의 날카로운 질감으로 선명도를 높여줄 수 있었다. 즉, 니엡스의 헬리오그래피가 지닌 큰 단점이었던 장시간 노출을 줄이고, 선명한 디테일의 화상을 얻을 수 있었던 것이다.

1838년 다게르는 자신의 이름을 따서 '다게레오 타입'이라 이름 붙인 이 발명품을 세상에 발표했고, 당시 유명한 물리학자이자 국민의회의 하원의원이었던 프랑수아 아라고(François

1850년 모델의 다게레오 타입 카메라.
'다게레오 타입'은 사진의 보존 기간과 선명도를 높였다.

Arago)를 찾아가 사진의 특허에 대해 논의했다. 아라고는 1839년 1월 파리에서 열린 과학 아카데미 모임에서 다게르식 은판 사진에 대한 보고서를 제출해 세상에 반향을 불러일으켰다. 프랑스 정부는 아라고의 촉구 아래 다게르와 니엡스가 개인 특허를 포기하는 조건으로 그들에게 연금을 수여했다. 이에 따라 매년 다게르는 6000프랑, 니엡스의 아들은 나머지 4000프랑을 프랑스 정부로부터 받게 되었다. '사진'이 공공의 영역으로 보급되는 순간이었다.

그러나 다게르식 은판 사진은 단 한 장만 인화할 수 있다는 단점이 있었고, 화상이 거울에서처럼 좌우가 바뀌어 나타났으며, 10~30분의 노출 시간으로 화상이 불안정했다. 이에 1841년 프랑스 물리학자 피조(Hippolyte Fizeau)가 금 용액을 감광판에 첨가해 감광도를 높이는 방법을 쓰자 노출 시간이 15배 줄었다. 또한 다게르식의 커다란 감광판은 축소되어 쉽게 휴대할 수 있게 되었다. 이렇게 휴대 가능한 현대적 의미의 카메라가 탄생했다. 최초의 파노라마식 다게르식 은판 사진 카메라는 1845년 마르텐스(Friedrich von Martens)에 의해 발명되었다. 이는 "1846년 한 해 동안 파리에서 약 2000대의 카메라와 5만 개의 감광판이 판매되었을 정도로 대단한 인기를 누렸다."[15] 장시간 노출 문제가 극복되었던 이 카메라를 통해, 움직임이 없는 정물 대신 풍경 사진이 가능하게 되었다.

정확한 원근법에 입각한 그림을 위해 화가들이 사용한 카메라 옵스큐라와 마찬가지로, 카메라는 르네상스 시기 나타난 원근법적 시각체계와의 연루 속에서 탄생한 발명품이었다. 앞서 말했듯이, 고정된 외눈을 통해 세상을 바라보는 원근법적 시각주체는 실제적 공간 속에 위치한 대상을 본다기보다는 "기하학적 원리에 기초하고 있는 광학적 착시 현상"을 실제라고 착각한 것이라 할 수 있었다. 카메라의 눈 역시 작은 구멍을 통해 보는 고정된 외눈으로서, 움직이지 않은 채 외부 대상을 바라보는 탈신체화된 관조적 응시를 만들어냈고, 이는 장시간 앉아 기다려야 하는 초기 사진 작업에서 더욱 뚜렷하게 나타났다.[16]

이처럼 카메라 옵스큐라를 모델로 해 탄생한 초기 카메라의 시각은 깜빡이는 두 눈을 통해 실제적인 공간을 보는 것이 아니라, 눈꺼풀 없이 응시하는 "딱딱하고 건조한 눈", 탈신체화된 눈을 통해 기하학적 공간을 바라보는 원근법적 응시의 절정을 이루었다. 예를 들어 우리가 한쪽 눈을 감고 사진의 직사각형 프레임을 눈 위로 둔 채 들판을 바라본다 하더라도, 그것은 사진상에서 보는 것과 다르다. 우리의 시각은 사각형 틀의 프레임으로 짜이지 않기 때문이다.

> 사진은 모든 것을 한쪽 모서리에서 다른 모서리까지 날카롭게 묘사하고 있지만, 우리의 눈은 오목하게 생겼기 때문에 우리의 시각은 단지 '중심부'만 날카롭게 주시할 뿐이다. ……

> 사진은 대상을 각각의 면마다 그리고 가장 가까운 곳으로부터 가장 멀리까지 모두 샤프 포커스로 보여준다. 우리에게는 이것이 불가능하기 때문에 우리는 이러한 방식으로 사물을 보지 않는다.[17]

이제 카메라의 등장과 함께, 원근법에 입각해 대상을 재현하기 위한 탈신체화되고 무사심한 관조적 응시는 은밀히 대상을 바라보는 관음증적 시각으로 변모해갔다. 관음증적 시각이란 주체가 대상과 연루됨을 거부하고, 대상에 대한 어떤 책임도 지지 않은 채, 은밀하고 탐욕스럽게 그 대상을 지배하고 통제하기 위해서 거리를 두고 몰래 바라보는 것을 의미한다. 3장에서 언급했듯이 이러한 관음증적 주체는 렌즈와 망원경의 발달과 더불어 탄생하지만, 그 관음증적 응시를 강화하고 보편화한 것은 사진과 카메라의 발달과 함께였다.

사진과 관음증, 그리고 페티시

3장에서 언급한 관음증에는 일종의 권력관계가 내포되어 있다. 능동적으로 바라보는 자는 시선의 권력을 쥐고 있는 자로서, 결코 수동적인 보이는 자로 전락하지 않는다. 수동적으로 보이는 자의 몸은, 바라보는 자의 보는 쾌락의 대상으로서 하나의 구경거리가 된다. 그들은 자신들이 시선의 권력을 쥔 자들에 의해 응시되고 있음을 알아채지 못할 때도 많다. 제3세계 피식민지인, 여성, 장애인이 그러한 시선 권력의 피지배자가 될 때 그러하다.

여성의 몸은 주로 성적이거나 성애화된 이미지와 관련해서 관음증을 불러일으킨다. 외부적으로 여성의 몸은 시각의 대상이자 바라봄의 대상이며, 내부적으로도 여성은 남성적 시각의 대상으로서 능동적으로 자신을 내면화한다. 카메라 앞의 피사체로서 여성은, 따라서 이중으로 대상화(objectification)되며, 관음증적 시선의 권력으로 촬영된 여성의 몸은 사진으로 인화되었을 때 그 이중 대상화된 이미지로서 존재하게 되는 것이다.

카메라를 통해 얻어지는 사진은 그 매체의 속성상 관음증적인 바라보기가 개입된다. 이러한 측면에서 수전 손택(Susan Sontag)은 에세이집 《사진에 관하여》에서 사진작가 다이앤 아버스(Diane Arbus)의 다음과 같은 발언을 인용하기도 한다. "사진을 찍는다는 것은 정말 못된 것 같다는 생각이 늘 드는데, 내가 좋아하는 것 중 하나가 바로 못된 짓이다."[18] 아버스의 사진작품이 얼마나 관음증적인가는 차치하고, 남성이 카메라 뒤에 섰을 때 관음증적 응시가 더욱 적나라해진다는 것은 부인할 수 없는 사실이다.

손택은 안토니아니(Michelangelo Antonioni) 감독의 영화 〈확대〉(1966)와 파월(Michael Powell) 감독의 영화 〈저주받은 카메라〉(1960)

를 인용해, 카메라를 통해 사진작가와 피사체가 거리를 둔 상태에서 작동하는 폭력적인 관음증을 성토한다. 영화 〈확대〉에서 주인공인 패션 사진작가는 모델의 몸 곳곳을 카메라로 훑어내리며 셔터를 누른다. 카메라의 눈으로 모델을 바라보는 사진작가는 어떤 성적 환상을 느끼며 그것을 사진에 담는 듯 느낀다. 관음증적 흥분을 느끼며 셔터를 누르는 사진작가와 달리, 일반 관객들에게(적어도 여성에게) 그 장면은 성적 흥분을 불러일으킨다기보다는 괴이하게 느껴진다.

수전 손택은 영화 〈확대〉(왼쪽)와 〈저주받은 카메라〉(오른쪽)를 인용해 카메라를 통한 폭력적인 관음증을 성토한다.

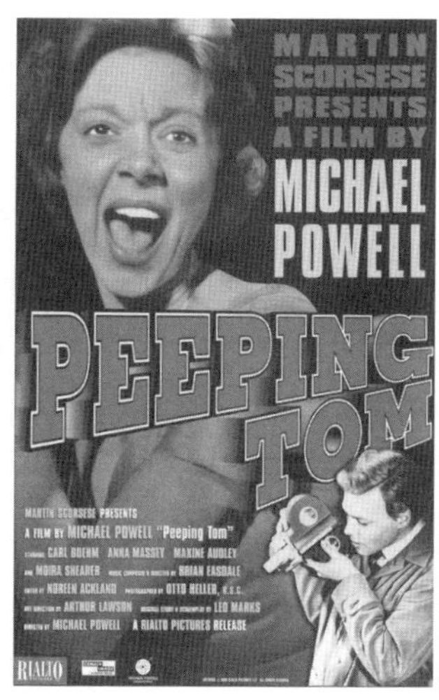

앞서 언급했듯이 〈저주받은 카메라〉(이 영화의 원제는 '관음증 환자'를 뜻하는 'Peeping Tom'이다)에서 여성들을 성적인 이미지로 촬영하다가 카메라 속에 숨겨둔 뾰족한 칼과 같은 흉기로 살해하는 촬영기사는, 카메라에 부착된 반사경을 통해 자신이 죽어가는 모습을 극한의 공포 속에서 바라보는 여성들의 이미지를 촬영한다. 손택은 《사진에 관하여》에서 피사체의 몸에 욕망을 느끼지 않는 대신 필름에 담긴 여성들의 이미지, 이 죽어가는 피사체의 이미지를 집에서 혼자 돌려보며 쾌락을 느끼는 이 관음증 환자의 이야기를 언급한다. 이 지점에서 손택은 피사체와 거리를 두고 피사체에 초연할 수 있어야 하는 카메라의 관조적 시선이 어떻게 공격적인 관음증과 결부되는지 언급한다. 그에 따르면 카메라는 강간할 수도, 소유할 수도 없다. "이렇게 저렇게 상상하고 참견하고 침범하고 왜곡하고 착취하고 (훨씬 더 센 은유를 쓰자면) 암살할 수도 있을지언정 말이다."[19]

> 이 영화[저주받은 카메라]가 가정하고 있는 무력함과 공격성의 연관성, 전문화된 시각과 잔인함의 연관성은 카메라와 관련된 가장 중요한 환상을 보여준다. 카메라에 (필름을) '넣는다(loading)', 카메라를 들고 '겨냥한다(aiming)', 필름을 '박는다(shooting)'라고 말할 때마다 사람들은 카메라와 관련된 환상을 정확하게 언급하고 있는 것이다. 정작 자신들은 그런 환상을 잘 알지 못하고 있더라도 말이다.[20]

정신분석학적으로 사진을 해석할 때, 이는 하나의 페티시(fetish)로 작용할 수 있다. 프로이트는 논문 〈다섯 살배기 꼬마 한스의 공포증 분석〉에서 남자아이가 어머니의 몸과 생식기를 우연히 본 후 거세 공포를 느끼게 되는 과정을 분석한다. 프로이트에 따르면 이때 여성의 갈라진 생식기를 가리고 대체하는 물건, 즉 남자아이의 거세 공포와 불안을 잠재울 수 있는 거들이나 스타킹, 신발과 같은 물건이 페티시다. 《사진 이론》에서 미셸 헤닝(Michelle Henning)은 프로이트의 페티시즘(fetishism)이란 "순간(여성에게 남근이 없음을 인지하게 된 외상 이전의 순간)을 동결시키고 부분에 집착하는 행위"[21]라고 본다. 이러한 측면에서 헤닝은 사진이 어떻게 부분에 집착하게 되는 하나의 페티시로 기능하는지 밝혀낸다. "페티시즘의 개념은 평면화와 파편화가 몸을 바라보는 (만지는 것을 상상하는) 쾌락을 사진이나 잡지를 보거나 다루는 쾌락으로 전이시키는 과정의 일부임을 제시한다."[22]

만질 수 있고 소유할 수 있는 부분적인 물질적 속성 때문에 대부분의 사진은 페티시가 될 수 있다. 예를 들어 2차원적 평면으로 재현되는, 털 한 오라기 없이 매끈한 각선미를 지닌 여성의 사진은 거세 공포를 잠재울 수 있는 페티시가 된다. 프로이트 식으로 말하자면, 어느 때라도 무의식적으로 심층에서부터 떠오르는 거세 공포는 그 사진을 바라봄으로써 언제든지 잠재울 수 있으리라.

여성 잡지 속 화장품 광고에서 재현되는 여성의 얼굴도 이와 비슷한 하나의 페티시로 기능한다. 모델의 얼굴은 음영이 드러나지 않는 평면화되고 "매끈하게 확장된 피부 위에 배열된 일련의 이목구비로 축소"된다. 이렇게 사진이라는 "매체와 그것의 이미지는 합쳐지고, 매끈하고 반들거리는 잡지의 페이지는 여성의 피부를 대체"[23]한다. 그리고 남성들은 (그리고 남성적 시선을 내면화한 여성들 역시도) 현실적인 여성의 몸, 즉 털이 나 있거나 축 처진 배를 안고 있거나, 음모가 난 성기가 있는 몸, 여드름 자국이 나 있거나 가뭇하게 콧수염이 나 있을 수 있는 얼굴이 아니라, 고전적인 의미의 누드 그림처럼 부드럽고 매끈하며 체모가 없는 여성의 몸과 얼굴을 평면적으로 재현한 사진에서 거세 공포를 잠재우고 안심한다.

이처럼 한 장의 사진이 페티시로 기능할 때, 그것은 필연적으로 죽음과 관계된다. 사진은 부동적이고, 과거의 한순간을 동결시켜 매끈한 하나의 페티시로 만든다. 사진 속에서 대상화된 몸은 영원히 움직이지 않는 동결된 과거의 한순간일 뿐이다. 이러한 측면에서 사진은 아이러니하게도 인생의 무상함과 대비되지만, 그 부동적으로 동결된 이미지는 무상함을 떠올릴 수밖에 없도록 만든다. 이에 대한 손택의 발언은 의미심장하다.

사진은 애수가 깃들어 있는 예술, 황혼의 예술이다. 사진에

> 담긴 피사체는 사진에 찍혔다는 바로 그 이유로 비애감을 띠게 된다. 추하거나 기괴한 피사체조차도 사진작가의 눈길이 닿으면 그때부터 고귀해지기에 감동을 줄 수도 있다. 아름다운 피사체라면 이미 오랜 세월을 보냈거나 쇠약해졌다거나 더 이상 존재하지 않는다는 이유로 애처로운 감정을 자아내는 대상이 될 수도 있다. 모든 사진은 메멘토 모리(Memento Mori, '죽음을 기억하라'라는 뜻의 라틴어)이다. 사진을 찍는다는 것은 다른 사람(또는 사물)의 죽음, 연약함, 무상함에 동참하는 것이다. 그런 순간을 정확히 베어내 꽁꽁 얼려놓는 식으로, 모든 사진은 속절없이 흘러가버리는 시간을 증언해준다.[24]

이처럼 사진은 살아 있는 피사체를 움직이지 않고 얼어붙은 것으로 만든다. 언젠가는 죽을, 사진에 찍힌 살아 있는 사람은 사진에 보존된 채 남아 있다. 다른 한편으로 한때는 살아 있었지만 이미 죽은 사람의 몸도 사진 속에 남아 있으며, 그러한 몸을 바라보는 살아 있는 사람이 이상한 불멸성을 인식할 때 알 수 없는 공포로 몸서리치게 된다. 그것은 이미 죽은 자가 생생히 눈앞에 '현전'함 속에서 느끼는, 괴이한 '두려운 낯설음'이다.

이러한 사진의 속성은 롤랑 바르트(Roland Barthes)가 《카메라 루시다》에서 언급할 때 더 명확해진다. 이는 카메라 렌즈 앞에 선 피사체로서의 '나'가 죽음으로써 영원히 동결되는 것이다.

'나'는 카메라 렌즈 앞에서 스스로 물화됨으로써, 즉 나 자신이 스스로 유령이 됨으로써 '메멘토 모리' 속에 잠식되어 들어간다. 때로는 타자의 사진, 그것도 매우 친밀한 관계에 있는 사람의 사진은 죽음의 유령을 일깨우는 방식으로 지나간 한 때, 즉 '그곳-그때'를 지금 여기, 내 눈앞에 '현전'시키기도 한다. 이러한 맥락에서 바르트는 《카메라 루시다》에서 자신의 어머니가 어린 시절에 찍힌 사진을 언급한다. 바르트는 5살인 어머니와 7살인 외삼촌이 1898년 '겨울정원'이라는 온실에서 함께 찍은 사진을 발견하는데, 사진 속에서 빛나고 있는 어린 어머니에게 환원할 수 없고 대체 불가능한 그 무언가가 있음을 발견한다. 즉, "사진의 구체적 참조물의 실질적 현전, 다시 말해 실제로 한동안 거기 있었다고 하는 점이 가장 그를 감동시킨 것이다."[25]

19세기에 유행했던 사후 사진은 죽은 유령의 소환이라는 사진의 한 속성을 적나라하게 보여준다. 미셸 허닝에 따르면 죽은 가족이나 친구의 사진을 찍는 풍습은 1880년대까지만 해도 공개적으로 허용되었다. 그리고 시체 사진은 이러한 서비스를 광고하는 전문 사진 스튜디오와 미국의 가정에서 공공연하게 전시되었다. 초창기의 사후 사진은 시체를 단지 잠들어 있는 것처럼 보이게 하는 데 많은 노력을 들였다. "이처럼 죽음을 잠으로 재현하는 것은 영혼의 사후 세계에 대한 기독교적인 믿음에서 기인한다. 사후 사진은 육체가 죽은 후에도 영혼은 계속 살아간다는 개념에 따른 것이다."[26] 롤랑 바르트에 따르면, 이는 죽은 것의 살아 있는 이미지이다.

이와 같이 죽은 유령의 소환, 이미 존재하지 않는 자의 영혼의 소환이라는 사후 사진의 관념은 벨기에 소설가 아멜리 노통브(Amélie Nothomb)의 소설 《푸른 수염》에서 재기발랄하게 재현된다. 《푸른 수염》의 주인공인 벨기에 출신의 25세 젊은 여성 사튀르닌은 파리 시내에 위치한 으리으리한 대저택의 화려한 방 하나를 터무니없이 싼 가격에 얻게 된다. 그녀는 앞서 여덟 명의 여성 세입자들이 모두 실종되었다는 소문을 듣고도, '독립'을 위해 그 방에 용감하게 입성한다. 그 집의 주인인 45세의 에스파냐 귀족 돈 엘레미리오는 저녁마다 진귀한 요리를 만들어 그녀를 초대하고, 그들은 함께 식사하며 온갖 달콤살벌한 대화를 나누게 된다. 그러나 아홉 번째 세입자인 주인공 사튀르닌은 결국 그 집에서 출입이 금지된 단 하나의 방인 암실을 발견하게 된다. 사실 집주인은 연쇄살인마가 맞았다. 돈 엘레미리오는 거미줄을 치고 먹이를 기다리는 거미처럼, 집 안에서 진을 치고 앉아 여덟 명의 여성 세입자를 차례로 맞았고, 그녀들은 모두 냉동저온장치가 작동하는 암실에서 뻣뻣하게 언 채로 죽어갔다. 사튀르닌은 재기 넘치는 영리한 대화를 통해 그러한 사실과 암실의 효용성을 알아낸다.

연쇄살인마 집주인은 첫 살인 때, 즉 첫 번째 여성 세입자가 암실에 갇혀 언 채로 죽어 있는 것을 발견했을 때 사진을 찍었다. 그는 사진에 찍힌 첫 번째 희생자의 아름다움은 우리가 상상할 수 있는 모든 것을 초월했고, 그래서 그 '아름다운' 이미지를 암실 벽에 고정시켰다고 실토한다. 그렇게 젊은 여성 여덟 명의 죽은 이미지가 암실에 걸렸고, 이제 마지막 사진, 즉 아홉 번째 희생자의 사진이 걸릴 차례였다. 이 사실을 알아낸 사튀르닌은 살인마를 암실로 유인해 가두고, 냉동저온 장치를 실행시킨다. 이 소설이 모델로 한 페로의 동화 《푸른 수염》에서와 마찬가지로, 주인공 사튀르닌은 연쇄살인마를 처단하고 살아남는다.

에스파냐 귀족인 집주인은 이처럼 살아 숨 쉬는 생생한 육체를 지닌 여성이 아니라 사후 시체로서의 여성이 가장 아름답다는 도착적인 미학을 가지고, 암실에서 죽은 여성들의 사진을 찍고, 그녀들의 시체를 얼려놓듯이 그 순간을 동결시킨다. 그리고 때때로 사진을 바라보며 그 '아름다움'을 소환하고, 그 불멸성을 만끽한다. 이처럼 이 작품은 여성을 찍은 사진에 드러나는 다소 '죽음 도착적(necrophilic)'이고 시체성애적인 남성적 시선의 한 단면을 드러낸다. 이러한 측면에서 노통브의 《푸른 수염》은 프랑스의 여성 철학자 사라 코프만(Sarah Kofman)이 《여성의 수수께끼》에서 행한 프로이트 분석에 대한 비판과 맞닿아 있다.

프로이트는 그의 가상 강연문인 〈여성성〉에서 30세 이상의 여성은 심리적 경직성과 불변성으로 우리 (남성) 정신분석학자들을 종종 몹시 놀라게 한다고 말한다. 이 지점에서 코프만은 프로이트가 여성 내담자들에 대한 분석 치료를 하면 할수록 그들이 주는 공포감과 당혹감에 몸을 떨었고, 그 결과 〈여성성〉 말미에서 서른 살 이후의 여성을 박제화하고 '시체화'했다고 주장한다. 프로이트는 여성들의 수수께끼 같은 성격을 통제하고 불안정성과 유동성을 부동적 위치로 고정하려 한다는 것이다. 여성에 대한 이러한 시체화·박제화는 남성들이 추구하는 불멸성과 초월성에 맞닿아 있다. 프로이트로 대변되는 남성들은 유한하고 썩어 없어질 몸을 가진 여성, 서른 살 이후에도 몸의 나이 듦에 따라 유연해지고 변화하는 정신을 지닌 여성을 인정하지 않았다. 프로이트가 말하는, 성적 리비도를 탈피해 승화를 이룰 수 있는 남성은 결국 서른 살 이전의 영원한 여성, 영원히 늙지 않는 20대 여성을 추구한다.[27]

이러한 남성적 시선에서 영원히 썩지 않는 시체화되고 박제화된 20대 여성은, 노통브의 《푸른 수염》 속에서 에스파냐 귀족 출신의 연쇄살인마 집주인 돈 엘레미리오의 시선 속에 전환되어 나타난다. 사진 속에서 썩지 않을 가장 아름다운 시체로 동결된 여덟 명의 젊은 여성들은 암실 속에 전시되고, 그가 암실을 찾을 때마다 지금 여기 이 순간, 그의 눈앞에 현전해 나타난다. 그리고 명백하게 그 사진들은 돈 엘레미리오의 '페티시'이리라.

영화의 탄생

바야흐로 19세기에서 20세기로 넘어가면서 인류의 문화사에서 가장 중요한 것 중 하나가 발명되었다. 바로 영화다. 이는 근대의 망원경과 현미경 렌즈 같은 그 어떤 발명품보다 신체적 시각의 한계를 확장시켜준 카메라의 눈을 그 정점에 올려놓는 발명품이었다.

영화는 사진의 원리를 이용해, 피사체를 연속 촬영해 영사했을 때 피사체가 움직이는 것처럼 보이게 하는 새로운 매체였다.[28] 영화가 발명되어 나오기 직전인 1891년, 에디슨(Thomas Edison)은 만화경 구조의 키네스토코프(kinestocope)를 발명했다. 키네스토코프는 관객 혼자 들여다보는 장치라서, 인기 있는 작품은 항상 관람객들의 줄이 길게 늘어서 있었다고 한다. 뤼미에르 형제(Auguste et Louis Lumière)는 이러한 키네스토코프를 한층 발전시켜 촬영과 영사가 동시에 가능하도록 고안하고, 한 장소에서 많은 관객들이 영화를 관람하는 현재의 상영 방식을 가진 시네마토그라프(cinématograph)를 1895년 12월 28일 프랑스 파리 시내에 있는 그랑카페 카퓌신에서 선보인다.[29] 이날 뤼미에르 형제가 선보인 최초의 영화는 〈기차의 도착〉으로, 기차가 역으로 도착하는 단순한 이 영상을 실제와 구분하지 못한 관객들이 혼비백산해 극장 밖으로 뛰쳐나갔다는 유명한 일화가 있다.

1907년 발표된 역작 《창조적 진화》에서 베르그손은 사진과 더불어 당대의 산물인 초기 영화에 대해 곱지 않은 시선을 보낸다. 사진을 찍음으로써 일어나는 시간성의 동결, 덧없이 흘러가는 한순간을 스냅샷을 통해 부동의 이미지로 고정시키는 것, 24컷의 고정된 이미지들을 이어 붙여 움직이는 것처럼 보이게 하는 영화적 장치. 이 모든 것은 베르그손이 《창조적 진화》에서 주창한 '영화적 착각'에서 비판하고자 했던 것이었다. 베르그손에 따르면 '영화적 착각'이란 "안정된 것을 매개로 해 불안정한 것을 생각할 수 있고, 부동의 것을 통해 동적인 것을 생각할 수 있다고 믿는"[30] 데서 기인한다. 영화는 정지된 이미지들의 연속을 빠른 속도로 이동시켜 운동의 연속성을 만들어낸다. 다시 말해 영화는 '사진소', 즉 1초에 24개의 부동적 단편의 이미지들로 운동을 재구성한다. 영화에서 연속성은 시간의 차원에서 이어지는 연속성이 아니라 다만 공간적인 이미지들, 즉 부동적 단편들의 이어짐에 지나지 않는 것이다. 이러한 점에서 영화는 실제적인 운동이 아니라 거짓 운동을 보여준다.

베르그손에 따르면 인간의 지성(l'intelligence)은 등질적인 공간 형식을 사용해 사물을 분할하고 재구성해왔다. 이러한 점에서 영화적 방법은 시간적인 생성을 부동적·불연속적 공간을 매개로 표상하는, 제작을 목적으로 한 도구적 지성의 요구에서 나왔다고 볼 수 있다. 부동적인 스냅사진들을 공간 속에

한꺼번에 펼쳐놓는 영화적 방법은 "모든 것이 주어져 있다"는 지성의 방식과 매우 흡사한 것이다. 이러한 맥락에서 베르그손의 '영화적 착각' 비판은 부동성과 정지만을 표상하는 지성주의 철학과 당대의 실증과학에 대한 비판이다.

베르그손은 지성적 사유 습관에 물든 전통 철학의 뿌리를 파헤쳐 들어가, 플라톤의 이데아가 영화적 조작을 따른다고 주장한다. 베르그손은 이데아, 즉 에이도스를 '봄(vue)', 혹은 '순간(moment)'이라고 해석한다. 에이도스란 사물의 불안정함에 대해 갖는 안정된 봄, 혹은 고정된 순간이다. 사물을 '이데아'로 환원시킨다는 것은 생성을 그 중요한 부동적인 '순간들'로 환원시키는 것이다. 그리고 그 순간들은 시간의 법칙을 벗어나 있다. 시간에 독립적인 에이도스, 즉 모양새나 형태로서의 형상은 하나의 개념이 된다. 개념적 차원의 실재는 지속하지 않으며 공간을 점유하지도 않는다. 따라서 개념적 차원에서 시간적인 생성은 중요한 것이 되지 못한다.

베르그손에 따르면, 고대 과학과 철학의 인식이 우리 눈으로 운동의 양상을 기록하는 것에 비유된다면, 근대과학의 인식은 스냅사진으로 그것을 정확히 기록하는 데 비유된다. 플라톤이나 아리스토텔레스 같은 고대 그리스 철학자에게 형상이나 이데아, 즉 에이도스는 사물의 역사에서 특권적이거나 두드러지게 독특한 순간에 속한다. 그리고 운동이란 하나의 특권적 순간에서 다른 특권적 순간으로의 이행, 즉 하나의 형상에서 다른 하나의 형상으로의 규칙적 이행인 것이다.

이와 달리, 말의 질주를 육안으로 보지 않고 스냅사진을 찍어서 본다고 가정해보자. 스냅사진은 모든 순간을 고립시키고, 순간들을 동렬에 둔다. 따라서 스냅사진에서 말의 질주는 어느 특정한 순간에 반짝이지 않으며, 전체를 밝혀주는 유일한 자세로 집중되지 않는다. 근대과학에서는 이처럼 운동을 스냅사진들의 이어짐과 같이 파악한다. 따라서 근대과학에서는 형상이나 이데아 같은 특권적인 순간은 존재하지 않으며, 모든 순간은 등질적이고 등가적이다.[31]

이처럼 베르그손이 비판한 근대과학적 의미의 시지각(visual perception)은 특히 '영화적 착각'에 더욱 부합하는 것이었다. 그러한 시각은 시간 속에서 흘러가는 실재를 포착하는 대신 과거·현재·미래가 모두 포함된 시간이 등질화된 공간 속에 마치 부채처럼 한꺼번에 펼쳐지는 시각, 즉 시간과 공간을 한눈에 볼 수 있는 시각이다. 이러한 시각은 시공을 초월해 모든 것을 한눈에 볼 수 있다고 믿는 계몽주의의 시각과 일맥상통한다. 이는 미국의 1달러 지폐에 인쇄되어 있는, 모든 것을 보는 통시적이고 투명한 신의 눈이다. 그리고 이러한 계몽주의적인 신적 시선이 투영되어 나타난 것이 바로 초기 영화와 고전 영화였다.

카메라가 처음 등장했을 때, 이 기계는 인간의 시각을 확장해줄 새로운 장치로 인식되었고, 영화의 등장과 함께 카메라의 눈은 고정된 시각을 벗어나 시공을 초월해 전지전능해졌다. 토마스 앨새서(Thomas Elsaesser)는 《영화이론》에서, 아직 자동차도 없었고 기계적 운송 수단으로서는 기관차가 유일하던 1900년대 초반에 "영화라는 기계적 발명은 절대적으로 유연하며 자유롭게 움직이는 눈처럼 보였"을 것이라고 말한다. 영상 카메라는 자유롭게 세상을 돌아다니지만, 자신을 보이지 않게 할 수 있으며, 모든 장소에 어디든 존재할 수 있었다. 조르주 멜리에스(Georges Méliès)의 〈달나라 여행〉(1902)처럼 카메라의 눈은 손쉽게 시·공간을 초월해 달나라까지 자유롭게 도달할 수 있다.

러시아의 지가 베르토프(Дзига Вертов)가 감독한 영화 〈카메라를 든 사나이〉(1929)는 카메라 형상 위에서 카메라를 든 촬영기사를 필두로 시작된다. 이 작품에서는 어디든지 자유롭게 돌아다니는 카메라, 즉 "마치 처음인 것처럼 세계를 발견하는 감각기관으로서 스스로에게 환호하는"[32] 카메라의 눈이 나타난다. 사회주의 혁명 이후 건설적 사회라는 당시 모토에 맞게, 이 영화는 끊임없이 돌아가는 이미지가 넘쳐난다. 카메라의 시선은 관조적으로 세상을 바라보다가도 갑자기 방직 공장의 실패들이 돌아가고, 자동차 바퀴가 돌아가고, 전차 바퀴와 마침내 기차 바퀴가 끊임없이 돌아가는 컷들이 나온다. 재미있는 것은 전차가 내게 달려오고, 기차 바퀴가 나를 덮쳐오는 것 같은 이미지가 나타나도 카메라와 카메라맨은 아무런 위해를 당하지 않은 채 이 이미지를 담아내고, 관객은 안전한 자리에서 그 이미지를 바라본다.

> 이 장면에서 베르토프의 '영화 눈(kino-glanz)'은 탈육체화[탈신체화]되어 있으며 모든 것을 관찰한다. 그는 자신의 영화팀을 '영화 눈'이라고 불렀는데, 영화 눈은 기계적 시선이 '인간의 눈을 통해서 세계를 시각적으로 인지한 것에' 도전하며, '기계 눈의 고유한 "나는 본다!"를 제공'한다는 점을 환기시킨다. 베르토프는 자신의 영화와 글을 통해서 인간 인지의 불완전성으로부터의 기계적 분리를, 세계에 대한 영화의 환희에 찬 온전한 [시각적] 지배를 칭송한다.[33]

이처럼 탈신체화된 응시로서 '영화 눈'은 15세기 르네상스 시대에 발명되고 데카르트가 주장한 원근법적 시선의 부활이었다. 현대에 접어들어 회화는 원근법적 시각체계에서 벗어났지만, 그러한 시각체계가 특히 영화에 의해 다시 부활한 것이다. 장치이론가 장루이 보드리(Jean-Louis Baudry)와 그의 추종자들은 "고정적이고 독점적인 눈을 특권화하는 표상의 원근법적인 방식이 사진과 영화에서 이어졌다고 주장했다."[34]

앞서 언급했듯이, 카메라 시점의 기원은 15세기 이탈리아에서 발명된 원근법이다. 특히 초기의 영상 카메라는 15세기 이탈리아의 시각 모델을 직접적으로 계승해 원근법적인 코드를 만들어냈다. 이러한 점에서 보드리는 기본 영화장치의 이데올로기적 효과에서 탈신체화된 응시를 가능하게 하는 카메라의 외눈이, 이상적인 시각공간을 펼쳐놓고 멀찍이 떨어져 대상을 바라보는 초월적 주체를 가능하게 한다고 본다.

고전 영화에서 카메라의 시선과 일치하는 관객의 시선은 특정 시·공간에 고정된 육체에 매여 있지 않고, 카메라가 가는 곳이면 어디든 따라가서 본다. 이처럼 고전 영화에서 상정한 관객은 신적 눈을 지닌 초월적 주체가 된다. 카메라가 보장하는 어두운 관객석에서 관객들은 신이 되어 스크린에 보이는 세계를 자신이 지배하고 있으며, 카메라의 시선을 따라 모든 것을 볼 수 있다고 착각하게 된다. 이는 영화의 기계장치가 만들어내는 허위적인 환각일 뿐이지만, 관객은 자신도 모르는 사이에 영화장치가 내포한 이데올로기를 가감 없이 받아들이게 된다는 것이다.

보드리에 따르면 "영상 카메라는 그 자체로서 이데올로기적인 도구이다. 그것은 그 어떤 것보다 먼저 부르주아 이데올로기를 표명한다." 이는 15세기 원근법을 부활시켜서, 신체적 시각을 뛰어넘는다고 여겨지는 지성의 시각을 표명하는 "가시적인 것의 이데올로기"에 연루되어 있다는 것이다. 이러한 이데올로기 안에서 "인간의 눈은 표상체계의 중심에 있다. 그러한 중심성은 다른 표상체계를 배제하며 눈이 다른 감각기관보다 우위에 있다는 것을 확신시키며, 눈을 철저하게 신성한 곳에 위치시킨다."[35] 이러한 점에서 보드리의 장치이론은 베르그손의 '영화적 착각'과 그 양상이 다르지만, 영화의 허위성을 밝혀낸다는 점에서 동일하다.

이 지점에서 초기 영화와 고전주의 영화에 나타나는, 관조적 시선에서 관음증적인 시선으로의 이행에 대해 언급해야겠다. 토마스 앨새서는 《영화이론》에서 고전 영화의 특징을 창과 틀로서의 영화로 규정했는데, 이러한 영화는 시각중심적이고, 무엇인가를 관찰한다는 점에서 목적적이며, 관객이 스크린으로부터 안전한 거리를 두고 있어 탈신체화된 시선을 가질 수 있다고 본다. 그에 따르면 "인본주의적이고 르네상스적인 예술 감상은 작품에 대한 몰입과 관조를 이상적으로 간주하는데, 이를 위해서 거리와 프레이밍이 필요하다."[36] 앞서 말했듯이 '극장(theater)', '이론(theory)', '관조(theoria)'는 어근이 동일하며, 모두 거리를 두고 대상을 바라보는 것을 내포한다. 초기 고전주의 영화는 그 자신보다 역사가 훨씬 더 유구하며 고상한 예술인 연극에 대한 열등감을 상쇄하기 위해, 이러한 거리감과 더불어 눈앞에 있는 형상이나 모양새만을 무사심하게 바라보는 관조적 시선을 도입했다.

실제로 〈달나라 여행〉과 같은 초기 영화는 매우 연극적인 배경과 연기로 구성되어 있어 한 편의 고전 연극을 보듯이 감상할 수 있다. 여기서 나타나는 시선은 대상과 거리감을 두고 실재와 연루되지 않는 초월적인 관조적 시선이다. 그 시선은

1895년 뤼미에르 형제가 상영한 최초의 영화 〈기차의 도착〉을 보고 극장 문 밖으로 도망 나갔던 '시골뜨기'들의 시선이 아니라, 영화를 보기 위해 거리를 지키며 무엇이 스크린 위에서 생생하게 재현되어도 놀라지 않고 거리를 두는 교양 있는 도시인들의 시선이다. 이는 대상에 대해 아무런 도덕적 책임을 지지 않는 시선이기도 하다.

이 지점에서 관조는 관음증으로 이행해간다. 관객은 영화를 통해 위험하고 금지된 것을 자유롭게 보며, 일관성을 갖고 진행되는 영화의 세계를 쫓아다니며 압도당한다. 따라서 일관된 플롯에 따라 진행되기만 한다면, 영화 속에서 전시된 여배우의 몸을 카메라의 눈이 훑어내리고, 젊은 여성의 몸에 걸친 옷가지들이 가학적으로 벗겨나가고, 죄 없는 사람이 영문도 모른 채 짐짝처럼 취급되다가 살해당해도 이의를 제기하지 않으며, 오히려 즐기면서 바라본다. 이러한 맥락에서 토마스 앨새서는 탈신체화된 눈은 관음증적인 눈이며, 관음주의는 "자기 육체[신체]의 존재에 대해서 특정한 장소와 특정한 시간 속에 아무런 책임도 질 필요가 없다는 (또는 책임질 필요가 없다고 믿는) 생각"[37]이라고 말한다.

토마스 앨새서는 이처럼 시각의 한계를 극복할 수 있는 카메라의 능력, 즉 카메라의 눈을 통해 모든 것을 한눈에 볼 수 있음을 신봉하는 초기 영화들과 고전 영화들이 점점 관음증적으로 변모해간다고 주장한다. 〈신발가게 점원〉(1903)에는 카메라의 눈으로 여성의 신체를 구석구석 살피는 남성의 시선이 등장하며, 이는 남성의 시선 권력과 응시되는 대상으로서 여성을 정식화하는 것으로 흘러가게 된다. 더 나아가 카메라의 전능함에 환호했던 1920~1930년대 아방가르드 영화는 관음증에서 사디즘으로 이행하는 메커니즘을 보여준다. 이미 독일 표현주의 영화 〈메트로폴리스〉(1927)에서는 영화 속 도시 '메트로폴리스'의 지하묘지에서 과학자 로트방이 처녀 마리아를 전등으로 훑으며, 사디즘적인 시각으로 마리아를 몸을 벗겨내는 장면이 나온다. 그러나 아방가르드 영화 〈안달루시아의 개〉(1929)에 비하면 그 사디즘은 약한 편이라고 말할 수 있을 것이다.

> 우리는 병렬 몽타주를 통해 (날카로운) 구름이 달을 (시각적으로) 자르는 장면과, 이에 이어 한 남자가 어느 여인의 눈을 면도날로 자르는 장면을 본다. …… '타자'의 '자아'로의 잠입으로 기능하는 '수동적 눈'을 관찰할 뿐 아니라, 아주 명백한 방식으로 권력의 '응시'를 체험한다.[38]

이처럼 초기 영화, 표현주의 영화, 그리고 아방가르드 영화 등이 관조적 시선에서 관음증적 시선으로의 이행을 보여주기 시작했다. 하지만 관음증적이고 사디즘적인 영화의 성격을 무엇보다도 확연하게 보여준 것은 고전 할리우드 영화였다.

관음증에서 사디즘으로

고전 할리우드 영화는 보는 욕망인 절시증과, 더 나아가 파편화된 성적 신체나 성행위의 광경을 구멍으로 훔쳐보는 관음증의 욕망을 충족시킨다. 예를 들어 열쇠 구멍을 통해 주인 부부의 침실을 몰래 훔쳐보는 하인들의 눈은, 카메라 렌즈라는 구멍을 통해 훔쳐보기의 은밀한 욕망을 만족시키는 매체인 영화의 눈으로 대체되었다.

앞서 언급했듯이, 처음에 카메라 옵스큐라는 큰 방이었다. 이 어두운 큰 방에서 여러 명이 모여 거꾸로 된 바깥 풍경의 상을 볼 때, 그리고 사진을 발명하기 전 다게르의 어두운 디오라마에서 관객들이 모여 카메라 옵스큐라를 이용한 회화 장면의 연속을 보게 되었을 때의 느낌은, 현대 관객들이 극장에서 하나의 스크린을 응시할 때의 느낌과 크게 다르지 않았을 것이라고 나는 추측한다. 둘 다 절시증적인 욕망을 충족하는 시선의 메커니즘을 따라가지만, 이는 단순히 한 풍경의 연속이 아니다. 어두운 영화관 안에서 신체 이미지, 특히 객체화된 여성의 신체 이미지가 스크린에 투사될 때 우리의 보는 쾌락과 즐거움은 관음증으로 전환되어 더욱 증대된다. 이러한 보는 즐거움, 더 나아가 관음증적인 욕망은 "영화관의 건축적 배열(영화관의 어두움과 스크린의 환함)"[39]에서 명백히 드러난다. 관객은 누구에게도 감시당하지 않는 어두운 객석에 몸을 맡긴 채 은밀한 훔쳐보기의 욕망을 충족시킨다. 휴대폰으로 여성들을 몰래 촬영해 혼자만의 시간에 계속 재생해 보는 즐거움은 불법이지만, 영화관 안에서 벗은 여배우의 몸을 보는 것은 불법이 아니다.

카메라의 시선, 그 카메라 뒤에 남성적 주체가 있음이 명백한 그 시선을 따라 여배우의 몸을 훑어내릴 때, 관객들은 현실세계에서 금지되었기에 억눌러왔던 노출증과 관음증의 욕망을 배우에게 투사한다. 예를 들면 영화 〈은교〉에서 노시인의 시선은 안락의자에 앉아 잠든 어린 여고생의 가녀린 몸을 훑어내린다. 그것이 현실 속에서 이루어진다면 노인의 변태적 욕망의 시선으로 치부되겠지만, 영화라는 장치 속에서 그것은 하나의 '예술'이 되고, 관객은 그러한 음험한 카메라의 시선에 자신을 일치시키며 그 상황을 즐기게 된다. 지금 이 시대에도 여성은 여전히 응시의 대상이고, 응시하는 주체는 남성이다. 벗은 남성의 몸을 카메라가 여성의 시선으로 훑어내리는 영화는 거의 본 적이 없다는 사실이 이를 증명한다. 그리고 대부분의 경우, 여성들은 그러한 시선 권력을 갖고자 하지도 않는다.

할리우드 영화에서 여성이 재현되는 방식은 둘 중 하나다. 즉, 관음증적으로 응시되는 결핍된 존재이거나, 물신적 대상으로서 여신으로 숭배되는 존재이다. 〈시각적 쾌락과 내러티브 영화〉(1975)에서 로라 멀비(Laura Mulvey)는 프로이트와 라캉의 정신분석학에 의거해 이를 설명한다. 첫 번째로, 남근을 결여한 결핍된 존재로서 여성은 남성에게 거세 공포를 불러일으키므로, 이러한 외상을 불러일으키는 여성에 대해 그 매력을 탈신비화해 평가절하하거나, 처벌하거나, 죄지은 대상으로 간주해 구원함으로써 남성의 외상을 상쇄시킨다. 이는 누아르 영화에서 여성이 자주 재현되는 방식이다. 예를 들어 할리우드 영화 〈말타의 매〉(1941)에서 등장하는 팜므 파탈은 영화의 전개에 따라 그 신비화된 매력이 벗겨지고 범인임이 드러난다.[40] 팜므 파탈의 알 수 없는 섹슈얼리티 발현에 잠식되지 않은 남자 주인공(주로 이런 류의 영화에서 남자 주인공은 탐정이다)은 마지막 장면에서 그녀를 단죄해 여성에 대한 통제를 가학적으로 수행한다. 여기서 관음증은 사디즘과 연관된다. 보는 쾌락은 거세를 연상시키는 여성의 죄를 확인하고 통제하고 처벌하는 데서 증대한다.

이는 히치콕(Alfred Hitchcock)의 영화에서 주로 발현되기도 한다. 히치콕의 영화에서는 직업이 주로 경찰이거나 탐정인 남성 주인공이 등장하는데, 극의 흐름에 따라 여성 주인공에 대한 이들의 관음증적인 시선은 가학적으로 변해간다. 이런 측면에서 타니아 모들스키(Tania Modleski)는 《너무 많이 알았던 히치콕》에서 히치콕의 영화를 즐기는 여성들은 '매저키스트'가 되어야 한다고 주장한다. 이를 통해 히치콕의 영화는 가부장적인 법과 질서를 위협하는 극 중 여성을, 더 나아가 여성 관객들이나 여성 비평가들을 폭력을 통해 효과적으로 침묵시키

는 경향이 있다고 말한다.[41]

모들스키에 따르면 히치콕 영화에 등장하는 "고통받는 금발 여성 주인공의 긴 행렬" 중에서 가장 먼저 등장하는 인물은 〈협박〉(1929) 속 상점 주인의 딸인 앨리스이다. 앨리스는 영국 경찰청에서 일하는 형사 프랭크와 약혼한 사이이다. 그녀는 프랭크와 데이트를 하던 중 몰래 쪽지를 주고받은 예술가 남자를 따라 그의 아파트에 갔다가 성폭행을 당할 뻔하고, 나이프로 그를 찔러 죽이고 빠져나온다. 이후 살인 사건을 목격한 범죄자 트레이시가 프랭크와 앨리스를 협박하고, 앨리스는 아무 말도 하지 못하며 두 남성 간 거래의 대상이 된다.

영화는 죄책감에 시달리는 앨리스를 가학적으로 보여준다. 앨리스가 살인을 저지르고 거리를 헤맬 때 칵테일 술병 모양의 네온사인이 위아래로 오르내리는 칼로 변하거나, 새벽에 집으로 들어와 자기 방 벽에 걸린 경찰 제복 차림의 프랭크 사진을 바라보고 깜짝 놀라는 장면 등이 그것이다. 이를 두고 모들스키는 성폭력 경험으로 인한 죄의식은 "가부장제가 그녀에게 살인뿐만 아니라 특히 섹슈얼리티에 대해서도 유죄선고를 하는 것"[42]과 관련된다고 주장한다. 이는 영화에서 주인공 여성이 성적으로 헤픈 여자임을 비난하고 가학적으로 단죄함으로써 그녀의 숨통을 조여가는 것으로 표현된다.

두 번째로, 남성은 거세 공포를 상쇄하기 위해 혐오스러운 여성의 생식기 '상처'를 스타킹·거들·다리·가슴 같은 페티시로 대체하거나. 혹은 여성이 재현된 형상을 페티시로 만들어 여성을 안심할 수 있는 대상으로 만든다. 이 경우, 여성 스타에 대한 숭배가 이루어진다. 로라 멀비에 의하면 이러한 경향은 오스트리아 출신 영화감독 폰 스턴버그(Josef von Sternberg)의 영화에 등장하는 여성 배우 마틀레네 디트리히(Marlene Dietrich)를 통해 재현된다. 즉, 클로즈업된 배우의 다리와 얼굴, 가슴이라는 페티시를 통해서 여신과 같은 여성에 대한 숭배가 일어난다.

> 폰 스턴버그는 궁극적인 물신을 만들어낸다. 폰 스턴버그는 관객이 이미지와 직접 에로틱한 관계를 맺도록 하기 위해서, (전통적 서사 영화의 특징인) 남성 주인공의 강력한 시선을 파괴하는 지점에 이른다. 대상으로서 여성의 아름다움과 스크린의 공간은 서로 결합한다. 여성은 더 이상 죄의 보유자가 아니라, 그 죄의 완벽한 생산품이다. 클로즈업으로 양식화되고 파편화된 여성의 몸은 그 자체가 영화의 내용이 되고, 관객의 시선을 직접 받아들이는 수용체가 된다.[43]

세 번째로는 이러한 두 메커니즘, 즉 여성에 대한 가학적 관음증과 물신화가 모두 활성화되는 경우이다. 이는 〈현기증〉이나 〈이창〉과 같은 히치콕의 영화에서 재현된다. 폰 스턴버그의 영화에서 남성 관객의 시선은 사라져서, 관객이 보는 것을 보지 못하는 경우도 있었다. 이와는 반대로 히치콕의 영화에서 남성 주인공의 시선과 관객의 시선은 항상 명확하게 일치하며, 남성 주인공은 관음증적인 에로티시즘의 이미지를 통해 여성을 본다. 〈현기증〉의 남자 주인공 스카티가 매들린을 관음증적 시선으로 추적할 때, 매들린은 여성적 아름다움과 신비로움을 지닌 완벽한 물신적 이미지이다. 그러나 그가 실제로 매들린을 마주하면 관음증은 가학증으로 변해, 매들린을 통제하고 집요하게 심문한다. 이 영화의 후반부에서 상징적 질서와 법의 표본인 남성 주인공(그의 직업이 전직 경찰이라는 점은 의미심장하다)에 의해 매들린은 가학적 처벌을 받게 되는데, 이는 단지 거세 공포를 자극할 뿐인 여성의 죄악은 단죄받는다는 함의를 은폐하고 있다.

이처럼 여성의 섹슈얼리티에 대한 관음증이 가학적 단죄로 변하는 메커니즘은 1980년대 한국의 에로 영화에서도 많이 발견된다. 최태섭의 《한국, 남자》에 따르면 1980년대 거의 모든 에로 영화들은 "쾌락에 몸을 맡기고, 쾌락을 통해 남성을 지배하려는 여성들이 가부장제적 질서로 복귀하거나 파멸하는 결말을 갖고 있었다"고 분석한다.[44] 예를 들어 〈애마부인〉은 유부녀인 애마부인의 섹슈얼리티를 관음증적으로 보여주는데, 결국 영화의 결론은 주인공이 남편에게 죄책감을 느끼고 남편에게로 돌아간다는 가부장적 질서로의 복귀이다. 또 다른 영화들에 등장하는 여성 주인공들은 그들이 지닌 섹슈얼리티의 대가로 성폭행을 당하거나 죽음을 당하는 결말로 향한다. 이러한 서사는 "쾌락(에로 영화)을 즐기는 것에 대한 남성들의 도덕적 부채를 무마하고자 함과 동시에, 남성의 통제에서 벗어난 여성의 성적 일탈을 단죄함으로써 남성성의 분열을 봉합하려는 시도였다."[45]

로라 멀비의 히치콕 영화 분석에서 중요한 것은, 남성 주인공의 관음증적 시각은 항상 여성혐오를 내포하는 가학증으로 나간다는 점이다. 이 지점에서 나는 할리우드 영화가 여성을 관음증적으로 재현하고 사디즘적으로 처단하는 방식이 오늘날 디지털 성폭력에 나타나는 남성의 폭력적 시선과 연관된다고 본다. 현대의 관음증과 사디즘을 극명하게 보여주는 디지털 성폭력은 어느 날 갑자기 하늘에서 뚝 떨어진 현상이 아니라는 것이다. 프로이트의 이론과 고전 할리우드 영화 문법에서 여성은 미지의 검은 대륙으로 신비화되는 동시에 거세되고 결핍된 혐오스러운 존재이다. 이는 할리우드 영화에서 등장하는 물신화된 여신으로서 스타인 동시에, 현시대 불법 촬영물 속 모텔이나 화장실에서 그 신비의 베일을 모두 벗은 채 거세되고 사물화되는 혐오스러운 대상으로서 여성의 모습이다.

그러나 디지털 시대의 남성들은 더 이상 신비화된 팜므 파탈적인 여성 스타에게 열광하지 않는 듯하다. 그들에게는 더 이상 페티시가 필요하지 않아서, 아름답게 치장한 젊은 여성들이 속옷을 내리고 변기에 앉을 때 드러나는 혐오스러운 '상처'를 화장실 몰카로 보며 희열과 쾌감을 느낀다. 정작 여성 자신에게는 상처도 뭣도 아닌 그저 존재하는 그러한 생식기를 바라보며, 그토록 아름답게 꾸며봤자 너희들은 여신이 아니라 그저 갈라진 생식기로 존재하는 혐오스러운 존재이자 조롱당하고 능욕당하는 존재라고 말한다. 이처럼 도처에서 관음증적 시선에 노출된 디지털 시대의 여성은 자신의 갈라진 생식기로 인해, 혹은 자신이 지닌 섹슈얼리티에 의해 여전히 사디즘적으로 처벌받고 단죄받으며 상징적인 사형선고를 받는다.

카메라의 등장과 함께 더욱 강화된 근대의 관음증적인 시각중심주의는 이제 디지털 시대로 접어들어 "컴퓨터 연산에 근간한 정보처리와 네트워크 테크놀로지", 그리고 갖가지 영상기술과 결탁해 여성에 대한 대상화, 여성의 신체에 대한 소비, 그리고 여성이라는 타자를 통제·소유·착취하려는 경향으로 나아가게 된다. 다음 장에서는 이러한 디지털 시대의 여성 혐오와 성폭력이 어떤 메커니즘에서 이루어지고 있는지 더 자세하게 살펴볼 것이다.

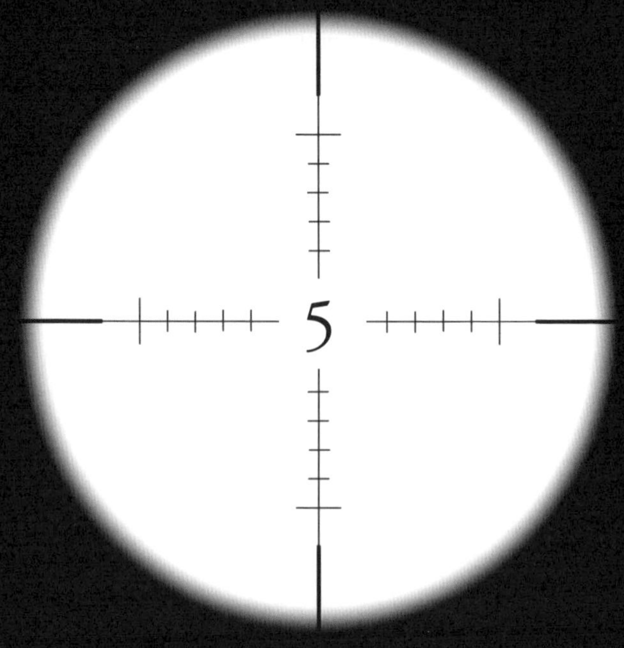

디지털 시대의 남성들

지금, 여기, 시간이 사라진 몸

디지털 시대에 횡행하는 불법 촬영, 즉 디지털 성폭력은 앞서 푸코가 제시한, 사회구조의 시선 권력이 내포된 파놉티콘의 단순 변종 중 하나로 바라보기 힘들 만큼 잔인하게 변모해갔다. 윤김지영의 논문 〈디지털 매트릭스의 여성차별 담론〉에 따르면 파놉티콘은 어둠으로 둘러싸인 중앙 감시탑과, 언제든 빛에 관통되어 보이는 유치장 간의 공간 분리를 통해 가동된다. 이때 죄수는 시선의 집중적인 통제 대상이 되지만, 감시자 시선의 중심점에서 벗어나면 더 이상 중앙 감시탑의 시선에 포섭되지 않는다. 반면 불법 촬영을 통한 디지털 성폭력은 "현실 공간에서의 불법 도촬이라는 실제적 가해 행위의 집적물이 사이버 공간이라는 가상공간에서 디지털 비트(bit)로 전환되어 분산적 그물망으로 이동함으로써 시선의 불평등 배치와 탈중심성이 동시적으로 발생"하게 된다. 이러한 측면에서 디지털 성폭력이란 "물리적 공간의 제한성을 넘어, 사이버 공

간이라는 비정형적 무제한성과 이어져” 있기에 가시성의 한계가 없다.[1]

디지털 성폭력의 시선은 시·공간을 초월해 언제 어디서나 끝없이 나타나는 전능성과 편재성을 띠고 피해자를 쫓아다닌다. 불법 촬영물은 웹상에서 아무리 삭제해도 좀비처럼 살아나 “불특정 다수의 가해자들이 촬영 기기만이 아니라 외장하드나 USB 등의 물리적 저장매체 및 클라우드와 같은 사이버 저장 공간에 다운로드한 피해 영상을 다시 업로드할 시, 피해 상황이 끊임없이 반복·양산되는 구조”를 갖는다.[2]

몇 번의 클릭으로 타자화된 여성의 신체 이미지는 그가 존재하든 존재하지 않든, 혹은 그 존재가 우리가 알 수 없는 그 무엇이라 할지라도 항상 현재에 부활하며, 눈앞의 대상으로서 “시간의 흐름이 제거되어 현재 시점에서 인지하고 포착할 수 있는” 존재인 ‘현전’이 된다. 이러한 맥락에서, 연속선상의 시간성이 제거된 ‘지금’, ‘여기’ 눈앞의 대상이나 형상으로 존재를 현재화하는 시각중심주의적 ‘현전의 형이상학’(이는 데리다가 비판하고 해체하려 했던 것이다)이 디지털 시대에 부활한다. 디지털 시대에 ‘현전의 형이상학’은 컴퓨터 연산에 근거해 모든 것을 ‘0’(오프)과 ‘1’(온)의 2진법 코드로 번역함으로써 컴퓨터 기계가 인지할 수 있게 하는 디지털화, 그리고 모든 것을 수량화해 정보 수집의 대상으로 전환하는 데이터화를 거쳐 더욱 생생히 부활하고 시·공간을 장악해나간다.

물론 여성의 몸은 디지털 시대 이전부터 철저히 '현전'으로만 존재하는 눈앞의 대상이었다. 마거릿 애트우드(Margaret Atwood)는 이러한 현전의 관념을 소설 《시녀 이야기》에서 가상의 국가 '길리아드'라는 디스토피아를 통해 재현해낸다. 이 소설에서는 사령관의 '씨받이'가 되는 시녀들 중 한 사람이자 '두 발 달린 자궁'으로 존재하는 여성의 몸이 어떻게 '주인 남성'의 시선 앞에서 현전하는지, 그리고 주인공이 생존을 위해 이를 어떻게 내면화하는지 보여준다. 남편도 있었고 아이도 있었던 과거와 자유를 되찾을 미래는 지워진 채 주인공은 오로지 '현전' 속에서만 살아간다. 그리고 그는 중얼거린다. "현재를 살아, 현재를 최대한 활용해, 그게 네가 가진 전부잖아." 여성은 베르그손이 주창한, 시간 속에 흘러가며 기억을 쌓아나가는 의식적 존재로서의 인간이 아니며, 여성의 몸은 바로 지금 여기 눈앞의 대상으로서 통제되고 착취된다.

이러한 '현전'에 대한 관념은 불행히도 오늘날 디지털 시대에서 정점에 이르고 극에 달한다. 디지털 시대에 접어들어 여성의 몸은 단 몇 번의 클릭으로 과거와 미래도 없고 영혼도 없는, 그래서 실재하지 않고 단지 이미지나 형상으로만 존재하는 비틀리고 파편화된 몸으로 끝없이 재현된다. 그 여성의 의식 속에 살아 숨 쉬던 과거와 그 지평 아래 펼쳐질 미래에는 아무도 관심이 없다. 앞서 언급한 고전 할리우드 영화 속에서 관음증적이고 가학적인 방식으로 노출된 할리우드 스타의 경우, 온전히 '가십거리'일 뿐이라 할지라도 약혼반지가 공개될 때는 과거의 남성 편력과 함께 미래의 신랑과 어느 보금자리에서 어떤 신혼의 단꿈을 꿀지에 대한 가벼운 이야기가 회자된다. 그러나 디지털 성폭력의 대상이 되는 여성들의 경우 아무도 그들의 미래나 과거에 관심이 없고, 말하지도 않는다. 피해자들이 어떤 사람이었고 어떤 인격을 지녔는지 아무도 관심이 없다.

하나의 불법 촬영 영상은 남성들의 비틀린 성욕을 분출하고 여성에 대한 능욕을 행하는 여러 제목의 영상으로 유포되고, 수많은 컴퓨터와 스마트폰에서 끝없이 재생된다. 이처럼 "똑같은 영상이지만 피해자는 '자취방에서 발정한 여친'에서 '제일 예쁜데 따먹힌 신입생'이나 '섹스 좋아하는 유부녀'로 둔갑해"[3] 끝없이 사고팔리고, 지금 여기의 컴퓨터 화면 속에서 현전하며, 조롱의 대상이 되어 사디즘적으로 처벌받는다.

수백 년 전 여성의 누드화를 그린 화가가 지인에게 그 모델을 자신의 정부라고 자랑했던 것처럼, 30여 년 전 남성들이 '재미'를 위해 여성의 나체 사진과 섹스 비디오를 돌려 보았듯이, 디지털 시대의 남성들은 스마트폰 단톡방에서 시간이 사라진 디지털 성착취물을 끝없이 돌려보며 서로의 유대를 확인한다. 이러한 행태는 지금은 폐쇄된 소라넷 육변기 게시판에서 오늘날 n번방의 성착취물 공유로 이어진다. 이들은 왜 이러한 행위에서 수치심을 느끼지 않는 것인가?

인기척이 사라지고 수치심도 사라졌다

나는 오늘도 먹고살기 위해 아침 7시 반이면 지하철을 탄다. 지하철은 이미 만석이다. 발 디딜 틈도 없이 서로 부딪치고 부벼야 하는 그 장소에 매일 아침 나는 투쟁적으로 오른다. 나의 직장은 시내 중심가가 아니라 시 외곽에 있다. 그래서 시내 중심부를 가로지르고 변두리 쪽으로 전철이 빠질 무렵, 밀물처럼 들어왔던 사람들은 썰물처럼 빠져나간다. 비로소 빈 좌석이 생기고, 나는 한숨을 돌리고 좌석에 앉아 마지막 짬에서 나오는 여유를 즐긴다. 그러나 진정한 투쟁은 여기서부터다. 그것은 몸을 부대껴야 하는 몸들의 투쟁과는 다른, 맞은편 의자에 앉은 이들과의 시선 싸움이다.

좌석에 앉은 나는 어느 순간 맞은편 중년 남자와 눈이 마주친다. 우연히 마주친 시선이건만 그는 끈질기게 나의 머리 모양과 얼굴, 그리고 내가 입은 정장과 다리를 기분 나쁜 시선으로 훑어보며 스캔을 끝낸 후, 다시 나의 얼굴에 시선을 고정한다. 나도 괜스레 기분이 나빠져 그를 뚫어지게 쳐다본다. 보통 이런 시선을 느끼면 대부분 눈길을 다른 방향으로 돌리게 마련인데, 오늘은 좀 끈질기고 뻔뻔한 사람이 걸렸다. 그도 나도 한 치의 양

보도 없는 접전 끝에, 나는 피로함을 느꼈다. 그래서 그냥 고개를 떨구고 휴대폰 속으로 시선을 돌린다. 숙인 머리끝에 '내가 이겼다!'라고 외치는 듯한 그 뻔뻔한 남자의 시선이 확 느껴지지만, 전의를 상실한 나는 고개를 들지 않는다.

누구나 한 번쯤 이와 같은 상황에 맞닥뜨린 적이 있을 것이다. 이런 경우를 사르트르(Jean-Paul Sartre)는 시선(regard)을 통한 사람들 간의 갈등과 투쟁으로 풀어낸다. 사르트르에 의하면 한 사람이 다른 사람을 만났을 때, 자신의 주체성을 지키기 위해 다른 사람을 객체화하려고 하는데, 이때 '시선'은 타자를 객체화하기 위해 사용하는 무기가 된다.

사르트르는 《존재와 무》 제3부에서 '시선'에 대해 두 가지 예를 든다. 첫 번째 예는 내가 타자를 바라볼 때이고, 두 번째 예는 내가 타자에 의해 바라보일 때이다. 사르트르가 든 첫 번째 예를 살펴보자.

> 나는 지금 어느 공원 안에 있다. 내게서 멀지 않은 곳에 잔디밭이 있고, 이 잔디밭을 따라서 의자들이 놓여 있다. 남자 하나가 의자들의 옆을 지나간다. 나는 이 남자를 본다. …… 내가 만일 이 남자를 '인간'이 아니라 '인형'과 같은 객체로 파

> 악한다면, 사물들에 적용하는 시간적·공간적 범주를 그에게 적용할 것이다. 그래서 나는 그를 의자들 앞에, 잔디밭에서 2미터 20센티의 거리에 있는 것으로서, 땅 위에 어느 정도의 압력을 가하고 있다 등등으로서 파악할 것이다.[4]

이처럼 그 남자를 내게 위협을 가하지 않는 인형과 같은 객체로 파악할 때, 나는 그를 물리적 거리가 있는 하나의 사물과 같은 것, 예를 들면 벤치 옆에 놓인 곰 인형이나 그곳에 기대어 있는 자전거 같은 것으로 파악하면서 주체성에 손상을 입지 않을 것이다.

그런데 그 남자를 나와 같은 인간으로 생각할 때 어떤 일이 벌어질까? 지금까지 내게 속했던 세계가 멀어지고 그 남자 주위에 새로운 세계가 생겨난다. 이 남자라는 타자의 출현은 나의 세계에 구멍과 같은 균열이 생긴다는 의미이다. 그의 존재의 한복판에서 나의 우주는 배수공같이 뚫려 이 구멍으로 나의 세계가 끊임없이 흘러나간다. 나의 우주는 배수공을 통해 흘러나가서, 나는 '객체'로 응고된다. 사르트르는 이를 타자의 출현으로 인해 나의 세계에 발생하는 '내적 출혈'로 규정한다.

그러나 만일 내가 그 인간을 인형-객체 정도로 다시 파악한다면 "그 인간-객체의 출현으로 인해 나의 세계 속에서 발생한 내출혈과 나의 세계의 와해는 정지되고, 모든 사태는 원상태로 회복될 수 있다."[5] 따라서 곰 인형이나 자전거 같은 사물이 아니라 인간을 바라볼 때 나는 그를 사물화함으로써 주체로 남든지, 아니면 그가 인간이라는 사실을 인정하고 내가 객체가 되든지, 둘 중의 하나가 된다.

사르트르는 타자의 출현으로 인한 나의 객체화를 '시선'의 문제와 결부시킨다. 독서를 하며 산책하는 남자가 있다고 치자. 그런데 그 남자는 풀밭을 쳐다보는 식으로 '나'를 쳐다볼 수는 없을 것이다. 타자가 나를 쳐다보는 '시선'을 통해 나는 갑자기 힘을 잃고 취약해진다.

사르트르에게 '지각한다'는 것은 '쳐다보는' 것이며, 쳐다봄은 타자의 대상화와 객체화를 야기한다. 반대로 타자가 나를 응시할 때, 나는 응시되고 있다는 사실로 인해 객체화된다. 여기서 시선의 투쟁이 발생한다. 사르트르에게는 이 두 가지가 동시에 일어나는 일, 즉 메를로퐁티(Maurice Merleau-Ponty)가 《보이는 것과 보이지 않는 것》에서 주장했듯이 주체가 타자를 보는 동시에 타자에 의해 보이는 존재가 되는 일은 일어나지 않는다. 다만 시선을 통한 승리인지 굴복인지만이 존재한다. 이러한 맥락에서 사르트르가 제시하는 두 번째 예, 즉 타자에 의해 보일 때의 상황을 살펴보도록 하자.

> 가령 내가 질투심에 불타서, 관심을 가지고, 또는 못된 버릇으로, 와서 문에 귀를 딱 붙이고 자물쇠 구멍으로 들여다본다고 상상해보자. 나는 홀로 나에 관한 비조정적 의식의 차원에

> 있다. 이것은 먼저 내가 있고 나서 나의 의식에 와서 깃드는 것이 아님을 의미한다. …… 그런데 여기 갑자기 나는 복도에 발자국소리가 나는 것을 들었다. 이것은 무엇을 의미하는가? 이것은 내가 돌연히 나의 존재에 습격을 받고, 그리고 본질적 변양들이 나의 구조들 속에 나타남을 의미한다.[6]

열쇠 구멍을 통해 무언가를 보는 나는 질투에 사로잡혀 애인의 사생활을 몰래 엿볼 수도 있고, 못된 버릇이 발동해 부부의 침실을 엿볼 수도 있으며, 돈을 내고 매음굴에서 실제 정사 장면을 훔쳐볼 수도 있다. 이때 내게 최소한의 양심이 있다면 밖에서 땅에 떨어진 나뭇가지를 누군가 우지끈 밟는 소리에 깜짝 놀라 열쇠 구멍에서 떨어질 수 있다. 누군가에 의해 '보인다'는 사실은 뻔뻔하게 엿보던 나를 취약하게 만든다.

마침내 복도에서 누군가의 발자국 소리가 들리고, 그 누군가가 내게 전등 불빛을 비출 때, 나는 그 시선 아래 취약하게 노출된 채 '수치심'을 느낄 수도 있다. 갑자기 등장한 타자의 시선 아래 나의 신체는 즉자화되고 객체화된다. 그의 시선을 통해 나의 가능성은 그 누군가의 가능성 아래 잠식당한다. 이처럼 타자의 시선 아래, 나무가 바람에 의해서 '기울어져 있는' 것처럼, 나는 자물쇠 구멍 위에 '몸을 굽히고' 있는 방식으로 사물화되고 타자에 의해 점유당한다. 나의 근원적 실추와 전락은 타인의 존재에서 나오며, 나의 자유와 초월의 박탈은

'타자의 시선'에서 기인한다. 나는 타자를 위한 도구이며 장애물일 뿐이다. 이러한 맥락에서 사르트르에게 수치란 '누군가의 앞에서의 수치'이다.

앞서 말했듯이 누군가가 나를 빤히 쳐다볼 때 느끼는 감정은 내가 타자의 시선에 따라 객체화될 때 느끼는 수치심일 것이다. 그런데 대놓고 빤히 보지는 않는 상황, 즉 누군가가 나를 지켜보고 있을 수 있는 상황에서도 나는 수치심을 느낄 수 있다. 부모 몰래 밖에서 담배를 피우는 고등학생이 바람에 나뭇잎이 흔들리자 화들짝 놀라 담뱃불을 끌 때, 늦은 밤 벤치에서 애정 행각을 벌이던 두 연인이 발자국 소리와 비슷한 소리에 놀라 몸을 뗄 때가 그렇다. 이러한 경우, 실제로 누군가가 있는 것이 아님을 확인하면 이들은 수치심을 버리고 행위를 계속하거나 그만둘 것이다. 그러나 디지털 성폭력의 경우는 다르다. 디지털 성폭력은 바로 누군가가 내가 모르는 사이에, 내가 확인할 수 없는 공간에서 나를 보고 있을지도 모른다는 데서 느끼는 인간의 원초적인 수치심과 공포를 극대화한다.

존재가 잠식당할 만큼 강력한 그 공포와 불안, 수치심을 느끼는 사람은 대부분 불법 촬영물의 (잠재적) 피해자인 여성이다. 이러한 맥락에서 사르트르의 시선과 수치에 대한 분석에 나는 젠더를 개입하고 싶어진다. 여성을 바라보고 응시하는 자는 대개 남성이다. 그리고 남성의 시선 아래 객체화되며, 그 신체가 사물과 같은 도구가 되는 경우는 대개 여성이다. 요즘

흔히 사용되는 '시선 강간'이라는 용어도 시선에 내재한 폭력적인 힘, 대상을 온전히 보는 것이 아니라 통제하기 위해서 객체화·대상화하는 힘이 특히 여성이라는 타자에게 가해질 수 있음을 보여주는 것이다.

반면 어떤 남성들의 경우 불법 촬영물을 집에서 혹은 피시방 모니터 앞에서 볼 때, 누군가의 인기척은 중요하지 않은 것 같다. 오히려 옆에서 인기척을 내는 그 누군가가 친구이고 지인일 경우, 그것을 권하고 공유한다. 예를 들면 그들은 단톡방을 만들어 불법 촬영물을 공유하고 유포한다. 이 대목에서 사르트르가 예로 든, 열쇠 구멍 앞에서 방 안을 들여다보다가 누군가의 발자국 소리에 깜짝 놀라거나, 바람 소리를 듣고 '누군가가 보고 있을 지도 모른다는' 가능성에 수치심을 느끼는 인간은 존재하지 않는 듯하다. 그들은 그 누군가의 시선 아래 객체화되는 대신, 동영상 속 여성들을 노리갯감으로 공유하는 힘 있는 시선의 주체가 되기를 권한다.

이는 2020년의 n번방 사건뿐만 아니라, 2019년 초반 대한민국을 강타한 버닝썬 사태와 가수 정준영의 단톡방 사태에서 드러난 집단 약물강간과 불법 촬영·유포 사건에서도 극명하게 나타난다. 그들은 클럽 내에서 이른바 물뽕이라 불리는 마약을 술잔에 몰래 타서 여성들을 기절시킨 뒤, 클럽 내 VVIP 룸이나 오피스텔 등지에서 집단 성폭행한 후 이를 찍어 단톡방에 공유했다. 이러한 (시각) 성폭력의 공동 주체가 되는 행위는 역사 이래로 항상 존재해왔지만, 디지털 시대에 더욱 기승을 부리는 남성연대의 한 방식이다.

남성의 우정과 연대의 방식

일찍이 이브 세지윅(Eve Kosofsky Sedgwick)은 '남성동성사회적 욕망(male homosocial desire)'이라는 용어를 통해 여성 '공유'를 통한 남성들의 우정과 연대를 설명해왔다. 그의 책 《두 남자 사이(Between man)》에 따르면 19세기 영문학에 나타나는 두 남성 사이의 욕망과 연대는 한 여성을 개입시킨 삼각관계를 통해 드러난다. 찰스 디킨스의 《두 도시 이야기》와 《위대한 유산》 등이 그러한 예라고 할 수 있다. 세지윅은 이 작품들 속 남성 두 명과 여성 한 명의 삼각관계에는 남성과 남성의 결속이 필수적으로 내재되어 있으며, 특히 동성애적 욕망이 하위 구조로 내재되어 있다고 주장한다.[7]

영화의 경우, 이러한 남성 간 결속이 내재된 삼각관계를 프랑수아 트뤼포(François Truffaut) 감독의 〈쥘 앤 짐〉(1961)에서 볼 수 있다. 이 영화에서 삼각관계의 주인공 '카트린'은 여성이 직업을 갖기 힘들었던 시절, 사랑에 목숨을 거는 여성의 전형을 보여준다. 비록 카트린이 쥘과 짐 사이에서 부유한다 하더라도 그녀가 이러한 전형을 보여준다는 사실은 바뀌지 않으며, 두 남성, 즉 쥘과 짐의 우정과 결속은 훼손되지 않는다. 그래서 영화의 제목은 〈카트린, 쥘 앤 짐〉이 아니라 그저 〈쥘 앤 짐〉일 뿐이고, 카트린의 이름은 지워진다.

세지윅이 말하는 '남성동성사회적 욕망'은 동성애에 대한 공포와 혐오를 기반으로 하는 남성 결속 형태이다. 남성 간의 결속은 강력한 동성애 혐오와 그에 내재된 여성혐오를 바탕으로 한다. 《여성혐오를 혐오한다》에서 우에노 지즈코(上野千鶴子)는 이러한 세지윅의 주장을 더 발전시켜, 남성동성사회적 결속이란 성적 주체로서 서로 인정한 사이의 연대를 의미한다고 주장한다. 이성애 가부장제 질서 속에서 아들이 '남자가 된다'는 것은 아버지와 같은 주체, 즉 성적 객체로서의 여자를 소유하는 성적 주체와 동일화하는 것을 의미한다.

소유당하는 것, 성적 객체가 되는 것은 다른 말로 표현하면 '여성화되는 것(feminize)'이며, 성적 주체의 위치로부터 전락하는 것이다. 이러한 점에서 남성동성사회적인 것은 호모섹슈얼한 것과 차이가 있다. 서로가 서로를 주체로 인정하는, 즉 남성으로 인정하는 암묵적 약속 아래, 호모섹슈얼한 시선은 서로를 객체화할 수도 있으므로 금기시되고 억압되며 배제된다. 이러한 점에서 남자 자격이 없는 남자를 남성 집단으로부터 추방하는 표현은 '고추 떨어짐', '계집'과 같은 여성화 수사를 동반한다.

남성 집단에 매복해 있을지 모르는 '계집'에 대한 경계는 주체

> 위치로부터의 전략, 즉 '나도 언젠가 성적 객체화를 당할 수 있다'는 공포를 의미한다. 때문에 남성 집단 사이에서 마녀사냥이 격렬하게 일어날 수 있다. 이를 호모포비아라고 한다. 성적 주체로서 남성 집단이 가진 동질성을 유지하기 위해 호모포비아는 필수불가결하다.[8]

우에노 지즈코는 이처럼 여성을 남성과 동등한 성적 주체로 인정하지 않는 여성 객체화와 여성 멸시를 '여성혐오'로 규정짓고, 남성동성사회성은 "여성혐오에 의해 성립되고 호모포비아에 의해 유지된다"[9]고 주장한다. 한국 사회의 고질적인 남성동성사회성은 룸살롱에서 여성을 끼고 공유하며 접대하는 문화에서도 여실히 드러난다. 더 근본적으로 전쟁 중에 일어나는 집단 성폭행의 경우, 남성 동지 간의 연대감을 고취하고 집단의 연대를 위한 의식으로 여성을 '공통의 희생자화' 함으로써 이루어진다는 것이다. 《전쟁은 여자의 얼굴을 하지 않았다》를 쓴 스베틀라나 알렉시예비치는 러시아에서 제2차 세계대전에 참전한 다수의 여성들과 몇몇 남성들의 목소리를 녹취했는데, 여기서 평범한 엘리트 출신 남성의 고백이 나온다. 자신이 전쟁 중 저지른 집단 성폭행이 지금에 와서는 도저히 이해가 되지 않는다는 고백이 그것이다. 전쟁 중의 남성 결속과 연대는 이처럼 여성에 대한 집단적 광기로 표출된다.

버닝썬 사건과 정준영 단톡방 사건, 그리고 n번방 사건은 이러한 전형적인 남성동성사회적 결속을 보여준다. 그들은 자신들의 성적 주체성을 집단으로 확인하기 위해서 여성을 희생자화해 철저한 객체로, 정신과 인격을 가진 여성이 아닌 그저 살덩이로 이루어진 타자화된 몸으로 여길 뿐이다. 전시 상황도 아닌 현재 대한민국에서 버젓이 일어나는 이러한 사태는 새로운 사실 하나를 추가한다. 남성들의 결속은 여성혐오와 호모포비아로 이루어질 뿐만 아니라, '재미의 공유'를 통해서도 이루어진다는 점이다. 이러한 맥락에서 재미로, 여성들은 불법 촬영을 일삼는 카메라의 시선 아래 무기력한 '고깃덩어리'로 전락한다.

사실 여성들이 남성들의 시선 아래 공포에 떠는 일이 어제오늘 일은 아니었지만, 여성에 대한 남성의 응시는 디지털 기기와 결합해 더 고도로 여성들을 괴롭힌다. 한 젊은 남성이 반지하 방에 사는 처음 본 여성을 밤에 창밖에서 주시하며 음란 행위를 하고 휴대폰으로 촬영한 사건의 경우, 신고를 받은 경찰은 CCTV를 건성으로 보고 아무 조치도 취하지 않은 채 그냥 돌아갔고, CCTV를 직접 확인해 이 사건을 공론화한 것은 피해자인 여성 자신이었다. 이는 경찰들도 '남자가 뭐 그럴 수도 있지', '그저 구애 행위 아닌가'라는 남성적 유대와 결속 아래 놓여 있기 때문이리라.

그러나 모니터와 스마트폰에서 끝없이 확산되고 '현전'하는 파편화된 여성 몸의 이미지를 바라보는 남성들이, 이제 역사상 최초로 수치심과 공포를 느낄 수 있는 시대가 도래하기 시작했다. 나는 상상해본다. 아무런 수치심도 없이 모니터 화면 속 불법 촬영물을 바라보는 이의 모니터 바로 뒤에 절벽이 나 있다고. 도망가려 해도 더 이상 도망갈 수 없는 절벽 앞 모니터에 그는 앉아 있고, 그의 등 뒤로 수많은 사람들이 그가 무엇을 보고 있는지 쳐다보고 있다고. 그리고 단지 낙엽이 뒹구는 소리나 나뭇가지에 이는 바람 소리에 놀라 '누군가가 나를 보고 있을지도 모른다'는 가능성을 생각하는 차원을 넘어, 실제로 모두가 자신을 쳐다보고 있음을 깨달았을 때, 그는 비로소 공포와 수치심을 느낄 것이다.

이러한 상황이 현실화되고 있다. n번방의 성착취물을 유통·판매한 '켈리'가 항소를 취하해 징역 1년형이 확정된 2020년 4월 17일 이후, n번방 사건 가해자들에 대한 법원의 솜방망이 처벌을 규탄하는 여성시민단체들의 강력한 항의가 있었다. 이에 따라 제2의 n번방을 운영했던 사람과 프로그래머 역할을 했던 사람들에 대해 장기 10년, 단기 5년의 중형이 선고되었고, 5년간 정보통신망을 통한 신상정보 공개 5년, 취업제한 5~7년, 40시간 교육이수 판결이 나왔다.[10] 게다가 n번방을 제작·유통한 주범들이 마스크와 모자이크로 얼굴이 가려지지 않은 채 경찰에 체포되었고, 재판을 받았으며, 신상이 공개되었다.

물론 불법 촬영물을 소지·구입·저장한 사람뿐 아니라 그것을 '본', 즉 시청한 사람도 처벌하는 내용이 담긴 성폭력처벌법 개정안에도 불구하고, 불법 성착취물을 '본' 사람에 대해서는 아직도 그 처벌이 미약한 편이다. 범죄 자금을 제공하는 등 미성년자 성착취 범죄에 깊이 가담한 박사방의 '공범급' 유료회원을 비롯해, n번방의 성착취물을 '보았던' 유료회원 등의 신상은 공개되지 않은 것이 그 일례라고 할 수 있다.[11] 이는 앞서 2020년 3월 청와대 국민청원게시판에 〈텔레그램 n번방 가입자 전원의 신상공개를 원합니다〉라는 청원이 올라와 200만 명 이상이 공감을 표시했음에도 일어난 조치였다. 이처럼 디지털 성범죄에 대한 사법부의 인식과 처벌 수위는 일반 대중들의 관념에 비하면 아직 걸음마 단계라고 할 수 있다.

그럼에도 불구하고 디지털 성폭력이 일반인들 사이에서 이 정도로 공론화가 가능했던 것은 추적단 '불꽃'이나 한국사이버성폭력대응센터를 비롯한 젊은 여성들의 치열한 싸움과 노력이 있었기 때문이다. 곳곳에 숨어 있는 남근적 시선과 이를 용인하는 남성연대의 메커니즘에 대항해, 비유적으로 말하자면 남근적 유리와 렌즈를 깨는 여성들이 출현한 것이다. 이러한 맥락에서 다음 장들에서는 관음증적 광기에 사로잡혀 보는 자가 아니라, 늘 보이는 자의 위치에 처한 여성 광기의 역사를 다루고자 한다. 또 한편으로는 디지털 시대에 새로 출현한, 렌즈를 깨는 여성들이 여성 광인의 계보에서 어떠한 위치를 차지하는지 살펴볼 것이다.

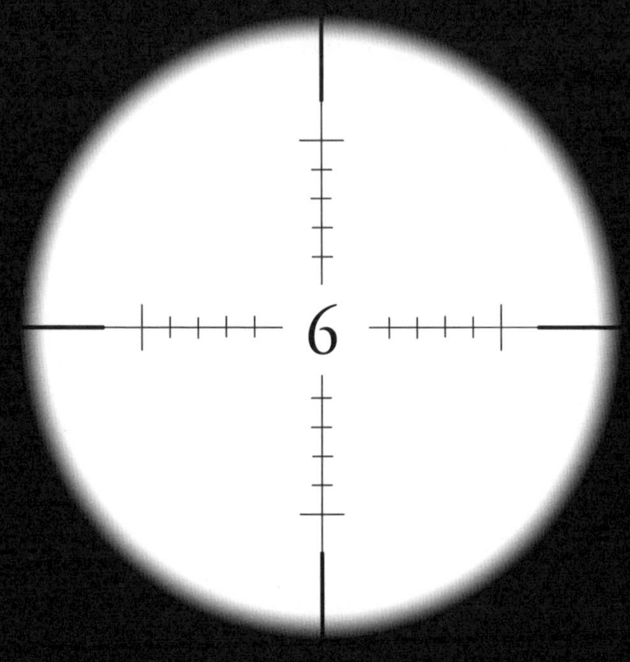

렌즈를 깨는
여성 광인

나는 미쳤다, 나는 존재한다

아주 고대부터 '광인'은 어딘가 세상 이치에 맞지 않는 행동을 하거나, 무모하고 광대한 꿈을 지닌 자였다. 고대의 광인들은 어딘지 모르게 비범함을 지닌 자들로서 인간 세상을 초월해 만물의 이치를 아는 자들이었다. 광인이 반드시 현인은 아닐지라도 광인과 현인, 광인과 영웅 사이에 얇은 종이 한 장 차이가 있는 시대가 존재했던 것이다.

중세 시대에 광인은 "악마에 사로잡혔기 때문에 성스러운 인물"로 여겨졌다. 광인은 아마도 큰 의미에서 빈곤의 세력권에 포함된 존재였지만, 그 누구보다도 동정심을 유발했다. 광인은 머리털을 짧게 깎고 두피에 십자가 표시를 하고 다녔으며, 이 불쌍한 자들은 어디든 유랑하며 활보할 수 있었다.

르네상스 시대에도 광기는 음침한 수용소 속이 아니라 환한 대낮에 논의되었다. 〈리어왕〉이나 〈돈키호테〉가 그 반증이었다. 그러나 푸코에 따르면, 반세기도 지나지 않아 도래한 고전주의 시대의 '대감금'과 함께 광기는 갇히고 고립되었으며, 17세기에 건립된 수감시설인 구빈원에서 도덕규범의 획일적 어둠에 묻혔다. 광기는 추방된 것이다.

이처럼 고대나 중세에 현자나 영웅, 계시를 받은 예언가, 신성모독자, 망상가, 혹은 미치광이로 불렸던 광인들, 르네상스 시기까지만 해도 사람들과 섞여 활보하던 광인들은 일반인의 시선에서 벗어난 수용시설인 구빈원으로 추방·격리된다. 그러나 가만히 살펴보면, 고대나 중세 시대의 광인 이야기에 등장하는 현자, 망상가 혹은 예언가는 모두 남성들이며, 광인의 역사 또한 남성의 역사의 일부였다. 그래서 고대에 존재했을 수 있는 여성 광인, 즉 사람들이 보기에 미치광이와 종이 한 장 차이였던 비범한 여성 현자나 예언가, 선지자의 역사는 남성의 역사 속에서 철저히 지워졌다. 여성은 얼빠진 자나 정신이 나간 자로 존재할 수는 있어도, 추앙받는 예언가나 망상가, 신성모독자가 되지 못했다. 아니, 그러한 존재가 되었다 하더라도 역사 속에서 지워지고 삭제되었다.

고전주의 시대와 함께 도래한 대감호의 시절에도 구빈원에 수용된 여성들은 남성들과 그 양상이 달랐다. 품행이 안 좋거나 방탕한 여성들뿐 아니라 노처녀들, 기력이 없는 여자들, 발육이 부진한 여자들, 얼간이들, 광녀들이 감금되는 등 그 수용의 폭이 넓었다.[1] 그래서 망상가, 신성모독자, 신의 계시를 받았다고 착각하는 광신자, 게으른 무위도식자일 경우 감금되는 남성과 달리, 여성들은 무기력하거나 병든 경우에도 정상과 비정상의 애매한 경계에서 구빈원에 수용되었다. 그 당시 사회에서 쓸모없는 존재로 여겨졌을 '노처녀'들의 수용도 특이한 점이다.

푸코가 보기에 17세기 고전주의 시대의 대감호 사태는 데카르트가 말한, 회의하는 주체는 '미치는 것'이 불가능하다는 점과 맞물려 있다. 꿈이나 감각기관의 오류가 우리를 속일 수 있다고 해도 진리의 영속성 덕분에 사유 주체가 감각의 오류나 꿈에서 빠져나올 수 있는 것과 달리, 광기로부터 사유를 보호하는 것은 진리의 영속성이 아니라 미칠 가능성의 부인이다. 나는 꿈이나 감각을 통한 환각에 속을 수는 있지만, 사유하는 나는 미칠 수 없다. 광기란 사유의 불가능성을 내포하기 때문이다. 꿈이나 환각은 진리의 구조 자체에서 극복되지만, 광기는 회의하는 주체에 의해 배제된다. 즉, "깨어 있는 상태를 유지하려는 단호한 의지, '오직 진리 탐구에만' 열중하려는 의도와 다른 것이 아닌 윤리적 결의에 의해"[2] 사유하는 나는 광기에서 끊임없이 벗어난다는 것이다. 이와 함께 광기는 '배제'의 영역, 즉 밝은 이성의 태양 아래 활개 치는 공개된 비이성이 아니라 이성의 영역 바깥으로 추방당하는 영역이 되었다. 르네상스 시대까지 이성의 세계와 섞여 있던 비이성은 이제 배제되고 이성의 세계에서 추방되어, 이성과 비이성은 이분법적으로 분리된다.

그런데 여성은 그 존재 자체가 항상 데카르트가 배제한 '비이성'의 영역에 존재했고, 미치지 않고 사유하는 주체의 확실성을 담보하기 힘들었다. 남성은 하나님이 그들에게 부여한 '자연의 빛', 즉 이성과 정신의 눈으로 바라보는 사유작용에서 존재의 확실성이 도출된다. 그래서 그들에게 어울리는 어구는 "나는 생각한다(나는 본다), 나는 존재한다"이다. 그러나 항상 비이성의 영역에 자리 잡은 여성의 경우 하나님이 부여한 '자연의 빛', 즉 이성을 통해 사유하거나 정신의 눈으로 바라보는 존재가 아니었다. 오히려 자연에 가까운 동물성으로 존재하거나, 혹은 여성에게 마땅한 자연적 모성이나 성 역할을 거부함으로써 드러나는 '광기'나 '히스테리'로 존재하고 보일 뿐이었다. 그래서 그들에게 어울리는 어구는 "나는 미쳤다(나는 보여진다), 나는 존재한다"이다. 이처럼 비이성적 존재로서의 여성은 18세기에 이르러 감성과 정념을 지닌 자, 자연으로서 틀 지워진다.

이 시기 여성은 원시인·어린아이·광인과 마찬가지로 자연에 가까운, 반은 동물적 본성을 지닌 존재였다. 이러한 맥락에서 여성은 도시적 환경이 아니라 자연 속에서 아이를 낳아 양육하는 본연의 임무를 다할 때 행복할 수 있는 존재였다. 그러므로 감성과 상상력의 과잉에서 오는 여성의 착란과 히스테리는, 어린이나 가축 혹은 미친 자와 마찬가지로 유순하게 길들여지고 조련·통제되어야 하며, 그제야 여성은 자연적 본성을 되찾을 수 있는 대상이 된다.

푸코에 따르면 18세기에 여성의 광기는 자연이 아니라 여성의 감성을 흔들어놓고 상상적인 것이 과잉되는 문화적 환경에 의해 야기된다고 보는 관점이 존재했다. 여성의 광기는 자연이 아니라 도시적 환경이 제공하는 온갖 습관에 지배되는 감성에 따라 더 촉발된다는 것이다. 푸코는 보센느(Edme Pierre chauvot de Beauchêne)의 《여성 신경증 안에 있는 영혼의 정념들의 영향에 관하여》(1783)를 인용한다. 파리의 여자들이 일어나는 시간은 자연에 의해 정해진 시간과 동떨어져 있어서, 아침의 맑은 공기는 사라지고 "독기와 해로운 악취는 태양의 열기에 이끌려 벌써 대기 속으로" 올라가는 낮 시간 때이다. 느지막이 일어난 아름다운 여성들이 보러 가는 연극은 "열광과 흥분"을 자아내고, 특히 비극은 신경에 충격을 가해 눈물을 쏟게 만드는 등 과잉적인 감성을 자아낸다. 소설은 착란된 감성에 더 인위적이고 해로운 환경을 형성한다. 17세기부터 대중적으로 보급되기 시작한 소설은 "전형적으로 감성 전체의 왜곡된 환경을 형성하고, 영혼을 감성적인 것에 있는 가장 직접적이고 자연스러운 것 전체로부터 분리시켜, 비현실적이기 때문에 그만큼 더 격렬하고 자연의 부드러운 법칙에 의해 덜 규제되는 감정의 상상세계 속으로 끌어들였다."[3]

이처럼 보센느는 소설의 증가가 여성의 건강에 가장 해로우며, "10살 무렵에 달리기 대신 책을 읽는 소녀는 20살 무렵에는 틀림없이 '좋은 유모'가 아니라 '심한 히스테리를 부리는 여자가 되어 있을 것'"[4]이라고 단언한다. 덧붙여 그는 사랑스럽고 관능적인 여성들이 시골이나 여행지 등의 자연으로 돌아와 운동을 하고 손수 자식을 키울 때, 과잉된 감성이 아니라 자연이 부여한 행복을 되찾을 것이라고 조언한다. 이처럼 18세기 계몽주의 사상가들은 여성이 '건강한' 정신으로 되돌아가기 위해서는 문명에서 자연으로 되돌아가는 것이 필요하다고 보았다. 그래서 여성 히스테리 환자들뿐 아니라 정상적인 여성들도 질병 예방의 차원에서 정신적인 작업을 멀리해야 한다는 견해가 퍼져나갔다.

이처럼 남성/여성, 이성/감성, 문화/자연, 공적 영역/사적 영역이라는 18세기 계몽주의적 이분법을 통해 여성은 이성이 아니라 감성과 자연으로서 사적인 세계에 머무르게 된다. 그리고 그 후로도 긴 세월 동안 여성은 이성 바깥의 영역에서 광기와 조우한다. 18세기 말부터 '낭만적 사랑'의 이념 아래 가정에 유폐된 여성들의 히스테리와 착란 증상은 사실 예정된 결과였다. 여성이 일반 '이성적'인 남성들이 만들어둔 가정이라는 사적 공간에 유폐됨으로써 정서적으로 불안정해지고 과잉되는 결과가 초래되었기 때문이다. 또한 여성은 공적 영역의 활동이 금지되어 사적 공간에서만 감성을 자극할 수 있는 취미를 가질 수 있었기 때문이다. 여성은 밝은 태양 아래 드러나는 이성의 빛과 진보의 신념으로 가득 찬 세계와는 다른 어둠 속에서 겨우 광기의 상흔을 발견할 뿐이었다.

한편, 푸코에 따르면 프랑스 대혁명 이전까지도 구빈원의 한 구역에 수용된 정신이상자들은 구경거리로 전락했다. 비이성적인 것, 비인간적인 것 앞에서 고전주의 시대 사람들은 르네상스기의 사람들이 느끼지 못한 수치심을 느꼈다. 추문과 같은 비이성적 광기는 동물적인 방종이 드러나는 것으로 간주되었다. 프랑스 대혁명의 시기까지도 일요일이면 비세트르에서 산책하며 심한 정신이상자들을 구경하는 것이 부르주아들의 소일거리였다. 그들은 "호기심을 자극하는 동물 같은" 구경거리 앞에서 동전을 던져주고 싶어 했다.[5] 그러나 이 시기에 광기는 창살을 통해 차단된 형태로 관람객에게 전시되었다. 즉, 광기와 관련이 없어 위태롭다고 느끼지 않는 '이성의 시선' 아래, 안전하게 거리를 두고 광기는 보여졌다. 이처럼 광기는 "순수한 스펙터클, 즉 비이성의 극장"이 되었다.[6]

광기를 바라보는 이러한 시선은 18세기 말, 프랑스 대혁명을 기점으로 인간에 대한 재평가가 이루어지면서 변화하기 시작한다. 피넬(Philippe Pinel)과 같은 박애주의 의사는 광인의 야수적인 폭력·포식·광포함·잔혹성을 떨쳐버리게 하고 그 야수성을 유순하게 조련시키는 방식의 치료를 선호했다. 이처럼 18세기 말에 이르자, 이성은 데카르트 시대에 그랬듯이 윤리적 결단을 통해 광기에서 벗어나는 것이 아니라 실증적 기반 위에서 비이성과 관계를 설정하려 했다. 그리고 이 시기에 광기를 하나의 질환으로 파악하고, 광인들만을 수용해 치료 대상으로 삼는 현대적 의미의 정신병원이 만들어진다.

고전주의 시대에 광인을 구경거리로 바라보는 시선은 18세기 말 이후 사물들에 대한 실증적인 시선, 광기를 추상적 개념으로 명확하게 파악하는 정신과 의사들의 시선으로 대체되었다. 쇠창살이 폐기되어 광인과 전문가는 맨얼굴로 대면하며, 광기는 실증적 객관성으로 통제되기에 이른다. 이 새로운 응시는 데카르트적인 초월적 시각이 아니라 실증적인 의학적 응시이다. 푸코가 《임상의학의 탄생》에서 언급했듯이, 19세기 의학에서는 생명을 사체처럼 고정된 것으로 만들어 시각적으로 관통하는 임상의학적 응시가 있었던 것처럼, 심리학은 정신이상을 시각적으로 구축하는 과정에서 태어났다.[7]

19세기에 접어들자 광기를 지닌 여성은 실증성을 가진 의사 앞에서 응시되었으며, 그들의 발작은 이들 남성 전문가 앞에서 전시되고 상연되었다. 그 정점에 있었던 것이 19세기 말 여성들에게 전염병처럼 퍼져나간 히스테리 발작을 전시한 신경병리학자 샤르코(Jean-Martin Charcot)의 '히스테리 극장'이다. 그리고 프로이트 같은 전문가 앞에서 응시되며 '비밀'을 말해야 했던 히스테리 여성 환자들이었다.

히스테리, 보이는 자의 광기

여성의 사회생활과 글쓰기가 금기시되던 시절, 그래서 여성 작가들이 자기 이름이 아니라 남성의 이름으로 종종 글을 발표하던 시절인 19세기 미국을 배경으로 한 샬럿 퍼킨스 길먼(Charlotte Perkins Gilman)의 《노란 벽지》는, 신경쇠약과 히스테리에 걸린 채 저택 육아실에 갇힌 한 여성의 이야기이다. 명망 있는 의사를 남편으로 둔 주인공 화자는 아이를 낳고 신경쇠약에 걸리자, "강장제를 복용하고, 여행을 다니고 바람을 쐬며 운동하라는 처방"을 받았다.

그녀는 완쾌될 때까지 일하는 것도 글을 쓰는 것도 금지당했다. 아내의 요양을 위해 남편이 한시적으로 빌린 저택의 맨 꼭대기 층 육아실에서 그녀는 거의 갇혀 지내다시피 한다. 게으르게 누워 하루하루를 지내던 주인공 화자는, 어느 순간부터 하루 종일 방의 누런색 벽지를 쳐다보게 된다. 그리고 벽지 속에서 반복되는 무늬가 사방으로 기어 다니고, 거꾸로 뒤집힌 둥글납작한 눈깔들이 온 천지에서 자기를 쳐다본다는 환영에 빠진다.

급기야 그녀는 벽지에서 한 여자가 몸을 웅크린 채 무늬 뒤를 기어 다니다가, 대낮에 벽지에서 나와 창밖 정원에서 기어 다니고, 밤이 되면 벽지 무늬 뒤로 숨는 것을 보게 된다. 남편과 함께 저택을 떠나기로 한 전날, 화자는 방문을 잠근 채 벽지 뒤에 숨은 여자가 도망갈 수 있도록 벽지를 뜯어내고, 창밖으로 수많은 검은 그림자의 여자들이 탈주해 빠르게 기어 다니는 것을 본다. 화자는 그 여자들처럼 방 안을 휘저으며 기어 다니고, 그러한 그녀의 모습을 본 남편은 기절한다. "기절할 건 또 뭐람. 여하튼 남자는 기절했고 하필 벽을 따라가는 내 길목을 막으며 쓰러지는 바람에 나는 매번 그의 몸을 기어서 넘어가야만 했다!"[8] 소설 《노란 벽지》는 이렇게 끝난다.

《노란 벽지》의 주인공은 아이를 출산한 후, 우울증과 히스테리로 추정되는 이른바 '신경쇠약증'을 앓으며 어머니와 아내로서의 역할을 거부한다. 그녀는 힘든 사회적 활동을 하지 않고 남편에게 의존하는 동시에 남편에게 안식처가 되어주는 귀여운 아내 역할을 망각한다. 그리고 신경쇠약을 야기한다고 여겨지는 글을 쓰지만, 그마저도 금지 당한다. 아무것도 하지 않는 휴식요법에 따라 하루 종일 방 안에 누워 있는 그녀가 할 수 있는 유일한 일은 미치는 것이다. 그녀에게 미쳐버리는 것이란, 벽지 뒤에 숨은 여자들과 함께 방 안을 기어 다니며 가부장제로부터 탈주하는 것이다.

이 소설은 저자의 자전적인 이야기를 담고 있다. 1884년 길먼은 찰스 월터 스텟슨이라는 예술가를 만나 결혼해 얼마 후 딸을 낳았지만, 몇 년간 산후우울증에 시달렸다. 필라델피아에 있는 정신병원에 입원해 휴식요법에 따라 요양했지만 증상은 더욱 심각해져갔다. 1888년 길먼은 남편과 이혼하고 딸과 함께 캘리포니아로 이주한다. 그리고 여성운동가와 사회비평가로 활동하는 과정에서 '신경쇠약증'은 거짓말처럼 사라졌다.

필리스 체슬러(Phyllis Chesler)가 《여성과 광기》에서 언급했듯이 남성이 반사회적 행동을 했을 때는 감옥을 가지만, 여성들은 반사회적 행동을 하는 대신 그 반사회적인 분노가 자기 자신을 향하게 되고, 그 결과 광기에 사로잡혀 정신병원에 가게 된다. 때로는, 혹은 많은 경우 여성들은 정말로 미친 것이 아니다. 사회가 규정하는 성 역할을 벗어난 경우, 즉 가부장제 사회의 관점에서 '선을 넘은' 경우에 여성은 '광기'를 가진 것으로 간주되어 정신병원에 갇히게 된다. 체슬러는 가부장적 성 역할과 여성다움의 틀을 벗어나려 했지만 결국 정신병원에 갇혀버린 여성들의 삶을 이야기한다. 그러한 여성들은 정신병원에서 다른 환자들을 돌보는, 전통적으로 여성의 역할인 돌봄 노동을 강요받거나, 19세기 말 샤르코의 살페트리에르 병원 공연에서처럼 남성 전문가들 앞에 전시되어 히스테리 발작을 일으키는 등의 과정을 통해 정말로 미쳐버리거나, 아니면 운 좋게 병원에서 탈출해 자신의 경험을 글로 기록하기도 했다.

길먼이 《노란 벽지》를 쓸 무렵에 유럽은 여성 히스테리 환자들로 넘쳐났다. 흔히 '여자의 병'으로 간주되던 히스테리는 고대부터 보고되는 질병이었다. 히스테리의 어원인 '히스테라(Hystera)'는 그리스어로 자궁을 뜻하며, '히스테리아(Hysteria)'는 자궁의 이동을 의미한다. 즉, 고대 그리스에서는 여자들에게 나타나는 히스테리라는 질병이, 일종의 동물인 자궁이 제자리에 있지 않고 불만을 느낄 때 이리저리 이동하는 것에서 기인한다고 생각했으며, 이러한 관념은 여러 세기 동안 지속되었다.[9] 기독교적인 사고에서 인간의 원죄는 여성의 유혹 탓이므로, 여자에게만 나타나는 히스테리라는 이 정체불명의 질병은 사악한 어떤 것이었다. 따라서 히스테리성 마비·실명·감각상실 등은 악마가 여자의 몸을 지배하는 근거라고 생각되었다.

마녀사냥의 광풍이 지나간 후, 17세기부터 계몽주의 시대에 이르기까지 점점 히스테리의 원인이 자궁이 아니라 더 '위쪽', 즉 두뇌나 감정 또는 마음에서 찾아진다는 견해가 자리잡기 시작했다. 이처럼 히스테리를 정신이나 심리의 질병으로 바라봄으로써 그것을 "의지력 상실에서 오는 질병"으로 간주하게 되어, "히스테리 환자는 자신의 육체를 지배하는 충동과 감정에 아무런 저항도 할 수 없는" 것으로 여기게 되었다. 중세 시대의 악귀 들린 광기라 여겨졌던 이 질병은 점차 체질적 나약함으로 인한 의지력 상실과 도덕적 결함으로 여겨지게 된다. 히스테리의 원인이 자궁이 아니라 두뇌에 있다는 주장이 대두하면서 남성 히스테리 환자의 존재가 인정되었지만, 여전히 그 비율은 여성이 월등히 높았다. 여성은 나약하고 의존적인 존재로서 "최면에 잘 걸릴 수 있다"고 파악되었으며, 이러한 관념을 이용해 샤르코는 19세기 프랑스의 여성 요양병원이었던 살페트리에르 병원에서 그 유명한 히스테리 극장을 열게 된다.

앞서 언급했듯이, 보는 주체로서 근대 남성의 광기가 모든 것을 보려는 욕망에서 비롯된 '관음증'이라면, 보이고 전시되는 자로서 근대 여성의 광기는 '히스테리'라고 말할 수 있을 것이다. 보이는 자로서 여성 히스테리 환자들은 샤르코의 연출 아래 충실히 히스테리극을 보여줬다. 1862년 살페트리에르 병원의 운영을 맡게 된 샤르코는 히스테리 증상이 뇌 손상으로 정신적 외상을 입었을 때 나타나는 신경체계 자동반사임을 입증하고자 했다. 그리고 이러한 반사작용이 암시나 최면상태일 때 임의로 발현될 수 있음을 보여주려 했다. 샤르코는 전 세계 학자, 화가, 조각가, 문인, 추기경, 검찰총장이 참여한 그 유명한 화요 강의에서 이러한 히스테리 원인에 대해 강연했으며, 살페트리에르 병원에서는 역시 많은 인사들이 북적대는 가운데 히스테리 환자의 발작을 시연했다. 이는 당대의 가장 인기 있는 무대로 평할 만했는데, 그의 연출 의도는 여성 히스테리 환자들이 암시에 잘 걸린다거나 의지가 없다는 점을 입증하는 것이었다. 그의 연출 아래 최면에 의한 신경체계 자동반사작용은 다음과 같이 진행되었다.

> 이러한 반사작용은 암시나 최면상태에 의해서 임의로 발동될 수 있으며 항상 특정한 본보기, 즉 3단계 모델에 따라 진행된

> 다는 것이다. 그가 '유사간질'이라고 표현한 제1단계에서는 근육 경련이 일어나고, 이것은 큰 몸동작으로 전이된다. 제2단계에서는 탈구현상, 즉 '큰 동작'이 나타나는데, 그는 이것을 '광대짓'이라고 표현했다. 탈구현상에는 성 도발적인 '활모양 발작'(어깨와 발을 바닥에 댄 채 몸이 위쪽으로 아치 모양으로 굳어지는 것)도 속한다. 이 단계에 이르면 환자들은 소리 지르고 욕하며 사방팔방으로 팔을 휘둘러댄다. 제3단계에서는 마침내 '색정적인 태도'를 보인다. 또 황홀경에 빠지고 환각증세를 보인다. '큰 발작'을 보이는 이 단계에서 히스테리 환자는 쾌락, 분노, 혐오의 감정을 나타내며 공갈협박을 하고 주변 세계를 욕한다. 동시에 환자의 몸은 무감각 상태에 빠져 듣지도 보지도 못한다. 피부는 마취 상태와 같다.[10]

이처럼 살페트리에르 병원의 히스테리 전시극은 선풍적 인기를 몰고 왔지만, 다른 병원의 히스테리 환자들은 이러한 3단계 모델에 따라 발작을 일으키지 않았다. 게다가 이 모델은 샤르코가 은퇴하고 난 후 얼마 지나지 않아 거의 사라졌다. 결국 샤르코도 말년에는 히스테리 환자들이 3단계 모델에 따라 히스테리 증상을 흉내 내고 연기했음을 어느 정도 인정할 수밖에 없었다. 결국 히스테리를 여성의 신체적 조건에 따른 피암시성의 틀로 설명할 수 없음이, 즉 히스테리 발작은 말 그대로 일종의 연극 상연임이 드러나게 된 것이다.

당시 성행한 살페트리에르의 히스테리극 공연을 관찰한 사람 중에는 프로이트도 있었다. 1885년 말 프로이트는 신경병리학을 계속 연구하기 위해 빈을 떠나 파리의 살페트리에르 병원으로 가 19주 동안 샤르코 밑에서 연구했다. 그러나 샤르코와는 달리, 히스테리의 원인이 뇌가 아니라 마음에 있다고 생각하게 된 프로이트는 파리에서 돌아온 뒤 얼마 후 샤르코의 최면요법 대신 새로운 방법을 도입했다. 그리고《히스테리 연구》를 공동 집필한 히스테리 전문의 브로이어(Josef Breuer)와 협력해 연구를 진행했다. 브로이어는 최면요법 대신 환자가 자기최면과 비슷한 상태에서 증상의 초기 발현상태에 대해 이야기하는 '담화치료'를 통해 여러 히스테리 증상을 해소시키도록 했다.

브로이어가 치료하려 했던 '안나 오'[11]의 경우, 가부장제 아래 여성의 성 역할을 거부하는 데서 오는 히스테리적 증상을 보였다. 안나 오는 "착어증, 교차성 사시, 심한 시력장애, 마비(수축 형태로 나타남)"[12] 등의 증상을 보였는데, 이 중 주된 증상은 언어장애였다. 그녀는 영어로만 말했다. 당시 결혼을 하지 않은 나이 든 딸들은 늙은 아버지를 비롯해 가족의 간호를 담당하는 역할을 맡았다. 안나 오 역시 아버지의 간호를 전담하면서 공적인 교육이나 사회적 활동이 제한된 상황이었고, 그러한 상황에서 벗어나려는 욕망을 억누르자 나타나는 분노와 죄의식에 시달렸으며, 그것이 신체적 현상으로 발현

되었다.[13]

이후 프로이트는 브로이어의 '담화치료'에서 한 발짝 더 나아가 '자유연상기법'에 따라 여성 히스테리 환자들을 치료하려 했다. 그는 여성 히스테리 환자들이 자유연상 도중 갑자기 말을 멈추거나 더듬는 등의 '저항'을 보일 때, 이 저항의 본질이 성적인 것이라고 결론지었다. 이처럼 미지의 검은 대륙으로서 여성의 섹슈얼리티라는 수수께끼를 파헤치기 위해 프로이트는 '폐쇄된 문' 혹은 '모든 각도에서 가로막힌 벽'으로 비유되는 '깊은 침묵'을 종식시키려 했다. 프로이트는 그의 유명한 히스테리 환자 '도라'를 분석하면서 환자들이 간직한 '비밀'을 캐내는 작업이 얼마나 어려운지 이야기한다. 진료 초기에 환자에게 요청한 삶과 병력 이야기 속에 숨겨진 이 비밀들은 그에게 커다란 수수께끼였고, 여성들이 비밀 속에 감춰둔 섹슈얼리티는 항해하기 어려운 어두운 강물과 같았다.

프로이트에 따르면 환자는 스스로 잘 알고 있으며, 당연히 이야기해야 할 것 중의 일부를 부끄러움 때문에 의도적으로 감춘다. 프로이트는 히스테리 치료의 실제적 목적은 모든 무의식적 증상을 포착해 의식적 사고로 전환시키는 데 있다고 주장한다. 그러나 '도라'와 프로이트의 또 다른 환자 '엘리자베트 폰 R' 양은 이미 의식 안에서 자신의 비밀을 간직한 여성들이다. 이들은 사랑의 비밀을 간직했기에 아프고, 이 비밀은 의식 세계의 사회적 규범에 부합하지 않기에 발설할 수 없다.

사라 코프만의 주장에 따르면, 여성 히스테리 환자는 병의 원인을 의식하지 못하고 있는 듯 위장하지만 실제로는 이를 의식하면서 비밀로 간직하고 있다. 따라서 분석치료는 단순히 여성들에게 말할 권리를 반환하는 게 아니라는 것이다. 사라 코프만에 따르면 분석치료는 오히려 여성들의 비밀을 '박탈'하기 위한 시도이자 말을 강탈해나가기 위한 시도이다. 정신분석학은 진리를 소유한다고 여겨지는 남성들의 관점에 협력하고 따르도록 강요할 때만 여성들을 치유시킬 수 있다. 정신분석학적 해결은 여성에게서 더 많은 비밀을 강탈하고 스승의 말에 더 잘 복종시키기 위해서, 여성에게 말을 반환해줄 뿐이다. 이러한 맥락에서 남성 정신분석학자들은 중죄인을 취조하는 수사관 혹은 예심판사의 역할을 담당한다. 그들은 범죄 수사관이나 예심판사처럼 은폐된 자료와 어떤 '비밀'을 발견하고 고백하게 만든다.[14]

이러한 맥락에서 샤르코의 히스테리극 공연과, 그 자신이 수사관이나 판사 같은 역할을 맡은 프로이트의 히스테리 환자 치료는 마녀들에 대한 종교재판과 흡사하다. 《새로 태어난 여성》에서 카트린 클레망(Catherine Clement)은 일례로 종교재판관장 보댕(Jean Bodin)의 다음과 같은 진술을 언급한다. "나는 마녀들이 광분하는 장면과 그녀들이 악마와 교섭하는 장면을 내 눈으로 직접 보고자 하는 야릇한 욕망을 가졌다."[15] 마녀들이 악마에 씐 것을 증명하려면 신들림이라는 증거를 보여주어야 했고, 이는 (남성인) 종교재판관의 시각적 욕망을 충족시켰다. 대낮에 마녀들이 벌이는 스펙터클은 "시작의 의식, 촉발의 의식, 그리고 발작의 기다림"으로 구성되며, 남성인 종교재판관들은 묶인 마녀들이 벌이는 신들린 의식을 홀린 듯이 바라보았다.

마녀사냥과 종교재판의 광풍이 휘몰아친 후 몇 세기가 지나, 이제 히스테리 환자들은 반감금 상태에 누워 있다. 히스테리 환자들의 발작은 '의학적 구경거리'가 되었고, 의사들과 전문가들은 뻣뻣하게 굳어 있다가 발작을 일으키는 히스테리 환자의 몸을 홀린 듯 바라본다. 종교재판관과 마찬가지로 의사들은 히스테리 환자를 통해 시각적이고 관음증적인 욕망을 충족시킨다. 신들린 마녀들이 묶인 채 전시되는 것과 마찬가지로, 히스테리 환자는 '증상'이라는 덫에 묶인 채 샤르코의 히스테리 발작 공연에서 전시되거나 프로이트에게 취조당한다. 실제로 프로이트는 친구 플리스에게 보낸 1897년의 편지에서 중세 시대의 마녀사냥 교본이었던 《마녀들의 망치(Malleus Maleficarum)》(1487)[16]에 나오는 증상들과 자신의 히스테리 환자들이 보이는 증상을 병치시키며 다음과 같이 실토한다. "내가 자네에게 항상 말했다시피 중세의 종교재판소가 주장한 신들림에 대한 이론은 육체 속의 인물, 의식의 분리에 대한 우리의 이론과 동일하다네."[17]

이처럼 19세기에 전염병처럼 퍼져나갔던 히스테리는 남성 전문가 앞에서 여성의 뒤틀린 몸과 말로 전시되었다. "여성의 몸과 말은 전문가 앞에 마주 서 있다. 굴복하면서 저항하고, 경외하면서 조롱하고, 회피하고 벗어나려 애쓰면서 말한다."[18] 사적 영역에 유폐된 여성에 대한 성적 억압이 극에 달해 여성의 불감증이 오히려 '정상적'인 상태라고 간주되던 19세기 유럽의 병원에서, 히스테리는 기괴한 동작과 욕설로, 자신을 바라보며 관찰하는 남자들 앞에서 저항하는 유일한 도구였던 것이다. 또는 프로이트의 여성 환자들처럼, '침묵'은 전문가로 칭해지는 남성 앞에서 저항의 의미를 담고 있었던 것이다. 이러한 점에서 카트린 클레망은 히스테리 환자가 반체제적이라고 말한다.

> 반체제적이라 함은 그녀들의 증상과 발작이 보는 사람들, 즉 관객, 집단, 남자들, 그리고 그 외 다른 사람들로 하여금 반감을 일으키게 하고 또한 그들을 동요시킨다는 의미에서이다. …… 또한 히스테리 환자는 가족관계를 해체하고, 규칙적인 일상생활에 혼란을 초래하며, 이성의 틈새에 마법의 공간을 마련한다.[19]

그러나 다른 한편 카트린 클레망은 히스테리의 체제 수호적인 면을 지적한다. 여성 히스테리 환자의 저항은 정치적 결집과 저항에 이르지 못한 채 개인적인 항거에 그치고, "치유

유무를 떠나 그녀들은 다시 가족들 속에" 묻히며, 아무것도 남기지 못한다는 것이다. 가부장제의 역사 속에서 진압당하고 파괴된 채 자취를 감춘 마녀들처럼, 많은 히스테리 환자들 역시 사라져서 결국엔 프로이트와 같은 정신분석의의 기록 속에 뒤틀리고 마비된 몸과 말로 남아 있을 뿐이다.

선지자이자 광인이었던 여성들

광기가 가부장제로 흡수된 히스테리 환자들과 마녀들이 존재하기 이전에, 이미 고대에 선지자와 같은 여성 광인들이 있었다. 다만 먼 옛날, 미친 예언자와 선지자로서 존재했던 여성 광인의 역사는 남성 광인의 역사 그 뒤편에서 사라지고 지워졌을 뿐이다. 나는 세 명의 고대 여성 광인을 제시하려 한다. 그 첫 번째는 오이디푸스왕의 장녀 안티고네이다.

오이디푸스왕은 자신의 아내 이오카스테가 실은 어머니였다는 진실을 알게 된 후, 테베의 왕위를 이오카스테의 남동생인 크레온에게 넘기고 방랑을 시작한다. 그 후 안티고네의 두 오빠인 에오클레스와 폴리네이케스는 싸우다가 서로를 죽였는데, 테베의 왕이 된 크레온은 에오클레스의 장례는 성대히 치르게 했지만, 폴리네이케스는 매장도 애도도 허용하지 않았다. 그리고 자신의 명을 어길 경우 돌로 쳐 죽일 것이라고 엄포를 놓았다. 이에 안티고네가 오빠 폴리네이케스의 시체를 매장해주려 하자 그녀의 여동생 이스메네는 안티고네를 만류하며 다음과 같이 말한다. "이제 언니와 나 둘만 남았으니, 생각해봐. 우리가 왕권에 도전하고 법을 어긴다면, 우리의 죽음은 오빠들의 죽음보다 수치스러울 거야. 우리가 남자와 싸우지 못하게 되어 있는 여자라는 점도 잊어선 안 돼."[20]

여동생의 만류에도 불구하고 안티고네는 홀로 폴리네이케스의 시체를 매장하고 관례에 따라 애도한다. 안티고네는 이 일로 벌을 받아 인적 없는 동굴에 버려지고, 약혼자인 크레온 왕의 아들 하이몬을 남겨둔 채 동굴에서 목을 매 자결한다. 이후 하이몬도 안티고네의 뒤를 따른다. 이러한 안티고네의 고결한 행위는 아버지의 법의 틀 안에 남아 있는 여성 이스메네와는 달리 '남자와 싸우고자' 하고, 그것도 한 나라의 왕과 싸우려고 한다는 점에서 아버지의 법의 경계를 넘어선 것이었다. 안티고네는 이러한 행위를 통해 가부장적 경계를 넘어선 여성 선지자가 된다.

안티고네와 반대급부에 서 있는 여성인 엘렉트라는 실패한 여성 광인이다. 엘렉트라는 아가멤논의 왕비 클리타임네스트라의 딸이다. 엘렉트라의 아버지 아가멤논은 트로이의 왕자 파리스가 동생인 메넬라오스의 아내 헬레네를 납치해가자, 그리스군을 결성해 그 유명한 '트로이 전쟁'에 총사령관으로 출정하게 된다. 이때 아르테미스 여신의 노여움 때문에 바람이 불지 않아 배가 나아가지 못하자, 아가멤논은 여신의 노여움을 잠재우고 출항하기 위해 왕비 클리타임네스트라와의 사이에서 낳은 딸 이피게니아를 산 제물로 바친 후 출정하게 된다. 이때 왕비 클리타임네스트라가 남편인 아가멤논에게 분노하고 복수를 다짐하게 된 것은 어찌 보면 당연한 일이었다. 이후 트로이 전쟁에서 승리한 아가멤논이 트로이의 공주이자 예언가인 카산드라를 노예 겸 정부로 삼아 귀국했는데, 그가 없는 사이 복수의 칼날을 갈던 왕비 클리타임네스트라는 자신의 정부 이이기스토스와 공모해 아가멤논과 카산드라를 함께 살해했다.

뤼스 이리가레(Luce Irigaray)는 그 후에 등장한 모친살해 이야기를 재구성하며, 수세기에 걸쳐 여성들에게 이어져온 가부장제적 원형인 '처녀-어머니의 이미지'에 복종하지 않은 클리타임네스트라를 변호한다. 이리가레에 따르면 프로이트가 《토템과 터부》에서 부친살해가 원시 씨족을 출현시킨 것으로 기술하고 이론화할 때, 더욱 시원적인 살해인 모친살해는 잊고 있다. 모친살해는 도시국가에서 가부장적 질서를 확립하기 위한 것이었다. 클리타임네스트라의 남편 아가멤논은 아름다운 헬레네를 되찾아오기 위해 집을 떠나 다른 남자들과 오랫동안 이국땅에 머물렀다. 그리고 군사적이고 애정적인 원정을 성공적으로 마무리하기 위해 딸 이피게니아를 제물로 바쳤다. 전쟁에서 돌아올 때 그는 자신이 노예로 삼은 또 다른 여성,

아마도 그의 n번째 정부와 함께였다. 너무나 오랫동안 남편으로부터 소식이 없었기 때문에 클리타임네스트라는 남편이 죽었다고 믿고 연인을 만들었다. 그래서 아가멤논이 정부와 의기양양하게 돌아오자 그를 죽인다. 질투와 공포 때문에, 그리고 아가멤논이 남자들 간의 갈등에 딸을 희생시켰기 때문에 죽인 것이다.

하지만 새로운 질서는 그녀가 아들에게 죽임을 당할 것을 요구한다. 클리타임네스트라의 아들 오레스테스와 딸 엘렉트라는 어머니 클리타임네스트라를 살해함으로써 아버지 아가멤논의 원수를 갚는다. 이로써 엘렉트라는 아버지의 원수를 갚고 아버지의 법이 실현되는 가부장제적 질서 안에 편입되는 듯 보인다. 그러나 모친살해와 그 광기의 그림자가 너무 짙게 드리웠던지, 엘렉트라는 모친을 살해한 후 남동생 오레스테스와 마찬가지로 미쳐버린다. 그리고 "딸인 엘렉트라는 미친 채로 남아 있지만, 어머니를 죽인 아들은 가부장제적 질서를 세우기 위해 광기로부터 구출되어야 한다."[21] 이리하여 모친살해는 아들에 대한 형벌을 면제시키고, 딸의 광기는 역사의 뒤안길로 매장되는 것으로 귀결된다. 엘렉트라의 광기는 아버지로부터 태어나 어머니를 저버리고 아버지의 법에 복종한 아테나 여신의 이미지를 재현한 듯 보이지만, 엘렉트라는 어머니와 아버지, 여성과 남성, 그 누구의 영역에도 속하지 못한 채 잊히고 실패한 여성 광인으로 남았다.

가장 중요한 세 번째 여성 광인은 카산드라이다. 카산드라는 트로이의 공주이자 예언가로, 조국 트로이가 멸망한 후 그리스 총사령관인 아가멤논의 노예가 되었다가 아가멤논과 함께 그의 아내 클리타임네스트라에게 살해되는 비극적인 여성이다. 그녀는 예언가이자 사제이자 여성 광인이다. 카산드라의 비극은 그녀의 예언을 트로이 사람들이 믿지 않는 데 있다. 이는 카산드라가 태양신 아폴론에게서 예언 능력을 받았지만, 그 대가로 아폴론이 요구한 동침을 거절했기 때문이다. 아폴론은 카산드라의 입에 침을 뱉어 이러한 저주를 내렸다. 크리스타 볼프(Christa Wolf)가 소설 《카산드라》에서 묘사하는 태양신 아폴론의 모습은 서구 형이상학 속 빛과 어둠의 은유가 근거한, 고대인들이 숭배하던 태양신의 이면을 보여준다.

> 아폴론 리케이오스. 유모 파르테나의 목소리. 늑대들과 쥐들의 신. 유모는 그 신에 대해 자신이 알고 있는 어두운 이야기를 속삭이면서 아무한테도 말하지 말라고 했다. 나는 분열된 그 신이 신전의 흠 없는 우리 아폴론과 같은 신이라고는 꿈에도 생각할 수 없었다.[22]

신전의 흠 없는 태양신 아폴론은 사실 늑대들과 쥐들의 신으로 분열되는 잔인하고 냉혹한 신이기도 하다. 그는 그러한 모습을 다른 사람들에게는 숨긴 채 오직 예언자 카산드라의 꿈을 통해 보여주며, 자신과의 동침을 거절한 대가로 아무도 그녀의 예언을 믿지 않는 형벌을 남긴 채 사라진다. 그래서 이후 사람들은 카산드라가 예언하는 트로이의 멸망을 믿지 않고 그녀를 경멸할 뿐이었다. 태양신의 분열. 이는 규칙적으로 나타났다가 숨고, 숨었다가 다시 나타나는 태양이 초월적 대상으로 신격화될 때 탄생하는 백색신화의 남성중심적인 동일성 논리의 이면이기도 하다.

모니크 위티그(Monique Wittig)에 따르면 아리스토텔레스가 《형이상학》에서 제시하는 존재론적인 이분법, 즉 일자/다자, 우/좌, 남성/여성, 빛나는/어두운, 좋은/나쁜이라는 이항대립에서 앞의 항들은 아리스토텔레스의 형이상학에서 존재로서의 '일자(Un)'를 정초하기 위한 윤리적인 항들이 되었다.[23] 그리고 뒤의 항들은 앞의 항들에 비해 존재론적으로 위계질서가 낮은 동시에 어둡고 나쁜, 비윤리적인 어떤 것이 되었다. 나누어지지 않고 그 자체로 신성인 '일자'의 항에는 '빛', '남성', '좋은' 등 지배적 위치에 있는 항들이 속한다. 반면 '다자(Plusieurs)'의 항에는 검은 어둠으로 표상되는 여성들, 민중, 불쌍한 노예들, 이방인들이나 야만인들이 포함된다. 이러한 이항대립에 의거해 백색신화에서 빛을 발하는 백인 남성의 동일성 논리는 여성, 이방인, 노예, 유색인종과 같이 검은 어둠으로 표상되는 타자를 자신 안에 복속시키고 잠식하는 폭력적 논리로 귀착한다.

백인 남성들이 추종하는 빛과 태양의 논리에서 검은색은 죽음, 어둠, 악 등 온갖 부정적인 의미를 띤다. 그러나 카산드라는 빛과 어둠의 이분법적 표상체계와 빛의 폭력적인 자기동일성이 지닌 결함을 알아보는 자이다. 그녀는 이 폭력적인 자기동일성의 사회에서 아무도 믿지 않는 진실을 예언하는 자이다. 카산드라는 전쟁 통의 남성중심적 부권사회, 즉 태양과 달 중 태양을, 빛과 어둠 중 빛을 쫓고 숭배하는 사회에서 빛과 이성의 분열된 자가당착을 직시한다. 그녀는 눈 먼 검은 어둠 속에 머물면서도 이러한 자가당착에 대해 '아니오'라고 말할 수 있는 용기를 지닌 여성이다.

자신의 예언대로 트로이가 멸망한 후, 카산드라는 훗날 로마를 건설하게 되는 연인 아이네이아스를 따라가 목숨을 부지할 수 있었음에도 불구하고 죽음을 선택한다. 카산드라는 아이네이아스가 영웅이 되고 입상(立像)이 되는 것을 투시하지만, 그녀는 남성중심적 부권사회의 영웅을 사랑할 수 없었고, 그 상을 보기를 거부한다. 카산드라는 포로가 되어 미케네 성문 앞까지 끌려오면서 "내 증언을 요구하는 사람이 단 한 명도 없을지라도 끝까지 증인이 되리라" 맹세하고,[24] 전쟁을 일으킨 남성들이 요구하는 것에 '아니오'라고 말하며 진실을 증언한다.

데리다가 언급했듯이, 글쓰기는 빛이 아니라 어둠과 관련된 것이다. 그것은 빛으로 상징되는 하얀 종이 위에 검은색의

잉크가 찍히는 것이다. 그러한 글쓰기는 진실에 대한 카산드라의 증언과 마찬가지로, 빛이 아니라 어둠으로 표상되는 여성적인 것의 심연 속에서 보이지 않는 것을 보는 것이다. 그 검은 잉크는 빛의 은유에 물든 사람들이 보지 못하는 것을 볼 수 있으며, 보이게 할 수 있다고 말할 수 있는 용기, '아니오'라고 말할 수 있는 용기를 뿜어내는 것이리라. 이러한 진실을 고하는 용기를 지닌, 고대 여성 광인들의 계보를 잇는 새로운 여성 광인들이 지금 다시 출현하고 있다.

송곳을 쥐고 나타나다

> 나는 이 세상에 불을 지르러 왔다. 이 불이 이미 타올랐다면 얼마나 좋았겠느냐? 내가 받아야 할 세례가 있다. 이 일을 다 겪어낼 때까지는 내 마음이 얼마나 괴로울지 모른다. 내가 이 세상을 평화롭게 하려고 온 줄 아느냐? 아니다. 사실은 분열을 일으키러 왔다. 한 가정에 다섯 식구가 있다면 이제부터는 세 사람이 두 사람을 반대하고 두 사람이 세 사람을 반대하여 갈라지게 될 것이다. 아버지가 아들을 반대하고 아들이 아버지를 반대할 것이며 어머니가 딸을 반대하고 딸이 어머니를 반대할 것이며 시어머니가 며느리를 반대하고 며느리가 시어머니를 반대하여 갈라질 것이다(누가복음 12: 49-53).

영화 〈드레스 메이커〉(2015)의 여성 주인공 틸리는 25년 만에 드레스 메이커가 되어 황량한 고향 마을에 돌아온다. 그녀는 25년 전 소년 살인사건의 범인으로 지목되는 누명을 쓰고 고향에서 쫓겨났던 이력이 있다. 틸리는 왜 돌아왔느냐며 구박하는 어머니를 돌보고 더러워진 집을 청소하는 한편, 자신을 경계하는 마을 사람들에게 화려하면서도 우아한 드레스를 만들어주며 환심을 산다. 마을 공터에 있는 카라반에서 약자인 가족과 살아가는 청년 테디는 주인공 틸리에게 관심을 보이며 틸리의 어머니도 잘 보살펴준다. 한편 틸리는 이웃이기도 한 복장도착자 경찰에게 화려한 옷을 마련해준 대가로 25년 전 살인사건 기록을 보게 되고, 그 기록이 거짓임을 알게 된다. 25년 전에 죽은 소년, 즉 마을 유지 에반의 아들이 실은 틸리를 괴롭히다가 실수로 벽돌에 머리가 부딪혀 죽었던 것임을 기억하게 된 것이다. 그러한 기억을 되살리는 데 테디가 많은 도움을 준다.

틸리는 자신이 저주받았다고 믿고 테디의 구애를 거절하지만, 결국 두 사람은 사랑에 빠지고 결혼까지 약속한다. 테디는 사랑하는 틸리가 저주받지 않았음을 증명하기 위해 곡물 저장 창고로 뛰어내렸다가, 수수에 파묻혀 질식하고 만다. 틸리는 죽은 테디의 믿음과 달리, '정말로 저주받은' 여자였던 것이다. 얼마 후 틸리를 도와 의상을 제작하려 했던 틸리의 어머니가 뇌졸중으로 사망하고, 25년 전 틸리가 살인범이라고 거짓 증언한 학교 선생은 부상을 입고 요양원으로 옮겨간다. 틸리를 도와주던 복장도착자 경찰은 여러 미심쩍은 혐의들로 체포된다. 마지막으로, 틸리의 친아버지이자 25년 전 틸리를 쫓아낸 장본인인 마을 유지 에반은 아내 마리골드에게 죽임을 당한다. 틸리가 에반의 외도와 자신이 에반의 딸이라는 진실을 마리골드에게 말해주었고, 또한 마리골드는 에반이 자신에게 신경안정제를 강제로 복용시켜 자신을 금전적으로 이용하고 성적으로 착취해왔음을 깨달았기 때문이다.

얼마나 많은 가족들이 거짓의 허울 아래, 배반을 토양 삼아 모래 위의 성처럼 유지되어왔는가? 얼마나 많은 조직과 공동체가 (주로 약자인) 누군가의 희생과 구성원들의 공모 아래 굳건한 척 돌아가고 있는가? 그래서 누군가 (가부장 사회의) 진실을 말해줄 때 가정은 파괴되고, 조직은 균열을 일으킨다. 드레스메이커 틸리는 마을 사람들에게 지어준 그 아름다운 드레스들이 모두 무용하다는 사실을 깨닫고, 사람들이 이웃 마을과 경쟁하는 연극경연대회에 참여하기 위해 마을을 비운 틈을 타 자신의 집과 마을에 불을 지르고 유유히 떠난다. 마을은 그 불로 모두 파괴되고 전소된다. 멜버른행 기차에 오른 그녀에게 "불이 났네요. 쓰레기를 태우나봅니다"라는 기차 검표원의 말처럼, 쓰레기 같은 인간 군상들은 마을을 모두 태우는 불길 아래 속수무책이다.

영화는 1950년대를 배경으로 하고 있지만, 주인공의 행위는 오늘날 출현하는 새로운 세대의 여성들과 맞닿아 있다. 이 새로운 세대의 여성들은 가부장제에 포섭될 수 없는 태생적으로 '저주받은 여성'들이며, 조직을 움직이는 남성들과의 공모 아래 명예남성의 자리에 안착하기보다는 차라리 수치심을 모르는 광인이 되고자 한다. 그들은 나 하나 참으면 이 가족이, 이 조직이, 이 사회가 정상적으로 돌아갈 수 있으리라는 가부장제 아래 여성의 미덕 따위는 벗어던진 지 오래다. 예수의 복음이 마치 아버지와 아들, 어머니와 아들, 시어머니와 며느리 사이를 갈라놓기 위해, 평화가 아니라 불벼락을 내리기 위해 왔듯이, 이 '저주받은 여성'들은 〈드레스 메이커〉의 주인공처럼 복음의 축복을 전파하기 위해 온 것이 아니라 추한 개인사와 사회사의 진실을 밝혀, 가족을 해체하고 속물적 인간 군상들과 그들의 가부장적 조직을 파토내기 위해 왔다. 그러한 새로운 여성 광인의 출현은 2000년대 이후 디지털 시대 온라인상에 등장한 여성혐오와 깊은 연관이 있다.

여성혐오는 인간의 역사와 더불어 늘 존재해왔지만, 한국에서 여성혐오가 공론화된 것은 역설적이게도 여성의 지위가 상대적으로 높아지고 사회 진출이 본격적으로 이루어지기 시작한 2000년대 이후이다. 신자유주의 시대의 도래와 함께 아버지 세대에 비하면 권력과 특권이 줄어든 젊은 남성 세대에게 마지막 남은 특권은 '남성'이라는 사실이며, 끝까지 유효한 권력은 젠더 위계에 의한 권력이라 할 수 있다. 이에 따라 주로 '일베'나 '소라넷'과 같은 온라인 공간에서 표출된 젊은 남성 세대들의 왜곡된 남성성은 그 어느 때보다 여성혐오적 양상을 강하게 띠기 시작했다.

특히 2016년에 발생한 강남역 살인사건과 더불어 2015년 경부터 공론화되기 시작한 디지털 성폭력이라는 신종 여성살해, 신종 여성혐오 범죄는 젊은 세대의 여성들에게 이를 개인의 문제로 치부하면 도저히 해결할 수 없다는 경각심을 불러일으켰고, 이들은 온라인을 활용해 맞서 싸우기 시작했다. 이 여성들은 1990년대 중반에서 2000년대 중반 사이에 태어나 디지털 시대의 신기술에 능숙하고 관련 상품을 소비하는 제트 세대이다. 제트 세대 페미니스트들은 디지털 성폭력과 같은 신종 성폭력에 신종 무기, 즉 온라인과 SNS로 무장해 투쟁한다. 이들에게 온라인 공간은 성폭력을 고발하고 규탄하며 서로 연대하고 지지하기 위한 하나의 장으로 존재한다. 더 나아가 온라인상의 각종 여성혐오에 대해 이전보다 더 과격하고 더 쎄고 더 용감한 방식, 즉 여성혐오를 '미러링'하는 방식으로 맞서 싸우기도 한다. 이러한 과정에서 일견 '남성혐오'적으로 보이는 발언이 나오기도 한다.

그러나 나는 이들의 발언이 어떤 점에서 남성혐오적인지, 이들이 얼마나 과격한 래디컬 페미니스트인가를 밝히기보다는 이들의 운동이 이러한 형태를 띠게 된 배경에 대해 말하고 싶었다. 아울러 래디컬 페미니즘이냐, 리버럴 페미니즘이냐 하는 구별 짓기로 어떤 페미니즘이 더 건강하고 어떤 페미니즘이 더 올바른지 따지기 전에, 아주 어릴 때부터 체계적인 젠더 교육이 이루어지지 않고 시각중심주의 광기에 물든 사회가 근본적으로 변혁되지 않는 이상 근절되기 힘든 디지털 시대의 성폭력을 짚어나가고 싶었다. 그리고 이제 더 이상 외면할 수 없는 제4물결 페미니즘, 즉 일상이라는 미시적 영역을 인터넷과 SNS에 결합시키고, 온라인 공간을 정치적 투쟁과 담론의 공간으로 전환시킨 온라인 페미니즘 물결의 순기능에 대해 말하고 싶었다.

온라인 페미니즘은 한국만의 운동이 아니라 전 세계적인 운동이라고 할 수 있으며, 그 대표적인 것이 온라인 공간을 적극 활용하는 방식으로 일어난 '미투(Me too)' 운동이다. 할리우드 내 성폭력이 촉발한 미투운동은 "성폭력 피해자들이 SNS를 통해 자신의 피해 경험을 연달아 고발한 현상"이다. 2017년 미국 배우 알리사 밀라노(Alyssa Milano)가 트위터를 통해 미투 해시태그(#Me Too)를 붙여 성폭력 피해를 고발하자고 제안했고, 이에 많은 여성들이 "SNS에 자신들이 겪은 성폭력을 고발하고 미투 해시태그(#Me Too)를 붙여" 연대하면서 시작되었다.

한국에서는 이보다 조금 앞선 2016년 말, SNS를 중심으로 '#00계_성폭력'이라는 해시태그를 붙여 문화예술계 성폭력을 고발하는 운동이 일어났다. 이와 같은 한국의 미투운동은 2018년 서지현 검사의 미투를 거쳐, 학교 내 성폭력을 고발하는 10대 학생들의 스쿨 미투 등으로 이어졌다. 이러한 운동들이 알려지고 확산되는 데는 SNS를 통한 해시태그가 큰 역할을 했다. 미투운동은 해시태그를 통해 제4차 산업시대에 걸맞은 새로운 언어와 상징을 창출해내기 시작한 것이다. 나는 이처럼 제3차 산업혁명인 디지털 혁명의 연장선상에 있는 제4차 산업혁명 시대의 페미니스트들을, 고대의 남성중심 질서에 저항하던 여성 광인들의 계보를 잇는 새로운 여성 광인으로 부르고 싶다.

이 새로운 여성 광인들은 단순히 온라인상에서 '키보드 워리어'로 남는 데 만족하지 않는다. 무엇보다 이들은 디지털 시대에 보는 성폭력을 근절하기 위해, 곳곳에 설치된 렌즈를 송곳으로 깨트리는 자들이다. 앞서 밝혔듯이, 렌즈는 서양 근세에 발명되기 시작한 최첨단 기술이었고, 이 렌즈를 이용해 안경, 돋보기, 망원경, 현미경, 카메라 등 근대의 시각 문명 발달을 촉진한 기구들이 등장했다. 이 중 관음증적 시각을 유발하는 데 가장 적합한 기구가 카메라였고, 특히 현재 여성에 대한 불법 촬영 등에 이용되는 것이 카메라 렌즈이다. 이제 대한민국의 집, 학교, 직장, 공공화장실, 공공시설을 포함한 거의 모든 곳이 전쟁터가 되었다. 어딘가 존재할지 모르는 그 뾰족하고 날카로운 관음증적 시선에 대항해 여성들은 송곳으로 그 렌즈를 깨트리기 시작했다. 송곳으로 카메라 렌즈를 부수는 것은 실제적 의미와 상징적 의미를 모두 내포한다. 여기서 나는 실제로 디지털 성범죄에 사용되는 카메라의 눈을 부수고 그것에 맞서 싸운 몇 개의 여성 단체를 제시하고자 한다.

첫 번째는 회원 100만의 디지털 성범죄의 온상이던 '소라넷'의 렌즈와 모니터 창을 깨트리고 폐쇄하는 데 앞장선 '소라넷 고발 프로젝트'이다. 2016년 4월 7일 소라넷이 폐쇄되었고, 그해 6월 6일 소라넷은 트위터 계정을 통해 1999년 개설 이후 17년 만에 종료를 선언했다. 이러한 소라넷 폐쇄를 이끈 건 2015년 출범한 '소라넷 고발 프로젝트'라는 작은 단체였다. 이 단체는 불법 동영상 게시는 물론, 평범한 지인들의 사진을 합성해 올리는 등의 '지인능욕방'을 운영하고, 더 나아가 술이나 약물 때문에 의식이 없는 여성들을 대상으로 한 강간모의에서 초대남(공범) 모집 등의 창구 역할을 했던 소라넷을 실시간으로 모니터링하고 수사당국에 고발했다.

이 단체는 소라넷이 폐쇄된 후 2016년 11월 '디지털 성범죄 아웃(DSO)'으로 이름을 바꾸어 활동을 이어나갔다. '디지털 성범죄 아웃' 전 대표인 하예나 씨는 인터뷰에서 "n번방 이전에도 인터넷에선 지속적으로 성착취가 벌어졌다"고 말하며, "여러 플랫폼에서 성착취 영상을 제작·유포·판매했던 가해자들이 텔레그램이라는 하나의 채널에 모여 있을 뿐, 전혀 새로운 범죄가 아니다"라고 말한다.[25] 그는 n번방 사건 이전에도 트위터를 검색해보면 아동·청소년 성착취물을 포함한 성착취 피해 영상 모음집을 3~4만원에 파는 계정이 수두룩했다고 증언한다.

소라넷 폐쇄 이후 수사기관의 단속으로 공개 커뮤니티가

위축되자, 가해자들은 n번방과 같이 해외에 서버를 두고 복잡한 인증절차가 필요한 음지화된 성범죄 채널과 텔레그램 방으로 들어갔다. 하 전 대표는 1990년대부터 디지털 성범죄가 있었지만, 영상에 등장하는 여성들을 '피해자'라기보다는 문란한 여성으로, 디지털 성범죄물을 '음란물'이나 '포르노'로 인식했을 뿐 성폭력으로 인식하지 않았던 사회 분위기를 지적한다. '디지털 성범죄 아웃'은 현재 활동가들의 번아웃으로 해체되었지만, 이 단체의 활동은 '음란물'이나 '포르노'로 치부되던 불법 영상물을 '디지털 성착취'로 명명하고 성범죄로 인식하는 계기가 되었다.

두 번째 단체는 웹하드 카르텔을 부순 '한국사이버성폭력대응센터'이다. 2018년 11월 구속된 양진호 전 한국미래기술 회장은 불법 촬영물을 올리는 헤비 업로더를 관리하며 웹하드 업체를 운영했다. 그를 중심으로 피해 영상물을 걸러내는 필터링 업체, 피해자에게 돈을 받고 피해 촬영물을 삭제하는 디지털 장의사까지 모두 한통속으로 연결된 채 성착취를 조직적으로 산업화한 '웹하드 카르텔'이 형성되어 있었다. '한국사이버성폭력 대응센터'가 이러한 웹하드 카르텔을 추적하고, 불법 촬영 필터링 업체와 웹하드 업체의 주소지가 같다는 것을 발견해 경찰과 언론에 알리고 국민청원에 올리면서 양 전 회장은 구속되었다.

'국산 야동'으로 불리는 여성 성착취 피해 촬영물의 역사는 소라넷부터 웹하드 카르텔과 텔레그램 방에 이르기까지 20년이 넘었다. 서승희 한국사이버성폭력 대응센터 대표는 인터뷰에서 피해 촬영물 이용자를 제대로 처벌하지 않기에 디지털 성범죄가 계속 발생한다고 말했다. 그는 2017년부터 불법 촬영물을 구매하거나 소지하고 보는 이들을 처벌하는 '소지죄' 신설을 촉구해왔다. 웹하드 카르텔의 렌즈를 부수기 시작한 이 단체의 다음 싸움은 불법 성착취 동영상을 '소지하고' '보는' 자들의 광기 어린 '눈'들이다. 2020년 4월 20일 국회에서 통과된 성폭력처벌법 개정안에 디지털 성착취물을 '소지'하고 '보는' 것을 처벌하는 방안이 포함된 것과 관련해 앞으로 이들의 활동이 기대된다.

마지막으로, n번방의 존재를 밝히고 보도한 '추적단 불꽃'이다. 이는 기자를 꿈꾸는 대학생 두 명이 디지털 성착취 문제를 공론화하고, 법의 사각지대를 피해 성착취물이 유통되는 텔레그램 방의 실태를 폭로하려는 목표로 시작되었다. 그들은 텔레그램 n번방 잠입 취재를 감행했고, n번방의 끔찍한 실태를 목도하고 기사 작성에 앞서 경찰에 고발했다. '추적단 불꽃'은 뉴스통신진흥회가 주최한 '제1회 탐사, 심층, 르포 취재물 공모'에서 우수상을 수상한 뒤 《한겨레》, 《국민일보》 등의 매체와 합작해 n번방 사건을 세상에 알리고 공론화했다. 그 결과 '텔레그램 n번방' 사태의 재발을 막기 위해 앞서 언급한 성폭력처벌법 개정안을 포함해 인터넷 사업자의 의무를 강화하는 'n번방 방지법'이 국회를 통과했다. 그러나 수사망이 좁혀지면서 n번방이 텔레그램 외 다른 여러 플랫폼으로 퍼져나갔고, 이에 따라 '추적단 불꽃'의 활동은 계속되고 있다.

문제는 카메라의 빛과 폭력으로 가득한 이 시대의 고통에 대해, 끝이 보이지 않는 어둠 속에서 '아니오'라고 말하는 여성 광인들이 너무나 과도한 노동으로 '번아웃'되고, 신상이 유포되면서 딥페이크물 등의 피해를 입고 있다는 점이다. 온갖 종류의 디지털 성폭력이 난무하고, 목도하기 힘들 만큼 그 강도가 점점 잔혹해지는 이 시대의 증언자로 나선 2020년의 여성 광인들이 여러 악조건들 속에서도 '생존'해 나가기를 진심으로 기원한다.

앞서 열거했듯이 '보는 폭력'은 그 역사가 오래되었지만, 디지털 시대가 도래하면서 최근 20년만큼 시각적 성폭력이 난무한 시대가 없었다. 이러한 시대에 여성들은 세상에 존재하는 모든 카메라를 박살내야 할지도 모르겠다. 2019년 8월 2일 광화문광장에서 열린 '제4차 페미시국광장'에서 웹하드 카르텔을 형성한 위디스크의 대표였던 양진호가 등장하는 화면을 깨부수는 퍼포먼스처럼 말이다. 이것은 너무 나간 주장일까? 이제 새로 출현한 여성 광인이 시각중심적이며 남근중심적인 이성의 질서를 전복하고 새로운 감각지각의 필요성을 외칠 때이다. 지금은 광기 어린 남근적 눈으로서 카메라 렌즈가 아니라 여성 광인, 그 자신을 위한 카메라가 필요한 때가 아닌가?

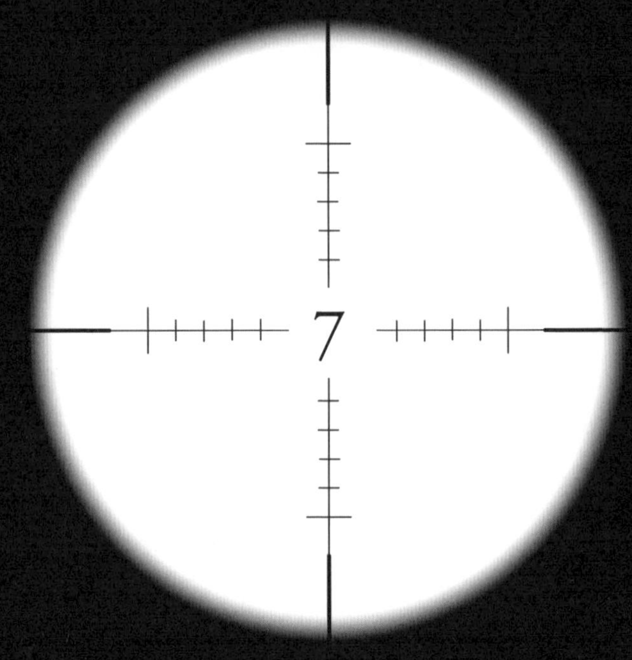

새로운 시각은 가능한가

평면거울을 깨부수고 오목거울로 보기

이 시대 어떤 새로운 시각이 가능한지의 물음에 답하기 전에, 나는 프랑스의 여성 철학자 뤼스 이리가레가 행한 남근시각중심적 평면거울 깨트리기와, 여성의 몸과 섹슈얼리티를 설명하기에 적합한 촉각의 복원이라는 긴 우회로를 거쳐 가야겠다. 내가 제시하는 새로운 시각이란 어떤 의미에서 '여성적'인 동시에 '촉각적'이기 때문이다.

이리가레는 플라톤의 철학과 프로이트의 정신분석학 이론에 대한 비판과 전복을 포함한 《타자 여성의 검시경(Speculum de l'autre femme)》을 1974년 출간했다. 이 때문에 라캉(Jacques Lacan)의 파리 프로이트 학회에서 제명당했으며, 파리8대학 정신분석학과 강사 자리를 잃었다. 그녀는 이 책을 보부아르(Simone de Beauvoir)에게 보냈으나 아무런 답장도 받지 못했다. 이후 보부아르는 아무 연락도 없다가 노년에 관한 글을 쓸 때 이리가레에게 《미친 자들의 언어(Le Langage des déments)》에 관한 정보를

물어온 것이 다였다.[1]

이러한 보부아르에 관한 일화를 기술할 때 느껴지는 이리가레의 섭섭함은 차치하고라도, 《타자 여성의 검시경》에 담긴 이리가레의 이론은 보부아르와의 결렬을 이미 내포하고 있었다. 보부아르는 서구 고전 철학의 전통에 입각해 여성의 몸과 그에 얽힌 월경·임신·출산을 폄하하고, 여성의 몸을 초월해 자유를 획득해야 한다고 주장하는 등 여성이 남성과 마찬가지로 초월적 응시자가 되기를 촉구했다. 반면 이리가레는 여성의 몸과 섹슈얼리티를 '결여'의 논리로 바라보는 서구 철학의 전통을 넘어, 여성의 몸과 그것의 촉각적 특성을 긍정하고자 했기 때문이다.

프로이트의 정신분석학에 대한 내부 비판이자 플라톤 이래 남성적 동일성의 철학을 전복한 《타자 여성의 검시경》에서, 이리가레는 타자로서의 여성은 일종의 역전된 타아이거나 부정이며, 남성적 주체의 과정이 재활성화되기 위해 요구된 역·반대·모순으로 규정되어왔다고 본다. 서구 철학의 전통에서 여성은 "태양 중심적이고 관념론적인 합리성의 '타자'와 동일시"되어왔다.[2]

여성을 '결여'와 '부정'의 논리로 바라보는 서구 전통 철학은 프로이트에서 정점에 이른다. 프로이트는 전오이디푸스 단계인 '남근기'에서 여아가 어머니에게 보이는 능동적이고 강렬한 애착단계가 거세 콤플렉스로 인해 필연적으로 단절되고,

어머니를 원망하며 사랑의 대상을 아버지에게 전이시킴으로써 여아는 정상적으로 여자가 된다고 주장한다. 여아가 아버지를 향해 갖게 되는 소원은 남근에 대한 선망이다. 남근선망이 (아버지의) 아이를 향한 것으로 대체되면서 비로소 여자다운 분위기가 형성된다. 프로이트는 남근을 갖고 싶어 하는 여아의 소원이, 남근기의 능동성에서 수동적인 여성성으로 나아가는 지름길이며, 이러한 남근선망 자체와 수동성을 '근본적인 여성성'으로 인식해야 한다고 주장한다. 이러한 프로이트의 여아발달이론은 남아발달이론으로 복속된다는 점에서 남근중심적이다. 사실 '남근기'라는 용어 자체가 남아를 모델로 한 남근중심적 발달 단계를 보여주는 것이다.

이러한 관점에서 이리가레는 프로이트가 〈여성성〉에서 전오이디푸스 단계의 여아가 남아와 마찬가지로 구순기-항문기(가학 성애적 단계)-남근기 단계를 거친다고 바라보는 것에 반기를 들며, 여성의 성을 이야기할 때 외음부 단계, 질 단계, 자궁 단계 등을 거론하지 않는 이유를 묻는다. 이러한 맥락에서 서구 철학과 프로이트의 정신분석학이 기반하고 있는 것은 '하나', '고체', '시각적인 것' 등과 같은 남성적 형태학이지, 고정되지 않고 명확하지 않으며 유동적인 '복수성', '액체', '촉각적인 것'과 같은 여성적 형태학에는 들어맞지 않는다는 것이다.[3]

남성적 형태학에 기반을 둔 서양 철학의 역사에서 '반성

(reflexion)'이란 반듯하고 평평한 평면거울을 통한 반영과 반사를 의미하기도 한다. 이러한 맥락에서 이리가레는《타자 여성의 검시경》에서, 서양 철학의 주체가 평면거울을 통해 "자기 자신을 두 개로 나누어 객관화된 '나'를 멀찌감치 떨어뜨려놓고 반성하는 상황"을 묘사한다.[4] 이처럼 플라톤 이후의 서양 철학에서는 시각의 특권화와 '눈의 사변/거울화'가 형성된다.

그런데 평평한 평면거울이 제대로 반영하는 신체 이미지는 남성적 형태학에 걸맞은 남성의 신체일 뿐이며, 여성의 몸은 거세된 무엇, 즉 '결여'로서 파악된다. 즉, 평면거울은 "여성의 성기 대부분을 하나의 '구멍'으로 반영할 뿐"이기 때문이다.[5] 이는 여성과 남성의 나신을 표현한 고전적 형태의 조각이나 회화에서 명확해진다.

> 남성의 것과 달리 여성의 성기는 머리카락이나 나뭇잎 따위로 가려져 있거나, 드러나 있다고 하더라도 대부분은 재현에 실패한다. 여성의 성 기관은 하나가 아니며 바깥쪽에도 있고 몸 안쪽에도 있기 때문이다. 평면거울이 비출 수 있는 것은 바깥에 위치한 성기뿐이며, 그나마도 거울 앞에 선 채로는 드러나 보이지 않는다.[6]

이러한 의미에서 라캉의 '거울단계' 역시 평면거울을 통한 반사와 반영만을 보여줄 뿐이다. 라캉에 의하면 유아는 거울에 비친 자신의 모습을 보면서 자기 몸의 통일성을 획득하고, 자기 정체성을 갖게 되어 어머니와 자신을 구별하며, 어머니와의 상상계에서 벗어나 아버지의 법이 존재하는 상징계로 진입하게 된다. 그러나 거울단계를 통해 획득하게 되는 것은 여아가 아니라 남아의 몸의 통일성과 자기동일성일 뿐이다.

철학은 평면거울을 통해 세계의 빛을 비추고, 그러한 시각 이미지를 통해 세계를 설명하려 한다. 그러나 이러한 세계는 남성 주체가 거울을 통해 자신을 반사하고 시각적으로 나르시시즘적인 자기동일성을 재확인하며 구축한 남근시각중심적인 세계이다. 여기서 여성은 자기 자신을 시각적으로 재현할 도구가 없기 때문에 나르시시즘적인 남성 주체와 자기를 동일시하며, 그러한 '남성적 반사구조' 속에 갇히게 된다. 이리가레는 남성적인 반성적 반사구조, 즉 "관조, 명료성, '성스러운 통찰', 직관" 등의 지성적 시각에 기반을 둔 이론적·사변적으로 "자명한 진리나 형상적 본질"[7]을 탐구하는 대신, 그것이 은폐하는 장막을 찢고 그 뒤편의 세계로 나아가는 것을 추구한다.

뤼스 이리가레는 논문 〈거울, 다른 쪽에서〉에서 하나의 해결책을 제안한다. 이는 마틴 제이가 언급했듯이, 《거울 나라의 앨리스》처럼 "거울을 통해 봄으로써(through the looking glass)"(《이상한 나라의 앨리스》의 속편 《거울 나라의 앨리스》의 영문 제목) "거울 저편으로 가는 것"이다.[8] 그리고 이는 마침내 남성들의 남근

시각중심주의에 입각한 평면거울을 깨부수어 산산조각내는 것이다.

“거울은 깨어진 채로 걸려 있다. 사람들은 (거울) 어디에 있는가? 모든 것이 빙글빙글 돈다. 사람들은 춤을 춘다.”[9] 거울 다른 쪽의 세계, 남성적 응시와 표상체계라는 스크린 너머의 그곳에는 빛의 응시에 가려진 검은 지하 세계가 존재한다. 그 세계는 명징한 태양의 환한 빛 아래 현전하는 대신, 그 태양 빛 밖의 어둠 속에서 춤을 추는 곳이다. 깨어진 거울 뒤편에는 무한한 자기반영과 동일성의 논리에 저항하며 춤추는 여성들의 세계, 남성들의 시각에는 항상 속임수와 수수께끼로 남는 그러한 세계가 존재하는 것이다. 이 세계에서 여성들은 남근 시각중심주의 문화의 자기반영적인 사변적 시각이 지닌 ‘거울적 구조’로 통합되지 않는다.

이제 거울 앞에 서서 자신의 가상을 응시하는 여성들은 더 이상 자신이 아름답지 않다는 사실을 깨닫는다. 거울에 비친 여성의 몸과 얼굴은 남성적인 시각적 나르시시즘의 자기동일성에 더 이상 포섭되지 않기 때문이다. 그동안 여성들은 남성이라는 동일자에 복속되기 위해 자신을 가꾸고 아름답게 보여 사랑받는, 귀엽고 작은 이로서 존재해왔다. 이제는 그 거울을 산산조각내고 여성의 몸을 제대로 비출 수 있는 다른 유형의 거울을 창출해낼 때이다.

이리가레는 이 다른 유형의 거울로 ‘검시경(speculum)’의 예를 든다. '검시경'은 오목거울로, 여성의 생식기를 검진하기 위해 산부인과 의사들이 사용하는 반사경이다. 마틴 제이에 의하면 "19세기 중반 프랑스 의사 조제프 레카미에가 발명한 이 장치는 여성의 신체에 대한 남성의 탐험이자 정복의 차원에서 하나의 기술적 진보로 음울하게 해석될 수" 있다. 이리가레 또한 검시경이 "여성의 외음순을 벌려 남성의 눈이 특별히 무엇인가를 가늠하려는 사변적인 의도로 관통해 보는 것"을 가능하게 하는 도구로 바라보았다.[10]

그럼에도 불구하고 이리가레는 '검시경'이라는 오목거울을 통해서 여성의 성기가 하나의 구멍이나 결여로 환원되지 않는다는 것, 그리고 여성의 성기가 일반 평면거울의 반사와는 달리 형상이 흐릿해지는 '왜상'[11] 상태에 있음을 드러내며, '검시경'이라는 오목거울을 긍정적으로 활용하기도 한다. 검시경은 시각적으로 질 내부를 들여다볼 수는 있지만, 이는 질 내벽에 접촉해야만 가능하다. 또한 검시경은 여성 생식기의 굴곡지고 겹쳐지는 표면 때문에 명확한 반사, 형상적 통합성, 자기 표상에 균열을 일으킨다. 이러한 측면에서 검시경을 통한 여성 생식기의 시각적 경험은 "반사적이기보다는 키아즘(chiasme)적"[12]임을 암시한다. 즉, 여성의 성기에 대한 시각 경험은 촉각적인 것을 바탕으로 한다는 것이다.

이처럼 남근중심적·시각중심적 체계에 복속되지 않는 여성 성기와 섹슈얼리티의 촉각적 특성을 강조한 이리가레는,

한편으로 메를로퐁티의 키아즘을 받아들이는 동시에 그것을 뛰어넘는 촉각적인 것과 여성적인 것을 복원하고자 한다. 물론 여기서 '촉각적'이라는 것은 접촉과 신체적·정신적 오염을 동일시하며 촉각을 저급한 감각으로 폄하해온 서구의 전통적인 감각 분류 방식에 상응하지 않는다. 이러한 전통은 '펜스 룰'에서 나타나듯, 몸으로만 존재하는 여성이 정신을 가진 남성을 유혹하는 오염의 원천이라고 간주해왔다. 이처럼 이리가레는 서양 철학과 사상을 지배해왔던 남근시각중심주의를 전복하며, 왜곡되어온 여성의 몸을 긍정하고 복원하기 위한 대안적 감각으로서 촉각을 재전유한다.

문턱, 통로, 입술로서의 촉각

이리가레는《성차의 윤리학》의 한 장인 〈살의 보이지 않음: 메를로퐁티의《보이는 것과 보이지 않는 것》, "얽힘, 키아즘에 대한 독해"〉에서 메를로퐁티의 살(la chair)의 존재론을 수용하면서 여성적인 것과 촉각적인 것을 복원하고자 한다. 메를로퐁티의 유고집《보이는 것과 보이지 않는 것》에 따르면 살의 차원에서 주체와 객체가 발생한다. 그는 물질도 정신도 실체도 아닌 '원소(élément)'[13]로서 살의 촉각적 경험을 제시한다.

엘리자베스 그로츠(Elizabeth Grosz)는 메를로퐁티가 이 저작에서 하나의 공통된 살 안에서 내부와 외부, 주체와 대상, 하나의 감각과 다른 감각의 상호관련성을 탐구한다고 본다. 즉, 메를로퐁티는 보는 자와 보이는 것, 만지는 자와 만져지는 것이 '상호교차'하는 것으로 바라보며 "감각들 사이의 내재적 전이 가능성, 이들 감각의 선명한 분리 불가능성"을 보여준다는 것이다.[14] 이와 같은 메를로퐁티의 살의 존재론을 통해 나는 타자가 되고 세계가 되며, 서로 잠식하고 둘러싸이는 교착과 얽힘이 일어난다.

이 지점에서 메를로퐁티의 시각은 대상과 거리를 두고 바라보며 통제하고 소유하려는 근대적 의미의 시각과 다르다. 나는 보는 동시에 보이는 존재이다. 보는 자가 보여질 수 있음은 시각 자체의 조건이며, 보는 자가 보이는 것과 공유하는 토대이다. 예를 들어 사진가가 사진을 찍는다고 가정해보자. 사진가의 눈앞에 펼쳐진 세계는 그의 주체적 시선 아래 대상화되고 객체화된 세계가 아니라 나와 타자의 응시, 인간과 사물의 응시 속에서 보이는 것과 보이지 않는 것이 서로 교차하며 얽혀 있는 세계이다. 사진 같은 경우 우리는 단순히 보고 있는 것을 찍었다고 생각하지만, 사실 사진을 찍을 때는 우리 눈에 보이지 않는, 사물이 반사하는 빛이 들어온다. 따라서 보는 것과 보이지 않는 것이 암암리에 교차점에서 만나는 이미지가 사진이다. 그렇다면 그림을 그린다는 것은 어떠할까?

나는 풍경화를 그리러 산골에 온 화가이다. 숲속 나무의 그림을 그리기 위해 이곳저곳을 쏘다니다가, 어느 지점에서 멈춰 섰다. 숲의 풍광이 너무 좋았기 때문에 나는 매일 이곳으로 와 캔버스를 세워두고 숲속의 나무를 쳐다보기 시작했다. 어느 날은 나뭇가지가 바람에 일렁이고, 어느 날은 햇살을 받아 나뭇잎이 반짝이기도 했으며, 날씨가 좋지 않은 날엔 나무의 안색도 우중충해 보였다. 그림을 그리기 위해 계속 나무를 쳐다보다가 어느 순간 나무에 빛이 일렁일 때, 나는 문득 나무의 몸통에 숨은, 딱딱하고 둥그렇게 휘어진 눈을 본 것만 같았다. 온몸에 소름이 돋으면서 머리카락이 쭈뼛 서는 순간이었다.

이처럼 화가는 숲속에서 나무를 바라볼 때, 내가 나무를 바라보는 것이 아니라 나무가 나를 반사하며 쳐다보는 것을 느낄 수 있는 순간이 온다. 이런 경우 누가 보고 있으며, 누가 보이는 것인지 알 수 없다. 나는 보는 주체인 동시에 보이는 객체가 될 수 있다는 점에서 보는 것과 보이는 것 사이에는 가역성(réversibilité)이 있다. 이는 만지는 것과 만져지는 것 사이에서도 마찬가지이다. 사실 메를로퐁티의 이론은 많은 부분 시각에 할애되지만, 가역성을 설명하면서 촉각적인 것의 예를 든다.

메를로퐁티는 촉각을 통해 만지는 것과 만져지는 것을 이중감각을 통해 설명한다. 예를 들어 내 오른손은 지금 컴퓨터 책상 위에 있는 귤의 표면을 만지고 있는데, 왼손은 귤을 만지는 오른손의 표면을 동시에 만지고 있다고 하자. 귤을 만지고 있는 나의 오른손이 왼손에 의해 만져지고 있는 것이다. 그럼 이렇듯 동시적으로 이루어지는 만짐과 만져짐 속에서 나의 왼손과 오른손의 감촉은 혼연일체가 될 수 있을까? 이를 메를로퐁티는 '이중감각'으로 설명하지만, 사실상 왼손과 오른손은 주객의 분리로부터 완전히 자유로울 수 없다는 점에서 혼연일체는 이루어질 수 없다.

메를로퐁티에 의하면 나의 왼손은, 귤을 만지고 있는 오른손을 마치 객체화된 대상처럼 만질 수 있다. 이런 경우 내 오른손은 왼손이 자신을 만진다는 것을 느낀다. 이때 내 오른손은 만짐의 대상인 동시에 만짐의 주체라는 이중감각을 갖는다. 그 역일 경우, 즉 나의 오른손이 귤을 만지고 있는 왼손을 만질 경우, 역으로 나의 왼손은 만짐의 대상인 동시에 만짐의 주체라는 이중감각을 갖는다. 각각의 손은 각자가 만지는 주체인 동시에 만져지는 대상의 위치를 취한다.

그러나 이중감각에는 편차가 있어 완벽히 실행되기 힘들다. 두 손은 서로에게 환원할 수 없는 상태로 남아 있다. 다시 말해, 오른손을 만지고 있는 왼손은 왼손에 의해 만져지는 오른손과 동일한 것이 아니다. 만지는 것(주체성의 차원)과 만져지는 것(객체성의 차원)에는 만짐과 만져지는 존재의 분열과 심연이 있다. 즉, "서로 합치는 순간에 빗나가는 것"이며 이들 경험들 사이에 언제나 '간격'이 있다는 것이다.[15] 이처럼 메를로퐁티의 이중감각에는 "언제나 슬쩍 미끄러져 나가는 부분"이 있다. 주체는 객체의 위치로 이동할 수 있고, 가역적으로 객체는 주체의 위치로 이동할 수 있지만, 동시적으로 결정될 수 없다.

이러한 메를로퐁티의 살의 존재론은 이리가레에게 많은 영향을 준 동시에 비판의 대상이 된다. 이리가레는 비록 메를로퐁티의 시각 개념이 대상을 통제하고 지배하는 근대의 시각중심주의적 관념에서 벗어나 있다 하더라도, 시각이 촉각에 비해 모든 지각관계를 규정하는 특권적 위치를 차지한다는 점을 비판한다. 메를로퐁티는 만지는 자/만져지는 것의 관계에 대해, 여전히 보이는 것/보이지 않는 것, 보는 자/보이는 자의 관계를 먼저 기술한 후 그것을 참조해 예시한다.[16] 특히 이리가레는 메를로퐁티가 주장했듯이 보이는 것(le visible)과 만져서 알 수 있는 것(le tangible)이 상호의존적이거나 상호호혜적인 관계에 있지 않다고 강조한다. 태내에서 인간의 감각발달은 촉각–청각–시각 순으로 이루어진다는 점이 근거가 되기도 한다.

시선은 만져서 알 수 있는 것을 불러일으키지 않는다. 이처럼

> 나는 내가 무엇을 만지고 무엇에 의해 만져지는 것인지 결코 볼 수가 없다. 애무의 목적은 보이지 않는다. 애무의 둘 사이, 한복판, 매개는 보이지 않는다. …… 보이는 것은 만져서 알 수 있는 것을 필요로 하지만, 그 반대는 아니다. 다른 한편 메를로퐁티가 말하는 이러한 이중적이고 교차되는 속함은 감각적인 매개(medium)를 잊어버릴 때 살의 점액질 또한 망각할 것이다. …… 만져서 알 수 있는 것이 첫 번째이고, 그 열림 속에서의 집이다. …… [다시 말해] 만져서 알 수 있는 것은 모든 감각적인 것의 물질-기억이다.[17]

앞서 살펴보았듯이, 메를로퐁티는 주객의 가역성을 설명하기 위해 양손의 예를 들어 촉각적인 것을 제시하지만, 촉각 속에서 주체로서의 왼손과 객체로서의 오른손은 완전히 합치되지 못한다. 이 지점에서 이리가레는 메를로퐁티의 살의 개념에 여성적인 것과 모성적인 것의 차원을 부여한다. 이러한 여성적인 것과 모성적인 것의 메타포로 이리가레는 감각적 매개(le medium sensible), 문턱(seuil), 점액질(le muqueux) 등의 용어를 사용한다. 시각으로 확인되지 않지만 실재하는 여성의 성기나 자궁은 살보다 훨씬 내밀한 점액질로 이루어져 있다. 비록 보이지 않지만 이는 "밖에서 안, 안에서 밖으로 이행하는 문턱"이며, 시각을 통한 통제와 착취 그 너머에 있는 것이다. 항상 합치에 이르지 못하는 메를로퐁티의 양손과 달리, 이리가레는 이 지점에서 "합쳐진 손, 그것은 하나가 다른 하나 속에서 맞잡는 것이 아니라, 서로가 서로를 맞잡는"[18] 형상을 제시한다.

그것은 메를로퐁티가 제시했듯, 주체로서의 한 손이 객체로서의 다른 한 손을 만지며 대상으로 인식하는 것에 내포된 '간격'으로 인한 암묵적 위계질서화가 아닌 대칭적 관계이다. 이리가레가 제시하는 촉각은 "하나가 다른 하나를 지배하는 것으로 가정될 수 없다. 왜냐하면 이것은 상호적이고, 쌍방이 접촉하는 것이기 때문이다." 이러한 촉각은 《하나가 아닌 성》에서 여성의 성기와 여성적 섹슈얼리티에 대한 묘사에 등장하는 두 입술의 은유로 설명된다. 여성 성기의 접촉은 "스스로, 자기 안에서 중재자 없이, 그리고 능동성과 수동성 사이에 일어날 수 있는 분리가 일어나기 전에" 이루어지는 것처럼, 그리고 "그녀 안에서 그녀는 이미 서로를 애무하는"[19] 여성의 두 음순과 마찬가지로, "합쳐진 손, 그것은 하나가 다른 하나 속에서 맞잡는 것이 아니라, 서로가 서로를 맞잡는 것이다. 그러나 합쳐진 손은 합쳐지지 않으면서 — 마치 두 입술처럼 — 합쳐진 손을 서로 만지며, 점액질의 내밀함이라는 이러한 기억을 형상화할 것이다."[20]

> 여성의 성을 심문하지 않는 이 문턱(seuil), 점액질로의 접근, 사랑과 증오, 유동적인 절대와 얼음이라는 전통적인 이분법을 넘어선, 항상 반쯤 열린 문턱, 이분법적 대립과는 낯선, 두

> 입술의 문턱. 하나의 입술에 대한 다른 하나의 입술을 가능한 한 봉합 없이 받아들여라. 적어도 실제적으로 세계를 입술들 안에 혹은 그것들을 통해 흡수하지는 않는다. 적어도 그것들을 함부로 소비의 기구로 환원하지 않는 한 그러하다. 입술들은 접대하고, 접대를 모범으로 삼지만, 흡수하지도 환원하지도 게걸스럽게 집어삼키지도 않는다.[21]

이처럼 항상 타자와 거리를 둔 상태에서 관음증적으로 타자를 소유하고 점유하려 하며 자신에게로 흡수하거나 게걸스럽게 집어삼켜버리는 남근시각중심적인 주체와 달리, 이리가레가 제시하는 촉각적인 것은 탄생 이전의 주체와 사물들을 감싸는 어머니의 살, 재생산, 양막과 태반과 같이 주체와 객체가 서로 교환되며 넘나드는 것이다. 어머니의 살, 자궁 안에서 촉각은 원초적으로 시각에 선행하며, 시각의 원초적 근원이 된다.

그러나 이러한 여성적-모성적인 것의 망각 속에서, 즉 어머니와의 첫 번째 접촉을 다시 이룰 수 없는 버려진 상태와 고독 속에서 초월적인 빛으로서의 신이 나타난다. 신은 항상 시각적 빛으로 나타나지만, 만질 수 있는 행복으로 상상되지 않는 존재이다. “이러한 행복이 제거된 것으로서 신은 항상 고통 속에서 접촉하지, 기쁨이나 행복 속에서 접촉하지 않는 신으로 생각될 것이다. …… 그것은 결코 나를 감싸고 둘러싸며

흔들어 달래는 신이 아니다."[22]

이러한 신은 초월적 형이상학에 상응하지만 신체적인 것에는 부합되지 않는다. 그렇다면 신은 나의 신체를 죄지은 채로 남겨두기 위해 나를 창조했는가라고 이리가레는 반문한다. 여성이 선악과의 나무를 건드리고, 이 나무의 열매를 건드리고, 그 열매를 맛보았다는 것에서 촉각적인 것 그 자체는 금지되고, 그로부터 선과 악, 흰색과 검은색, 빛과 어둠, 남성과 여성, 정신과 몸이라는 이분법이 생겨난다. 그것은 살의 행복과는 낯선 과학과 인식론을 만들어내고, 촉각을 관조와 관음증적인 시각 아래 복속시키면서 열등하고 저열한 감각으로 치부하는 결과를 낳는다. 이러한 살의 접촉을 금기시하고 추방하는 서구 기독교와 철학의 전통에 강력히 반발하며, 이리가레는 문턱이자 통로이자 입술로서 주객이 서로 교환되는 여성적-모성적인 것과 촉각적인 것을 복권하고 재전유할 것을 촉구한다.

그렇다면 21세기의 제4차 산업혁명 시기에는 이렇듯 아날로그적인 동시에 여성적인 촉각의 재전유가 어떠한 점에서 필요하고 유용할까? 왜 이 시기 우리의 관념과 시각은 여성적 의미의 촉각으로부터 나아가는 길을 걸어야 하는가?

비대면 시대에 필요한 감각

촉각에 대한 이리가레의 새로운 해석은 비록 그것이 서구의 철학 전통과 기독교 전통에 대한 도발을 강하게 드러낸다 하더라도, 결국은 여성적-모성적인 것으로 귀환하는 본질주의적인 함정을 지닌다. 그럼에도 불구하고 4차 산업혁명의 시대이자 코로나 팬데믹의 시대인 오늘날, 이리가레가 재전유하는 긍정적 의미의 촉각은 여전히 우리에게 필요한 감각이다.

코로나 바이러스의 창궐로 사회적 거리두기와 비대면·비접촉이 요구되면서, 화상 프로그램 등의 기술을 통해 온라인으로 초중고 수업과 대학 강의가 진행되고 있다. 그 와중에 나는 비대면 수업을 진행하는 대학 강사들이 수업 진행의 어려움을 호소하는 것을 종종 보았다. 대면 수업의 경우, 실제 강의실에서 강사가 학생들의 반응을 포착하거나 질문을 유도해 질의응답과 토론이 이루어지게 하는 등 유동적으로 쌍방향적인 수업이 진행되기도 하지만, 학생들과 실제적 접촉이 없는 비대면 수업에서는 이러한 것을 기대하기 힘들다. 단절된 화면을 향해 일방적으로 이야기를 쏟아내야 하는 상황에서 어떤 강사들은 우울증이나 공황장애를 겪기도 한다.

인간은 필연적으로 사람들과 구체적인 장 안에서 대면하고 접촉해야 살아갈 수 있는 존재이다. 디지털 시대에도 이러한 경향은 변하지 않아서 이른바 '건강한' 삶이란 주체와 타자

사이에 거리감이 있는 차가운 모니터 대신 실제적인 시·공간 속 대면과 접촉을 필요로 한다.

포스트 코로나 시대에 접어들면서, 코로나 이전과 비교했을 때 우리 삶이 어떤 방향으로 변화할지 감히 예측하기 힘들어졌다. 집에서 일하고 공부하며 먹고사는 문제를 해결하는가 하면, 온라인으로 먹거리를 주문하고, 강의와 회의는 '줌'과 같은 화상 프로그램으로 해결한다. 온기가 그리운 사람들은 SNS에 오늘 무슨 요리를 해먹었는지, 텃밭에서 어떤 농작물을 수확했는지 올리기 바쁘다. 코로나 사태로 전 세계에 사망자가 급증하고 봉쇄로 인해 여러 갈등들이 분출되고 있는 상황에서, 인류는 자연과의 생태적 공존과 인간 사이의 근원적 접촉을 거부하면 생존하기 힘듦이 점점 자명해지고 있다.

4차 산업혁명과 코로나 바이러스의 창궐로 모니터에 매끄럽게 '현전'되는 여러 이미지들이 난립하면서 이리가레가 강조한 접촉과 촉각의 중요성은 시사하는 바가 크다. 3차원적 실재가 매끄러운 2차원적 평면으로 드러나는 화면 앞에서 비대면 수업을 진행하는 누군가는, 학생들에게 그들의 모습이 잡히는 카메라를 끄지 말라고 부탁한다. 그는 학생들의 생생한 표정과 몸짓을 2차원적 평면에서라도 포착해, 같은 시·공간 안에서 함께 호흡하며 반응하고 있음을 느껴보고 싶기 때문이다.

우리는 여전히 대면과 접촉을 통한 온기를 그리워한다. 그리고 우리가 타인과 실제적으로 대면하는 장에서 신체의 다양한 표정과 몸짓, 시선의 촉각적 뒤얽힘 가운데 살아나가야 하는 존재임은 부인할 수 없는 사실이다. 이 지점에서 우리는 이리가레가 말하는 수평적 차원의 접촉과 촉각적인 것을 복원해야 하지 않을까?

이리가레가 촉각을 재전유한다고 해서, 그것이 위계에 의한 폭력으로서 접촉과 성추행이 정당화된다는 뜻은 결코 아님을 먼저 짚고 넘어가야 할 것이다. 《터칭》에서 애슐리 몬터규는 심리학자 낸시 헨리(Nancy Henley)의 보고를 인용하며, 남녀의 접촉 빈도를 결정짓는 요인은 지위라고 말한다. 그리고 남자들에게 접촉이란 여자를 자신들의 영역 안에 두려는 수단의 하나, 즉 "여자의 몸은 누구든 사용할 수 있는 공유재임을 상기시키는 또 하나의 수단"이라고 결론 내린다.[23] 2016년 말부터 일어난 미투운동에도 불구하고 여전히 계속되는 고위 공직자들의 성추행·성폭력 사건들은, 피해자가 원하지 않은 신체적 접촉을 가해자가 지위나 성별을 이용해 '암묵적 동의'로 만들어버리는 공통점이 있다. 이는 수직적인 위계 권력과 젠더 권력에서 나오는 소유·대상화하는 만짐 또는 그러쥠이며, 타자를 자신의 지위 안에 복속시키는 폭력적 접촉이다.

이리가레가 주장하는 촉각의 재전유는 이러한 지위나 성별이라는 위계에 의한 폭력으로서의 접촉, 수직적인 접촉이 아니라, 권력과 위계가 개입되지 않은 수평적 접촉이다.[24] 이러한 수평적 관계하에 이리가레는 "남성에게 물질을 돌려주고 여성에게 정신을 돌려주어 각각이 서로 온전한, 그러면서 끊임없이 다시 태어날 수 있는 주체로 설 수 있는" 상호 주체성의 윤리학을 제시한다.[25]

물론 이러한 윤리학은 디지털 성폭력과 젠더 위계에 의한 성폭력이 난무하는 한국 사회와 남성들에게 실망해, 그들과 접촉하길 거부하며 4B 운동(비혼, 비출산, 비연애, 비성관계)을 펼치는 현시대 젊은 페미니스트들의 시각에선 너무 이상적일 수 있다. 이러한 맥락에서 이리가레는 결국 여성과 남성의 성차(la différence sexuelle)에 입각한 상호적이고 평등한 사랑과 윤리를 제시하는 프랑스 페미니즘의 이상적 지평을 보여주는 동시에, 그 한계를 드러낸다고 볼 수 있다.

그러나 한편으로 이리가레가 추구하는 넓은 의미의 '성차의 윤리'란, 여성과 여성의 시원적이면서도 수평적인 접촉으로서 사랑을 되찾는 지평임을 간과할 수 없다. 이리가레에게 성차의 윤리를 바탕으로 한 출산성은 단지 "신체와 살의 생산", 남녀로 구성된 연인들의 탄생과 재생의 출산성으로 단순히 환원되는 것이 아니라, "아직 다가오지 않은 어떤 출산성이라는 세계의 지평을 구성"해 "새로운 사유, 예술, 시와 언어의 세계"[26]를 창출하는 것이다. 그리고 이러한 "새로운 시학의 창조"는 오랫동안 가부장적 영역 안에서 어머니-딸의 관계를 완전히 지워버린 윤리학의 결함을 보충함으로써 가능하다.

이러한 지점에서 이리가레는 전통적으로 어머니-딸의 관계가 남성-아버지의 욕망에 편입되기 위해 무시되거나 거부되었음을 관찰한다. 정신분석 이론이 어린 소녀가 아버지의 욕망/아버지에 대한 욕망으로 진입하기 위해 어머니의 사랑/어머니에 대한 사랑, 어머니의 욕망/어머니에 대한 욕망을 단념해야 한다고 말할 때, 그것은 여성을 우리 사회에서 통용되는 규범적인 이성애, 그러나 끊임없이 병을 주는 병리적인 이성애에 종속시킨다. 이 지점에서 어머니와 딸 사이 사랑의 가능성은 파괴되고, 어머니와 딸은 남성의 욕망 속에 유일하게 기능하는 공모와 경쟁 관계로 변질된다. 이 경쟁이 여성 간 사랑을 마비시키는 한 그들은 아들의 어머니가 되는 특권을 소유하는 데 그칠 뿐이다.

따라서 "여성들이 관계를 맺는 최초의 신체가 여성의 신체이고 여성들이 경험하는 최초의 사랑이 어머니의 사랑이라고 한다면", 여성은 언제나 동성애와 시원적이고 원초적인 관계에 있다는 것을 기억하는 것이 중요하다. 여성들의 세계가 하나의 윤리적 질서로 실현되기 위해서는 두 가지 차원, 즉 "딸-어머니, 어머니-딸"의 차원과 "여성들 사이의 혹은 자매들 사이의" 차원을 되찾고 창출해나갈 필요가 있다. 두 번째 차원과 관련해 이리가레는 여성들이 다른 여성들에 대한 사랑의 독자성을 발견하기 위해 노력하고 "이차적인 동성애", 즉 자매애라고 부를 수 있는 것을 발견하기 위해 노력해야 한다

고 주장한다.[27]

이러한 여성과 여성, 혹은 여성과 남성의 수평적·촉각적 윤리와 접촉을 통해, 시각중심주의적인 점유와 통제·침략·폭력으로서의 권력적 시선이 아니라 평등한 접촉으로서의 새로운 시각, 즉 다음 글에서 제시할 '촉각적 시각'이 탄생할 수 있다. 수평적 평등을 기반으로 한 촉각과 접촉적 시각은, 강압적이고 불평등한 젠더 위계 구조와, 여성에게만 강요되는 강박적 섹슈얼리티가 '정상'으로 여겨지는 이성애중심적 일부일처제에서 벗어나, 새로운 형태의 관계망을 갖게 하는 계기가 될 수 있다. 이는 여성과 남성뿐만 아니라 여성과 여성 사이의 수평적 초월과 사랑, 그리고 윤리를 가능하게 한다.

촉각적 빛, 촉각적 시각을 향하여

이제 나는 새로운 시각을 논하기 전에, 니체가 기존의 사상과 가치관을 해머로 때려 부수었듯 남성적 상징계와 질서를 부수고 남성적 시각체계에 속한 카메라 렌즈를 부수는 여성 광인들을 언급하고 싶다. 앞서 말한 '드레스 메이커'로 대변되는 여성 광인은 마을 사람들의 욕망을 충족하던 드레스와 마을에 불을 지른 후, 누구를 위한 드레스를 만들었을까? 가부장제의 남성적 상징질서와 시각체계를 깨부수고 난 폐허 위에서 여성 광인들은 무엇을 만들어내고, 어떤 언어와 시각을 새로이 창출해낼 수 있을까?

일찍이 이리가레와 식수와 같은 프랑스 페미니스트들은 기존의 남성적 상징계를 해체한 후 '여성적 글쓰기'와 '여성으로서 말하기'와 같은 대안을 제시했는데, 그러한 글쓰기를 통한 새로운 언어의 창출이 현재 우리에게도 유용할 수 있을까? 이들이 제시한 여성적 글쓰기란 남근시각중심적인 가부장제에 침윤되지 않은 새로운 여성의 언어를 만들어내는 과정을 동반한다. 이는 가부장제의 입장에서 보았을 때 비합리적이고 비이성적이라는 한계가 있지만, 진지한 가부장제적 시스템을 전복하는 웃음과도 같으며, 여성의 신체적 특질과 섹슈얼리티와 밀접한 관계를 맺는 촉각적 말하기이자 글쓰기이다.

이러한 글쓰기는 데리다가 해체하려 한 음성중심주의 바깥에서 작용한다. 데리다에 따르면, 로고스중심주의로도 불리는 음성중심주의는 말해진 언어, 절대적인 신의 언어, 이성의 언어에 진리의 근원이 있다고 믿는다. 또 문자보다 말이, 인간의 언어보다 신의 언어가 더 진실하다고 여겨 그것을 중시하는 태도를 의미한다. 이러한 음성중심주의에 대한 비판을 토대로 데리다는 '에크리튀르(écriture)', 즉 '글쓰기'의 차원을 이끌어내며, 글쓰기는 "여성이 될 것이다"라는 발언을 통해 '여성적'이라는 은유로서 글쓰기를 제시했다.[28]

프랑스 페미니스트들이 제시하는, 음성중심주의 외부에

존재하며 가부장적 전통에 균열을 내고 훼손하는 여성적 글쓰기는, 타자를 배제하거나 자기 안에 복속시키는 것이 아니라 타자의 존재 가능성을 열어두고 나와 타자의 차이를 인정·용인하는 것을 포함한다.[29] 이러한 측면에서 '여성적'인 것의 의미를 생물학적 몸으로 환원시키는 본질주의적 경향으로 이해하지 않는 대신, 접촉을 통해 타자를 점유하거나 소유하지 않고 촉각적 차원에서 타자를 포용하는 하나의 은유로 이해할 필요가 있다.

이처럼 타자와 융합·포용하는 여성적 글쓰기가 가능하다면, 이러한 글쓰기와 마찬가지로 남성적 시각체계를 전복하고 그 안에 타자를 끌어안는 (은유적 의미의) 여성적·촉각적 시각은 가능할까? 남근중심적 렌즈를 깨고 난 후 우리는 어떤 시각과 렌즈로 폭력과 착취의 관음증을 탈피해 카메라 뒤에 설 수 있을까? 그것은 서구의 '백색신화'에서 파생된 초월적인 폭력의 빛이 아니라 공감과 연대의 빛, 폭력적인 자기동일성의 고독에 머무르는 빛이 아니라 어둠을 포용하는 빛, 내 안에 여성을 비롯한 타자를 끌어안는 새로운 촉각적인 빛 속에 거주할 때 가능하다.

빛이란 무엇인가? 그것은 종교적으로는 초월적이고 신적인 광휘일 것이고, 과학적으로는 파동이자 입자인 그 무엇일 것이다. 그러나 이러한 기존의 견해를 떠나 새로운 빛의 모형을 탐구하는 시각예술가들이 존재한다. 설치미술가 앤서니 맥컬

앤서니 맥컬의 〈원추를 그리는 선〉 속 한 장면.
여기서 빛은 더 이상 초월적 존재로 작용하지 않으며,
관객이라는 타자를 끌어안고 내보내는
촉각적 실체가 된다.

(Anthony McCall)의 〈원추를 그리는 선(Line describing a Cone)〉(1973) 속 빛에 대한 탐구가 그 일례다. "어두운 공간에서 원 모양이 서서히 생기는 삼십 분짜리 영상이 벽에 영사된다. 인공 안개가 영사기에서 나오는 빛의 광선을 뚜렷하게 볼 수 있게 하는데, 이 광선은 공간 속에서 선으로 시작해서 완전한 원추형 모습으로 점점 커지며, 벽 위의 원은 천천히 닫힌다."[30]

이 빛은 모든 영사의 기본 요소로서 "재현적 영화의 코드화된 정보"를 보이게 하는 "투명한 미디어"가 아니다. 즉, 영사기의 광선은 그 빛 자체를 보이는 것으로 만든다. 원추를 그리는 빛은 작품 속 물리적 부분이자 참여자이기도 한 관객과의 상호작용 속에서, 뿌연 안개 속에서 관객이 만질 수 있는 촉각적인 것이 된다. 빛은 더 이상 초월적 존재로 작용하지 않으며, 관객이라는 타자를 끌어안고 내보내는 촉각적 실체가 된다.

한우리 작가의 5분 30초 분량의 영상설치 작품인 〈낱낱의 사람〉(2017)은 접촉을 통해 나타나는 촉각적 빛의 어울림과 그 환영을 보여준다. 작가는 바다 이미지를 넣은 수정구에 빛을 반사시켜 어떻게 자신의 외부에 있는 강물이 반사된 빛으로 나타나는지 보여준다. 또한 주체의 차원에서 손의 피부가 수정구와 접촉했을 때, 어떻게 살적인 것이 수정구에 반영되는지 보여준다. 이는 주체와 객체의 이분법적 분리를 넘어 주체(손의 피부)와 객체(강물), 그리고 또 다른 이미지(바다)가 나타났다가 사라지고, 또다시 나타나 얽혀들며, 서로 분기되어 나오기 이전의 황홀한 살적 어울림의 세계를 보여준다. 이를 가능하게 하는 것은 순간적 광휘를 통해 수정구에 얽혀드는 촉각적 이미지의 빛, 세계와 나의 살적 뒤얽힘과 이들 모두를 포용할 수 있는 빛이다.

이처럼 빛을 우리 몸을 초월하는 신적인 무엇이나 과학적 파동 또는 입자로 보지 않고, 지금 내 옆에 공존하며 손으로 만져 알 수 있는 촉각적 실체로 바라본다면, 즉 어둠을 배제하

●

한우리의 〈낱낱의 사람〉은
접촉을 통해 나타나는 촉각적 빛의 어울림과
그 환영을 보여준다.

고 타자를 단죄하는 것이 아니라 어둠과 공존하고 타자와 얽혀드는 실체로 바라본다면, 그러한 빛의 어울림을 만들어내는 카메라를 통해 우리는 여성적 시각, 촉각적 시각 역시 창출해 나갈 수 있을 것이다. 이는 우리 옆에 실재하며 공존하는 빛 속에서 우리가 카메라의 피사체를 어떤 태도로 바라보는가 하는 문제이다. 즉, 피사체와 거리를 두며 대상화·통제·착취하는 것이 아니라, 그 옆에서 공존하고 공감하려는 태도 속에서 여성적 시각, 촉각적 시각의 가능성이 열릴 것이다.

촉각적 시각이 어떻게 가능한가에 대해서는, 조금 다른 맥락에서 로라 마크스(Laura Marks)가 《영화의 피부》에서 제시한 '확장촉각적 시각성(haptic visulity)'을 살펴보며 답하려 한다. 마크스가 《영화의 피부》에서 사용한 '햅틱(haptic)'이라는 용어는 애슐리 몬터규가 《터칭》에서 잘 정리하고 있다. 이 책에서 몬터규는 촉각에 포함될 수 있는 감각이 여럿일 수 있기에 촉각을 딱 잘라 정의하기 힘들다고 주장한다. 예를 들어 어떤 영화나 연극을 통해 시각 경험을 할 때 동반되는 촉각이 그러하다. 즉, 괴기스러운 장면이 나오거나 '머리털이 곤두서게 하는' 광경을 볼 때면 피부에는 '소름이 돋는다'. 또한 촉각은 접촉과 직접적 관련이 없는 청각적 경험에서도 사용된다. 청각의 촉각적 특질은 '비단결 같은' 음성, '매끄러운' 선율, '나긋나긋한' 목소리, '까칠'하고 '거친' 음성 등이 그것이다. 이처럼 촉각은 시각적 경험이나 청각적 경험의 부족한 부분을 채우고 보완해 공감각적 경험으로 이끈다.

몬터규에 따르면 감정(emotion), 느낌(feeling), 정서(affect), 접촉이나 촉각(touch)은 서로 불가분의 관계에 있다. 예를 들어 감정은 접촉이 일어나지 않았을 때에도 촉각의 특질을 띨 수 있고, 느낌은 기분으로서 "전일한 존재의 내면에서 저절로 일어나는 것"이다. 우리가 또한 느낌이라고 부르는 것은 대부분 피부에서 비롯되는 동시에 "관절 및 근육, 내장 감각에서도 발생되는 복잡하게 뒤섞인 촉각 성분들에 대한 여러 지각의 합성체"[31]이다.

이렇게 촉각은 단순히 오감 중 한 감각이라기보다는 광범위한 정신적·육체적 접촉행위 전반에 관한 것이 된다는 의미에서 몬터규는 '햅틱', 즉 '확장촉각'이라는 용어를 사용한다.[32] '확장촉각'이란 "촉각이 공간에서 살아가고 운동하며 겪는 총체적 경험을 통해 정신적 감각으로까지 확장되는 현상을 묘사"[33]하는 데 사용된다. 이 지점에서 몬터규는 감각계로서의 피부가 인체에서 가장 중요한 기관이라고 주장한다. 인간은 보이지도 들리지도 않고 후각과 미각까지 상실했다 하더라도 삶을 영위할 수 있지만, 피부에서 수행하는 기능 없이는 생존할 수 없기 때문이다.

로라 마크스는 《영화의 피부》에서 촉각과 접촉에 대한 비유로 일찍이 몬터규가 인간에게 가장 중요한 기관이라고 생각한 '피부'라는 단어를 사용한다. 마크스는 '영화의 피부'에 대해 다음과 같이 말한다.

> 영화가 자신의 물질성을 통해서, 인지와 표현된 대상 간의 접촉을 통해서 의미를 만드는 방식을 강조하기 위한 비유이다. 이 비유는 마치 자신의 눈으로 영화를 접촉하는 것처럼 시각이 스스로 촉각이 될 수 있다는 점을 암시한다. 나는 이를 확장촉각적 시각성이라고 부른다.[34]

확장촉각적 시각성은 "재현을 통해 전달되는 인지와 관객 사이의 원초적 분리를 필요로 하지 않는다."[35] 또한 기존의 '시각적 시각성(optical visuality)'보다 몸과 연관된다. 영화를 촉각적으로 사유하는 것은 영화가 전체로서의 몸, 즉 다중감각적인 몸에 호소하는 방식을 고려하는 것이다.

시각중심적 재현주의 패러다임에 대한 비판을 통해 로라 마크스는 확장촉각적 시각성에 부합한 영화로 트린 민하의 다큐멘터리 작품들을 꼽는다. 그 작품들은 시각중심적 재현주의 영화처럼 바라보는 자가 그 대상에 대해(about) 말하지 않는다. 이 작품들은 몸과 분리된 시각이 거리를 두고 대상을 바라보면서 여성을 비롯한 타자들을 객체화·통제하려는 서구적인 시각중심적 패러다임과 기존의 민족지학적 시각성에 대한 통렬한 비판이기도 하다. 이러한 차원에서 "확장촉각적 시각성이란 대상을 고립화시키거나 대상에 초점을 맞추는 것보다는 단순히 그들과 공존하는 경향이 있다." 트린 민하가 1982년에 발표한 다큐멘터리 〈재집합〉에서처럼, 그러한 시선은 "그녀가 촬영하는 대상에 대해서(about)가 아니라, 그 옆에서(nearby) 말하는 것에 상응"하는 여성적 시선이다.[36]

이처럼 거리감을 둔 대상화된 타자로서가 아니라 타자 옆에서 공존을 도모하는 촬영자의 태도, 그리고 적극적이고 다양한 형태로 관객과의 접촉과 개입을 허용하는 영화상영 방식("지역 방송국에서 대학의 강의실로, 주민 센터에서 미술관으로, 가족과 친구를 대상으로 한 상영에서 독립 예술센터로 특수하고 추적 가능한 경로를 통해서 이동"[37]하는)에 대한 로라 마크스의 제시는 접촉으로서의 촉각적 시각과 여성적 시각을 가능하게 하는 새로운 모델로 받아들일 수 있다.

다른 한편으로 마크스에 따르면, '시각적 시각성'은 "사물을 깊은 공간 속에서 구분되는 형상(form)으로 지각하기에 충분한 거리를 갖고" 바라보며, "질감조차도 구분하면서까지 형상을 구분"한다. 이와 달리 '확장촉각적 시각성'은 "대상의 표면에서 움직이는 경향"에 머무른다.[38] 즉, 촉각적 바라봄은 초점을 맞추는 대신 움직이는 경향이 있고, 응시하는 대신 스치는 경향이 있다. 그에 따르면 촉각적인 작품들은 관객들 스스로 스크린을 바라보고 있다는 것을 깨닫기 전에, 잠시 동안 스크린의 겉면 위로 움직이는 것을 바라보게 한다.

나는 이 지점에서 대상의 형상만을 바라보는 시각적 시각성에 대한 로라 마크스의 비판에는 동의한다. 이는 내가 앞서 주장한, 대상을 눈앞에 고정시켜 비시간적이고 현재화된 형상으로 바라보는 현전의 시각성에 대한 비판과도 맞물리는 지점이다. 그럼에도 불구하고 나는 '촉각적 시각'에는 단순히 시각 대상이 표면과 스치는 것이나 표면과 접촉하는 것 이상이 있다고 생각한다. 나는 이러한 주장을 베르그손의 철학을 통해 전개하고자 한다.

베르그손의 논의를 따라가다 보면 기억을 환기하는 몸 안에서 모든 감각은 '동근원적(equiprimordial)'으로, 즉 어느 것이 먼저라고 하기 힘든 방식으로, 위계화되지 않고 서로 같은 지위를 갖는다는 것을 알게 된다. 베르그손은 세계 내의 경험이 공감각적이라고 보았으며, 이는 "감각의 분리 이전의 것"이다.[39] 2장에서도 언급했듯이, 베르그손은 이미 그의 첫 번째 저작인 《의식에 직접적으로 주어진 것에 관한 시론》에서 장미꽃 향기를 맡으며 "바로 향기 자체에서 추억을 숨 쉰 것"이라고 말하며 후각을 통한 기억의 환기에 대해 말한 바 있다. 마찬가지로, 어느 늦여름 오후 쏟아지는 소나기를 맞을 때 온몸에 느껴지는 비의 촉감을 통해, 문득 유년시절 우산 없이 놀러 나갔다가 친구들과 어느 집 처마 밑에서 소낙비를 피하던 기억이 훅 떠오를 수도 있다.

지금 나는 어느 시골길을 걷고 있다. 어스름하게 어둠이 깔리는 저녁 시간, 멀리서 개 짖는 소리가 들려오고, 어느 집에선가 밥 냄새가 구수하게 퍼져나온다. 신발 바닥에 닿는 흙의 느낌과 피부 하나하나에 닿는 이 오래된 기억 속 공기의 감촉. 이 모든 것이 어린 시절 시골집 근처에 관한 나의 오래된 기억을 공감각적으로 환기시키는 동시에 다시 '접촉'하게 해준다. 이것이 베르그손이 말하는 '동근원적인' 몸의 감각들을 통한 기억의 환기이며, 이 지점에서 시각에 특권을 부여하는 서양철학의 시각중심적 세계관은 붕괴한다.

또한 베르그손이 주장하듯, 촉각·후각·청각 등의 공감각적 작용을 통해 이러한 과거 기억의 내부로 훅 들어가 오래된 기억과 조우하고, 그것과 일치해 들어갈 때 드러나는 공감각적 시각은, 시각 대상의 표면만 접촉하고 스치는 시각이 아니라 대상의 내부로 들어가 일치하고 공감하는 시각이리라. 나는 그러한 시각이 어떻게 가능한지 베르그손의 '직관' 개념을 통해 제시하려 한다.

당신이 나를 볼 때, 난 누구를 보겠어요?

베르그손은《사유와 운동체》에서 '직관'을 "정신에 의한 정신의 직접적인 봄(la vision immediate)"[40]으로 정의한다. 직관은 "공간이나 언어나 개념의 매개 없이 정신의 흐름과 접촉하며, 더 나아가 일치(la coincidence)"[41]하는 시각인 것이다. 이처럼 직관적 시각은 "사물의 주위를 돌며" 사물 내부에 들어가지 못하고 그 외적 관계만을 파악하는 과학적인 분석적 시각, 즉 지성(l'intelligence)의 시각과 달리, 대상과 가까운 나머지 그것과 직접 '접촉'하고 '일치'하는 촉각적 은유를 통해 이해되는 시각이다. 더 나아가 그것은 "사물의 내부로 들어가 어떠한 관점도 기호도 취하지 않으며, 관계와 비교를 버리고 실재와 공감하고자 하는"[42] 시각이다.

여기서 베르그손이 말하는 직관적인 봄이란 시간을 초월하는 것이 아니라, 근대과학이 설정한 등질화·공간화된 시간과 공간에서 벗어나 진정한 의미의 시간 안에서, 즉 지속(la durée)의 흐름 안에서 바라봐야 함을 일컫는다. 즉, 직관은 외부적·공간적 병렬이 아니라 시간적인 연속을 그 운동성 속에서 파악하는 것이다.

이러한 의미에서 베르그손의 직관적 시각은 무사심하게 대상의 형상이나 모양새를 바라보는 전통 철학적인 '관조'와는 다르다. 직관은 단지 자기 성찰적으로 "조는 목동, 흐르는 물을 보듯" 자신의 삶을 응시하거나 외부적 대상의 형상을 응시하는 것이 아니라, "대상의 내부로 일치해 들어가는 표현할 수 없는 운동"이며, 그 대상의 내부와 합치하는 '공감(la sympathie)'의 능력이다. 이러한 의미에서 베르그손의 직관은 대상의 개별적 형태부터 시작해 그 보편적 형태를 직관하는 후설의 본질직관, 즉 시간의 흐름이 제거된 채 눈앞에 현전하는 대상의 형태나 모양새를 파악하는 '현전의 형이상학'의 정점에 있는 직관과도 거리가 있다.

베르그손에 의하면 직관을 통해 직접적으로 보는 '정신'이란 자아, 의식일반, 생명을 의미한다. 다시 말해, 직관이란 나 자신의 의식이나 타인의 의식, 그리고 생명의 내부로 단번에 들어가 그 내부에서부터 접촉하며 공감하려는 시각이다. 직관을 통해 가장 확실하게 파악할 수 있는 것이 우리에게 주어진 직접적 의식, 즉 우리 자아이다. 동시에 베르그손이 보기에 직관은 우리 정신이 타인의 의식에게로 '확대된 의식'이다.

나와 다른 사람을 확실하게 구별해주는 것이 공간이다. 그런데 베르그손은 우리 의식과 타인의 의식 사이의 구별은 개체와 개체 사이의 공간적 구별보다 덜 명확하다고 본다. 우리의 의식은 공간을 매개하지 않고 직관을 통해 타인의 의식과 '공감'할 수 있기 때문이다. 이처럼 타인의 '내부'로 들어가 그 안에 있는 유일하고 표현될 수 없는 것과 '합치'하는 것이 직관이자 공감이다. 베르그손이 드는 소설의 예를 따르면, 우리는 소설 속 인물 그 자신과 일순간 '합치'할 때 단순하고 불가분적인 감정을 느낀다. 그리고 이 합치 속에서, "중심과 전체 속에서 작중 인물이 되는" 순간이 공감의 순간이다.

예를 들어보자. 나는 지금 마거릿 애트우드의 소설 《눈먼 암살자》를 읽고 있다. 여성 주인공 아이리스는 가문 대대로 운영하던 단추공장이 부도를 맞자 아버지와 가문을 위해서 돈 많은 사업가와 정략결혼을 한다. 그녀는 신혼여행에서 돌아와 아버지가 돌아가셨다는 사실을 알게 되고, 오갈 데 없는 유일한 여동생 로라, 그리고 남편과 함께 신혼 생활을 이어나간다. 그러나 로라는 사랑하는 사회주의자 알렉스의 목숨을 담보로 아이리스의 남편에게 성폭행을 당하고, 언니 아이리스와 마지막으로 만난 날, 승용차를 몰고 가다 교통사고를 가장해 자살한다. 이후 로라가 공책에 남긴 암호를 통해 아이리스는 로라가 자신의 남편에게 성폭행 당한 사실을 알아내고, "나는 어떻게 그토록 눈이 멀 수 있단 말인가?"라고 한탄한다.

아이리스는 태초에 있었던 말씀, 신의 언어가 너무나 허술하고 너무나 빈약해서 쉽게 없어져버린다고 한탄한다. 견고하다고 믿은 신, 신뢰, 희생, 정의, 믿음, 소망이라는 가부장적 가치 안에 속해온 '자매'라는 이름 역시 너무나 허술하게 스러져간다. 빛나는 태양 아래가 아니라 어둠 속에서 진실에 직면하고, 그것을 직관하지 못했던 자신을 탓하며 영원히 잃어버린 듯한 '자매'라는 단어 속에서 절규하는 주인공 아이리스의 고통에, 역시 하나뿐인 자매가 있는 나는 뼈저리게 그녀의 통탄에 '공감'하며 아픔의 눈물을 흘린다. 베르그손 식으로 말하자면, 이때 나는 아이리스라는 가상 인물에 합치하고 공감하며 그 인물 자체가 되는 경험을 한 것이다.

직관은 또한 생명을 향한 공감의 능력이기도 하다. 베르그손에 따르면 본능 역시 직관과 마찬가지로 공감의 능력이며 생명을 향한 경향이다. 예를 들어 조롱박벌은 귀뚜라미에게 세 쌍의 다리를 움직이지 못하게 하는 세 개의 신경중구가 있음을 알고 있는 듯 행동한다. 조롱박벌은 본능에 따라 귀뚜라미의 목 밑, 앞가슴 뒤쪽, 배 밑쪽을 찔러 마비시킨 후, 그것을 먹는다. 이처럼 "조롱박벌과 그 먹이 사이의 공감은 안쪽에서" 귀뚜라미의 취약점을 지시해준다.[43] 그리고 귀뚜라미의 취약점에 대한 조롱박벌의 이러한 감각은 외적인 지각에 의지하지 않으며, 직관처럼 안에서부터 파악한다. 그러나 본능은 직관과 달리 이해관계가 있는 사물만을 포착한다.

이에 비해 직관은 "이해를 떠나서, 대상 그 자체를 의식하고, 그 대상에 대해 반성하고, 무한하게 넓어지게 된 본능"[44]이다. 베르그손은 이와 같은 공감의 노력이 미적인 능력과 비슷하다고 본다. 예술가는 일종의 공감에 의해 대상 내부에 자리 잡고, 직관의 노력으로 예술가와 모델 사이의 장벽을 제거할 수 있다.[45] 베르그손은 이러한 미적 직관과 같은 것이 영역을 넓혀, 생명 일반을 그 대상으로 취할 수 있다고 본다. 즉, "직관은 우리와 다른 생명체 사이에 자리 잡은 공감하는 교류에 의해, 그리고 그것이 우리의 의식으로부터 획득하는 확장에 의해, 우리를 생명의 고유한 영역으로 인도할 것이다."[46]

이와 같은 베르그손의 직관에서 미적 대상으로서의 타인이나 생명과 접촉·합치·공감하는 공감적 시각, 촉각적 시각의 가능성이 탄생한다. 앞서 기술한 예술가와 모델 사이의 물리적 장벽을 넘어 그 모델의 내부와 공감하고 합치하려는 공감적·촉각적 시각을 제시하는 영화가 〈타오르는 여인의 초상〉(2019)이다. 이 영화는 수평적이고 평등한 접촉을 통한 여성과 여성의 공감과 연대의 시선을 보여준다.

18세기 프랑스를 배경으로 한 이 영화는, 초상화를 그리는 여성 화가 마리안느가 얼굴도 모르는 밀라노 사람과 정략결혼을 앞둔 귀족 아가씨 엘로이즈의 결혼 초상화를 의뢰받아 그녀가 있는 외딴섬으로 가는 것으로 시작한다. 엘로이즈는 원하지 않는 결혼을 거부하기 위해, 초상화를 위한 포즈를 취하길 거부한다. 그녀의 어머니는 딸에게 화가 마리안느를 산책 친구로 소개하고, 함께 산책하면서 엘로이즈를 관찰해 초상화를 그려달라고 마리안느에게 부탁한다. 그렇게 몇 주의 시간이 흐른 뒤 완성된 초상화. 그러나 그 초상화는 누군지도 모르는 엘로이즈의 신랑과 그 가족, 즉 남성적인 시선에서 흡족해할 만한 여성적 미덕인 부드러움으로 후덕하게 미소 짓는 여인의 초상화였다.

마리안느는 그 초상화에 존재감과 힘이 없다는 엘로이즈의 말에 자괴감을 느껴 초상화의 얼굴을 짓뭉개버리고, 엘로이즈의 어머니가 출타한 5일 동안 다시 초상화 작업에 착수한다. 이 시간 동안 화가 마리안느와 초상화 모델인 귀족 처녀 엘로이즈, 그리고 저택의 하녀 소피 사이에는 평등이 존재해 서로 가사일을 분담하고, 오르페우스와 에우리디케의 사랑 이야기를 함께 읽는 여성 공동체를 형성한다. 밤에는 하층계급 여인들이 주로 참석하는 산속 모임에 가고, 원치 않는 임신을 한 하녀 소피의 낙태를 도와주기도 한다. 낙태가 동네 산파의 집에서 산파의 아이들도 침대에 함께 있는 가운데 비교적 비폭력적으로 이루어진다는 점도 주목할 만하다.

계급을 초월한 평등한 관계 속에서 엘로이즈와 마리안느는 서로 사랑에 빠지고, 이제 초상화를 그리는 작업은 평등한 위치에서 수평적 접촉을 통해 동등하게 이루어지는 시선의 교환이 된다. 초상화의 모델은 더 이상 남성 화가를 위한 뮤즈이거나, 성적·사회적으로 온순하며 작고 우아하며 아름답게 대상화된 인물이 아니다. 이는 초상화를 그릴 때 엘로이즈의 다음과 같은 발언에서 확연히 드러난다. "당신이 나를 볼 때, 난 누구를 보겠어요?" 이처럼 수평적 평등 속에서 일어나는 동등한 시선의 교환은, 그림을 그리는 주체와 대상 간의 대상화되지 않은 사랑과 공감의 시선으로, 모델의 겉모습만이 아닌 강렬한 힘과 에너지, 존재감까지 그 내부에서 바라보고 접촉하는 시선으로 나아간다. 이러한 공감의 시선 교환 속에서 화가와 모델의 물리적 거리가 일순 사라진다. 그 후 그들은 촉각적이고 살적인 평등한 사랑을 나눈다. 이 5일간의 사랑과 결혼 초상화 작업의 끝은 이들의 헤어짐이다.

몇 년이 흐른 후, 화가 마리안느는 밀라노의 한 음악회에서 우연히 엘로이즈를 발견한다. 음악회에서는, 그들이 함께 피아노를 치며 공유한 시간을 떠올리게 하는 비발디의 〈사계〉가 관현악으로 연주되고 있었다. 이때 멀리서 엘로이즈를 바라보는 마리안느의 시선은, 엘로이즈가 지나온 세월을 떠올리며 느끼는 회한과, 떠난 사랑에 대한 폭발적인 그리움의 표정과 몸짓을 관통해, 그녀의 내면과 접촉하고 합치하며 그것을 끌어안는 공감적인 시선, 여성적이고 촉각적인 시선이다.

이러한 공감적 시각, 여성적이고 촉각적인 시각은 관음증적인 카메라 눈의 한계, 즉 탈신체화된 관조적 응시에 기반을 두고, 타자와 주체가 연루됨을 거부한 채 은밀하고 탐욕스럽게 타자를 지배·통제하기 위해 거리를 두고 바라보는 한계를 넘어서는 시각을 가능하게 한다. 이는 타자를 눈앞에 대상으로 '현전'시키며, "그가 자연을 자기 앞에 데려다 놓거나 맹금류처럼 갑자기 덮치면서, 그것을 지배하고 또 필요하다면 강간하는, 자연 앞에 영원히 열려 있는 딱딱한 눈"[47]이 아니다. 이는 여성을 비롯한 타자, 그리고 자연과 생명에 공감하고 공존하려는 시각이다. 자연에 대한 무분별한 개발로 심각한 기후 변화와 바이러스가 창궐하는 코로나 시대를 넘어, 포스트 코로나 시대가 도래할 때 이러한 시각이 필요한 게 아닐까?

이 시대는 더 이상 카메라 뒤에 서 있는 전지전능한 자, 카메라 앞의 여성을 비롯한 타자들을 착취하고 관음증적 눈으로 훑으며 지배하는 자를 필요로 하지 않는다. 이 시대의 여성 광인은 결국 관조적이고 탈신체화된 지성적 시각에서 비롯되는 관음증적 시각이 아니라 다른 감각들, 특히 촉각과 통감각적으로 연결된 새로운 시각을 통해 카메라를 다시 들어야 한다. 또한 피사체가 되는 여성과 타자 옆에서 그들과 접촉하고, 그들을 자신 안에 끌어안는 여성적·촉각적 시각을 통해 우리 앞에 있는 카메라를 다시 들어야 할 것이다. 그러한 새로운 카메라의 시선은, 위계화된 시선의 권력을 통해 지금, 여기, 눈앞에 현전하는 성애화된 이미지의 여성 형상과 모양새만을 응시하는 시선이 아니다. 그것은 여성의 영혼과 정신이라는 내부와 접촉하고 공감하는 능력 속에서 만개하는 시선이리라.

주

〔1장〕

1 황주영, 〈페미사이드〉, 《여/성이론》, 27호, 2013, 196~197쪽.

2 같은 책, 196쪽.

3 〈지난해 배우자, 애인에게 살해된 여성 최소 88명 … 살인미수 피해는 196명〉, 《여성신문》, 2020.3.7.

4 〈이별범죄〉, 트렌드 지식사전 4, https://100.daum.net/encyclopedia/view/54XX34200041(검색일: 2019.8.3).

5 같은 글.

6 〈리벤지포르노〉, 에듀윌 시사상식, https://100.daum.net/encyclopedia/view/201XXX1811089(검색일: 2019.8.3).

7 김소라, 〈디지털 자본주의와 성폭력 산업〉, 《여/성이론》, 41호, 2019, 17쪽.

8 홍남희, 〈디지털 성폭력의 불법화 과정에 대한 연구〉, 《미디어, 젠더&문화》, 33권 2호, 2018, 211쪽.

9 〈4차 산업혁명〉, 다음백과, https://100.daum.net/encyclopedia/view/47XXXXXXX185(검색일: 2020.9.8).

10 같은 글.

11 김소라, 〈디지털 자본주의와 성폭력 산업〉, 12쪽.

12 같은 글, 12쪽; 한국사이버성폭력대응센터 엮음, 《2020 한국 사이버 성폭력을 진단하다》, 2019, 24~26쪽 참조.

13 과거에는 상대방의 동의를 받지 않고 카메라로 몰래 촬영하는 행위를 '몰카'(몰래 카메라) 혹은 '도촬'(도둑 촬영) 등으로 불렀다. '몰카'라는 말의 시작은 1990년대 TV 코미디 프로그램 〈일요일, 일요일 밤에〉에서 이경규 씨가 연예인을 대상으로 거짓 상황을 설정한 후, 당사자 모르게 몰래 촬영을 해서 웃음을 자아내는 코너 '몰래 카메라'에서 유래되었다. 이 단어는 코믹한 상황 설정에서 유도되는 웃음과 희화화에서 유래했기 때문에, 촬영 대상자에게 가해지는 범죄 행위의 심각성을 희석할 수 있다. 이러한 점에서 정부는 2017년 9월 '몰카' 대신 '불법 촬영'이란 용어를 사용한다고 발표했다.

14 〈선별진료소 휴식공간서 여성 간호사 '도촬' 신고 … 경찰 수사〉, 《연합뉴스》, 2020.3.17.

15 김소라, 〈디지털 자본주의와 성폭력 산업〉, 16쪽.

16 2020년 3월 n번방 사건이 일제히 언론에 보도되고 공론화되면서 이러한 유형의 사건들은 '디지털 성폭력'이나 '디지털 성범죄'와 같은 기존의 명칭 대신 '디지털 성착취'로 명명되고 있다. 2016년 소라넷의 폐쇄를 이끈 '소라넷 고발 프로젝트'의 전 대표 하예나 씨는 《경향신문》과의 인터뷰에서 n번방 사건 이전에도 여러 플랫폼에서 버젓이 일어났던 디지털 성착취를 단순한 '음란물'이나 '포르노'로 인식하지 않고 '디지털 성착취'로 명명하게 된 데는, 이러한 단체를 포함한 많은 여성들의 투쟁이 있었기 때문에 가능했다고 말한다. 관련 내용은 6장 중 〈송곳을 쥐고 나타나다〉 참조.

17 홍남희, 〈디지털 성폭력의 불법화 과정에 대한 연구〉, 210쪽 재인용[S. Bates, "Revenge Porn and Mental Health: A Qualitative Analysis of the Mental Health Effects of Revenge Porn on Female Survivors", *Feminist Criminology*, 12(1), 2017, pp.22~42].

18 〈경찰, 텔레그램 이용 디지털 성범죄 '박사' 포함 124명 검거〉, 《연합뉴스》, 2020.3.23.

19 〈n번방 사건〉, 위키백과, https://ko.wikipedia.org/wiki/N번방_사건(검색일: 2020.4,30).

20 추적단 불꽃, 《우리가 우리를 우리라고 부를 때》, 이봄, 2020, 74쪽.

21 같은 책, 23쪽.

22 〈'텔레그램 미성년 성착취' 박사, 74명 성노예로 만들었다〉, 《news1》, 2020.3.20.

23 〈기저귀 찬 아기도 성착취 '다크웹' 손정우가 출소한다〉, 《노컷뉴스》, 2020.3.27.

24 〈조주빈, "성착취물 브랜드화 생각" … 법정서 혐의 정당화〉, 《연합뉴스》, 2020.9.1.

25 〈추미애, "n번방은 '김학의, 장자연' 잘못된 처리가 낳은 참사"〉, 《세계일보》, 2020.4.12.

26 〈'아동 성 착취물 사이트', 손정우, 출소 대신 '재구속'〉, Jtbc, 2020.4.28.

27 〈'n번방 성착취 법원 판결 먹고 자란다' … 아동, 청소년 음란물 범죄 새 양형기준 나오나〉, 법률방송뉴스, 2020.4.20.

〔2장〕

1 캐롤린 코스마이어, 《페미니즘 미학 입문》, 신혜경 옮김, 경성대학교출판부, 2004, 160~163쪽 참조.

2 유서연, 《공포의 철학》, 동녘, 2017, 95~98쪽 참조.

3 시각중심주의의 대안적 감각으로서의 '촉각'에 대해서는 7장에서 상세히 설명할 예정이다.

4 신약으로 넘어가면서 성경이 고대 그리스의 시각중심적 사유에 영향을 받은 예는 〈사도행전〉에서도 드러난다. 예수 승천 후 베드로가 전도를 하며 다니던 중, 만민평등주의를 예시하는 환상을 본 것이 그 예라 할 수 있다. 베드로의 환상에 따르면 큰 보자기와 같은 그릇이 하늘에서 내려왔는데, 그릇 안에는 온갖 네발짐승과 땅을 기어 다니는 짐승과 하늘의 날짐승 등 유대인들이 금하는 음식이 들어 있었다. 이 환상을 본 후 베드로는 깨달은 바가 있

어서 이방인인 고르넬리오와 함께 성령의 은혜를 나누고, 그와 함께 유대인이 금하는 이방인의 음식을 먹었다. 베드로가 본 환상은 하나님의 말씀이 시각화되는 순간을 보여준 것이다. 음성으로 내려오던 신의 계시가 시각화되는 지점은 성경의 맨 마지막 부분을 차지하는 〈요한계시록〉에 잘 나타난다. 〈요한계시록〉에서 말씀은 시각적 환영으로 나타나 미래의 흥망성쇠와 주 예수의 강림을 생생하게 묘사한다.

5 〈요한복음〉 1장 2~3절, 홀리넷(http://www.holybible.or.kr).

6 데이비드 마이클 레빈 엮음, 《모더니티와 시각의 헤게모니》, 정성철·백문임 옮김, 시각과언어, 2004, 81쪽.

7 마틴 제이, 《눈의 폄하》, 전영백 외 옮김, 서광사, 2019, 49~50쪽.

8 같은 책, 48쪽.

9 데이비드 마이클 레빈, 《모더니티와 시각의 헤게모니》, 389쪽.

10 J. Derrida, "La mythologie blanche", *Marges de la philosophie*, Les edition de Minuit, 1972, p.299.

11 같은 책, 298쪽.

12 자크 데리다, 《글쓰기와 차이》, 남수인 옮김, 동문선, 2007, 148~149쪽 참조.

13 J. Derrida, *L'écriture et la différence*, Editions du Seuil, 1967, p.45.

14 J. Derrida, "La mythologie blanche", p.320.

15 데이비드 마이클 레빈, 《모더니티와 시각의 헤게모니》, 89쪽.

16 같은 책, 57~58쪽.

17 마틴 제이, 《눈의 폄하》, 106~107쪽.

18 《방법서설》은 《이성을 잘 인도하고, 학문에 있어 진리를 탐구하기 위한 방법서설, 그리고 이 방법에 관한 에세이들인 굴절광학, 기상학 및 기하학》이라는 다소 긴 제목이 붙은 책의 첫 번째 부분이다. 《굴절광학》, 《기하학》, 《기상학》 세 부분으로 이루어진 자연과학서와 수학서의 서론으로 쓰였다.

19 마틴 제이, 《눈의 폄하》, 108, 111쪽.

20 같은 책, 112쪽.

21 르네 데카르트, 〈제4성찰〉, 《방법서설, 성찰, 데까르트 연구》, 최명관 옮김, 서광사, 1989, 107쪽.

22 르네 데카르트, 〈제3성찰〉, 《방법서설, 성찰, 데까르트 연구》, 최명관 옮김, 서광사, 1989, 106쪽. 대괄호 안은 필자가 추가.

23 J. Derrida, "La mythologie blanche", p.319.

24 하이데거의 전회 이후의 사상은 "개인의 실존을 철학적 물음의 중심으로 삼았던 전기의 입장"과는 달리, 존재의 역사가 중요하게 대두한다. 즉, 전회 이후의 사상에서 "존재의 의미에 대한 물음은 철저하게 역사적인 형태를 띠게 되며 현존재 역시 그의 철저한 역사성으로" 파악된다. "존재가 인간이 통제할 수 없는 근본기분을 통해 엄습해오면서 역사적으로 각 시대마다 다르게 자신을 드러내는 방식을 드러내려고 한다는 점에서 전회 이후의 하이데거 사상은 보통 존재사적 사유"라고 불린다. 박찬국, 《들길의 사상가, 하이데거》, 그린비, 2018, 154~155쪽.

25 데이비드 마이클 레빈, 《모더니티와 시각의 헤게모니》, 335쪽.

26 박찬국, 《들길의 사상가, 하이데거》, 157~158쪽.

27 자크 데리다, 〈옮긴이 해제: 철학적 구도의 가능성〉, 《목소리와 현상》, 김상록 옮김, 인간사랑, 2006, 176쪽.

28 마르틴 하이데거, 《존재와 시간》, 이기상 옮김, 까치글방, 1998, 45쪽 참조.

29 자크 데리다, 〈옮긴이 해제: 철학적 구도의 가능성〉, 175쪽.

30 이후 하이데거는 《현상학의 근본문제들》에서 아리스토텔레스가 실체라고 불렀던 '우시아'가 "철학적·이론적 용어로서의 확고한 의미를 이미 지니고 있었던 아리스토텔레스 시대까지만 해도" 철학 이전의 우시아의 의미를 지닌다고 본다. 그것은 "소유물, 소유상태, 재력을 동시에 지칭"했으며, "눈앞의 마음대로 다룰 수 있는 것", 즉 "집이나 마당" 같은 부동산처럼 "우선적으로 눈앞의 것"이라고 주장한다. 그것은 바로 생생하게 눈앞에 있는 것으로서 '현전'하여, 내가 그 대상을 소유하고 처분할 수 있는 것을 의미한다. 김동규, 〈후설의 '현전의 형이상학'을 바라보는 세 가지 시선: 하이데거, 데

리다, 마리옹〉, 《철학논집》, 16집, 2008, 35~36쪽.

31 데이비드 마이클 레빈, 《모더니티와 시각의 헤게모니》, 340쪽.

32 자크 데리다, 〈옮긴이 해제: 철학적 구도의 가능성〉, 180쪽.

33 자크 데리다, 《목소리와 현상》, 154쪽.

34 박인철, 《에드문트 훗설》, 살림출판사, 2013, 49~50쪽 참조.

35 마틴 제이, 《눈의 폄하》, 665~666쪽 참조.

36 자크 데리다, 〈옮긴이 해제: 철학적 구도의 가능성〉, 179~180쪽.

37 같은 책, 179쪽. 대괄호 안은 필자가 추가.

38 마르틴 하이데거, 《기술과 전향》, 이기상 옮김, 서광사, 1993, 39쪽.

39 같은 책, 53쪽.

40 같은 책, 57쪽.

41 데이비드 마이클 레빈, 《모더니티와 시각의 헤게모니》, 153쪽; 마르틴 하이데거, 〈세계상의 시대〉, 《숲길》, 신상희 옮김, 나남, 2003, 154쪽 참조.

42 데이비드 마이클 레빈, 《모더니티와 시각의 헤게모니》, 163쪽.

43 같은 책, 163쪽.

44 같은 책.

〔3장〕

1 스티븐 존슨, 《원더랜드》, 홍지수 옮김, 프런티어, 2017, 240~242쪽 참조.

2 유서연, 〈베르크손의 지성적 사유 비판과 직관의 방법론〉, 이화여자대학교 석사학위논문, 1998, 12쪽.

3 마틴 제이, 《눈의 폄하》, 80쪽.

4 같은 책.

5 Martin Jay, *Downcast Eyes*, London: University of California Press, 1994, p.89.

6 토마스 앨새서·말테 하게너, 《영화이론》, 윤종욱 옮김, 커뮤니케이션스북스, 2013, 183쪽.

7 마틴 제이, 《눈의 폄하》, 90쪽.

8 같은 책, 134쪽.

9 미셸 푸코, 《감시와 처벌》, 오생근 옮김, 나남, 1994, 296쪽 참조.

10 〈서대문형무소〉, 다음백과, https://100.daum.net/encyclopedia/view/b11s3457a(검색일: 2020.9.16).

11 리즈 웰스 엮음, 《사진이론: 사진 해석을 둘러싼 논쟁과 실천의 역사》, 문혜진·신혜영 옮김, 두성북스, 2016, 249쪽.

12 같은 책, 249쪽.

13 지그문트 프로이트, 〈성적 이상〉, 《성욕에 관한 세 편의 에세이》, 김정일 옮김, 열린책들, 2008, 46~47쪽.

14 애슐리 몬터규, 《터칭: 인간 피부의 인류학적 의의》, 최로미 옮김, 글항아리, 2017, 313쪽 참조.

15 지그문트 프로이트, 〈성적 이상〉, 《성욕에 관한 세 편의 에세이》, 김정일 옮김, 열린책들, 2008, 47쪽.

16 지그문트 프로이트, 〈두려운 낯설음〉, 《예술, 문학, 정신분석》, 정장진 옮김, 열린책들, 2014, 415쪽.

17 에른스트 테오도어 아마데우스 호프만, 《모래 사나이》, 황종민 옮김, 창비, 2017; 지그문트 프로이트, 〈두려운 낯설음〉, 《예술, 문학, 정신분석》, 정장진 옮김, 열린책들, 2014, 414~418쪽 참조.

18 프로이트가 분석하는 '두려운 낯설음'의 정서는 낯선 것이 아니라 친숙한 것에서 느끼는 공포와 관련된다. 그리고 프로이트는 동일한 것이 반복되거나, 생각한 대로 이루어지는 생각의 전능성이 일어날 때 '두려운 낯설음'의 정서가 나타난다고 본다(지그문트 프로이트, 〈두려운 낯설음〉, 429, 433쪽). 또한 프로이트는 대부분의 사람들에게 두려운 낯설음의 정서를 가장 강렬하게 불러일으키는 것은 죽음, 시체, 죽은 자의 생환이나 귀신과 유령에 관한 것이라고 지적한다. 그는 옌치(E. Jentsch)의 말을 인용해 "어떤 한 존재가 겉으로 보아서는 꼭 살아 있는 것만 같아 혹시 영혼을 갖고 있지 않

나 의심이 드는 경우, 혹은 반대로 어떤 사물이 결코 살아 있는 생물이 아님에도 불구하고 영혼을 잃어버려서 영혼을 갖고 있지 않는 것이 아닌가 하는 의심이 드는 경우", 두려운 낯설음을 불러일으킨다고 보았다. 예를 들어 밀랍인형, 마네킹, 자동인형 등이 살아 움직이는 것만 같을 때 우리가 받는 섬뜩한 정서를 떠올리면 된다(유서연, 《공포의 철학》, 140~141쪽; 지그문트 프로이트, 〈두려운 낯설음〉, 412쪽 참조).

19 막스 밀네르, 《프로이트와 문학의 이해》, 이규현 옮김, 문학과지성사, 1997, 243~245쪽 참조. 다른 한편, 프리드리히 키틀러는 프로이트가 간과한 사실을 다음과 같이 말한다. "호프만이 그린 스케치에서 코펠리우스는 나타나엘의 아버지를 굽어보며, 나타나엘의 아버지는 몸을 조아리며 코펠리우스를 맞이한다. 코펠리우스는 남성적 권력의 속성을, 나타나엘의 아버지는 여성적 복종의 속성을 띠고 있다. 따라서 나타나엘이 코펠리우스와 자신의 아버지의 작업을 훔쳐보는 행위는 어린이가 아버지와 어머니의 성관계를 훔쳐보는 것을 의미한다. 이러한 훔쳐보기는 나타나엘이 올림피아를 망원경으로 훔쳐보는 것과 마지막 장면에서 옆에 있는 클라라를 망원경으로 엿보는 것으로 이어지며, 두 경우 모두 나타나엘은 광기에 빠져든다." 에른스트 테오도어 아마데우스 호프만, 《모래 사나이》(e-book).

20 에른스트 테오도어 아마데우스 호프만, 《모래 사나이》(e-book).

〔4장〕

1 〈원근법과 건축〉 네이버 지식백과, https://terms.naver.com/entry.nhn?docId=3579950&cid=58764&categoryId=58764(검색일: 2020.9.17).

2 같은 글.

3 장 뤽 다발, 《사진예술의 역사》, 박주석 옮김, 미진사, 1999, 10쪽.

4 같은 책, 14쪽.

5 마틴 제이, 《눈의 폄하》, 84쪽.

6 같은 책, 86~87쪽.

7 같은 책, 111쪽

8 같은 책, 112쪽.

9 같은 책, 118쪽.

10 장 뤽 다발, 《사진예술의 역사》, 11쪽.

11 같은 책, 14쪽.

12 같은 책, 17쪽.

13 '디오라마'는 풍경이나 그림을 배경으로 두고 축소 모형을 설치해 역사적 사건이나 자연 풍경, 도시 경관 등 특정 장면을 만들거나 배치하는 것을 뜻한다.

14 장 뤽 다발, 《사진예술의 역사》, 17쪽.

15 같은 책, 18쪽.

16 마틴 제이, 《눈의 폄하》, 182쪽.

17 같은 책, 186쪽.

18 수전 손택, 《사진에 관하여》, 이재원 옮김, 이후, 2013, 31쪽.

19 같은 책, 32쪽.

20 같은 책, 32~33쪽. 괄호 안은 필자가 추가.

21 리즈 웰스 엮음, 《사진이론: 사진 해석을 둘러싼 논쟁과 실천의 역사》, 문혜진·신혜영 옮김, 두성북스, 2016, 250쪽.

22 같은 책, 250~251쪽.

23 같은 책, 252쪽.

24 수전 손택, 《사진에 관하여》, 35쪽.

25 같은 책, 605쪽.

26 리즈 웰스, 《사진이론》, 282쪽.

27 유서연, 《공포의 철학》, 107쪽 참조.

28 〈영화〉, 네이버 지식백과, https://terms.naver.com/entry.nhn?docId=349806&cid=42617&categoryId=42617(검색일: 2020.9.19).

29 〈영화란 무엇인가〉, 네이버 지식백과, https://terms.naver.com/entry.nhn?docId

=2275294&cid=42219&categoryId=51141(검색일: 2020.9.19).

30 Henri Bergson, *L'evolution creatrice*, Henri Bergson, Oeuvres, P.U.F, 1970(1907), p.273.

31 유서연, 〈베르크손의 지성적 사유 비판과 직관의 방법론〉, 55~57쪽 참조.

32 토마스 앨새서·말테 하게너, 《영화이론》, 185쪽.

33 같은 책. 대괄호 안은 필자가 추가.

34 마틴 제이, 《눈의 폄하》, 629쪽.

35 같은 책.

36 토마스 앨새서·말테 하게너, 《영화이론》.

37 같은 책, 대괄호 안은 필자가 추가.

38 같은 책, 189쪽.

39 같은 책, 203쪽.

40 쇼히니 초두리, 《페미니즘 영화이론》, 노지승 옮김, 엘피, 2012, 72쪽.

41 타니아 모들스키, 《너무 많이 알았던 히치콕》, 도서출판 여이연, 2007, 47쪽.

42 같은 책, 62쪽.

43 Laura Mulvey, "Visuel Pleasure and Narrative Cinema", *Visual and other Pleasures*, Indiana University Press, 1989.

44 최태섭, 《한국, 남자》, 은행나무, 2018, 146쪽에서 재인용[노지승, 〈남성주체의 분열과 재건, 1980년대 에로 영화에서 남성성〉, 《여성문학연구》, 30권 0호, 2013, 101쪽].

45 최태섭, 《한국, 남자》, 146쪽.

〔5장〕

1 윤지영, 〈디지털 메트릭스의 여성착취 문법〉, 《철학연구》, 122집, 2018, 101~102쪽.

2 같은 글, 95쪽.

3 한국사이버성폭력대응센터, 《2020 한국 사이버 성폭력을 진단하다》, 60쪽.
4 장 폴 사르트르, 《존재와 무 I》, 손우성 옮김, 삼성출판사, 1990, 429~430쪽.
5 변광배, 《장 폴 사르트르: 시선과 타자》, 살림출판사, 2004, 25쪽.
6 장 폴 사르트르, 《존재와 무 I》, 436~437쪽.
7 박이은실, 〈퀴어이론가: 이브 코소프스키 세즈윅〉, 《여/성이론》, 30호, 2014, 136쪽.
8 우에노 지즈코, 《여성 혐오를 혐오한다》, 나일등 옮김, 은행나무, 2010, 36쪽.
9 같은 책, 37쪽.
10 〈N번방, 10-20대 문제 치부 안 돼 … 여성혐오 해결 못한 기성세대 탓〉, 《노컷뉴스》, 2020.6.10.
11 〈결국 마스크 못 벗긴 '박사방' 유료회원들 … 경찰 "신상공개 실익 낮다"〉, 《서울경제》, 2020.6.3.

〔6장〕

1 미셸 푸코, 《광기의 역사》, 이규현 옮김, 나남, 2017, 169~170쪽.
2 같은 책, 258쪽.
3 같은 책, 583쪽.
4 같은 책, 583~584쪽.
5 같은 책, 265쪽.
6 마틴 제이, 《눈의 폄하》, 522쪽.
7 같은 책, 527쪽.
8 샬럿 퍼킨스 길먼, 《누런 벽지》(e-book), 장지원 옮김, 2017, 더라인북스.
9 크리스티나 폰 브라운, 《논리, 거짓말, 리비도, 히스테리》, 엄양선·윤명숙 옮김, 도서출판 여이연, 2003, 37쪽 참조.
10 같은 책, 61쪽.
11 '안나 오'의 본명은 '베르타 파펜하임'으로, 그녀는 훗날 유명한 페미니스트이자 사회사업가로 활동하게 된다.

12 지그문트 프로이트, 《히스테리 연구》, 김미리혜 옮김, 열린책들, 2012, 37쪽.

13 김애령, 〈히스테리 언어: 여성철학의 위치〉, 한국여성철학회 학술대회 발표 자료집, 2017, 4쪽 참조.

14 유서연, 〈아우슈비츠를 넘어 디오니소스적 여성에로: 사라 코프만〉, 《여/성이론》, 31호, 2014, 174~176, 182쪽 참조.

15 엘렌 식수·카트린 클레망, 《새로 태어난 여성》, 이봉지 옮김, 나남, 2008, 29쪽.

16 1486년 성 도미니크회 수도사들인 하인리히 크래머와 제임스 스프랭어에 의해 출판된 이 책은 종교재판관들에게 마녀의 식별·재판·처벌 방식을 알려준다. 마녀사냥의 도구로 널리 사용된 이 책은 여성 박해의 상징적 문헌으로 간주된다(엘렌 식수·카트린 클레망, 《새로 태어난 여성》, 32쪽, 각주 13).

17 엘렌 식수·카트린 클레망, 《새로 태어난 여성》, 32쪽.

18 김애령, 〈히스테리 언어: 여성철학의 위치〉, 2쪽.

19 엘렌 식수·카트린 클레망, 《새로 태어난 여성》, 21쪽.

20 소포클레스, 《오이디푸스, 안티고네, 엘렉트라》(e-book), 이미경 옮김, 심야책방, 2016.

21 뤼스 이리가레 외, 《성적 차이와 페미니즘》, 권현정 엮음, 공감, 1999, 260~261쪽.

22 크리스타 볼프, 《카산드라》, 한미희 옮김, 문학동네, 2016, 23~24쪽. 괄호 안은 필자가 추가.

23 Monique Wittig, "Homo sum", *La pensée straight*, Editions Amsterdam, 2007, pp.74~75.

24 크리스타 볼프, 《카산드라》, 192쪽.

25 〈디지털 성범죄와 싸우는 여성들〉, 《경향신문》, 2020.4.21.

〔7장〕

1 뤼스 이리가레, 《나, 너, 우리 :성차의 문화를 위하여》, 박정은 옮김, 동문선,

1996, 10쪽 참조.

2 마틴 제이, 《눈의 폄하》, 713쪽.

3 김남이, 〈촉각의 현상학과 이리가레의 여성 주체성〉, 《여/성이론》, 31호, 2014, 120~121쪽 참조.

4 황주영, 《뤼스 이리가레》, 커뮤니케이션북스, 2017, 2쪽.

5 Luce Irigaray, *Speculum de l'autre femme*, Edition de Minuit, 1974, p.109, note 122.

6 황주영, 《뤼스 이리가레》, 3~4쪽.

7 마틴 제이, 《눈의 폄하》, 701쪽.

8 뤼스 이리가레, 〈거울, 다른 쪽에서〉, 《하나이지 않은 성》, 이은민 옮김, 동문선, 2000, 14쪽; 마틴 제이, 《눈의 폄하》, 710쪽.

9 마틴 제이, 《눈의 폄하》, 710쪽.

10 같은 책, 710~711쪽.

11 왜상 혹은 왜상 화법은 "시각예술에서, 일상적인 시각에서 볼 때는 그림에 나타난 대상의 모습이 뒤틀려 보이지만 특별한 각도에서 보거나 곡면 거울에 비추어 보면 왜곡이 사라지고 그림 속의 모습이 정상적으로 보이도록 그리는 원근법을 말한다. 〈왜상화법〉, 다음백과, https://100.daum.net/encyclopedia/view/b16a2447a(검색일: 2020.9.23).

12 '키아즘(chiasme)'은 후기 메를로퐁티의 주요 개념이다. 본래 '교차(chiasma)'는 신경의 교차를, '교차배열(chiasme)'은 대조어구의 순서를 거꾸로 하는 것을 가리키는 수사상의 용어이다. 메를로퐁티가 키아즘에 대한 착상을 발레리가 사용한 '교차'에서 얻은 것으로 생각되지만, 《보이는 것과 보이지 않는 것》에서 그는 자신의 살의 존재론을 설명하기 위해 이 용어를 차용하고 있다. 유고집이자 미완성 원고인 이 저작에서 그는 "안과 밖의 자기 안에서의 통합", "서로 연접된 내부와 외부", "내부의 외부에서, 외부의 내부에의 주름이자 상호적용"인 나의 몸이 세계와 타자와의 관계 속에서의 '교차(chiasme)'함을 제시한다(Maurice Merleau-Ponty, *Le visible et l'*

invisible, Gallimard, 2001, pp.311~312, 315). 이 용어는 '전환 가능성', '뒤얽힘', '상호내속(Ineinander)'과 병행해 사용된다. 만년의 메를로퐁티는 정신과 신체, 나와 타자, 대자와 즉자의 부정적인 대립을 넘어서는 존재론을 기획하고 있었는데, 그것은 이와 같은 내 몸과 사물들의 교차(chiasme)에 의해 가능하다[〈키아즘〉, 네이버 지식백과, https://terms.naver.com/entry.nhn?docId=1717942&cid=41908&categoryId=41972(검색일: 2020.9.23)].

13 '원소(élément)'라는 용어의 사용에 대해 메를로퐁티는 다음과 같이 말한다. "살을 지칭하기 위해서는 '원소'라는 옛 용어를 써야 하지 않을까 싶다. 물, 공기, 흙, 불을 말하며 사용했던 의미에서, 요컨대 시·공간상의 개체와 관념의 중간에 있는 것, 즉 작은 부분으로 조금이라도 발견되는 곳 어디서나 존재하는 양식을 가져오는 일종의 체현된 원리로서의 일반적인 것이라는 의미에서의 원소이다. 살은 이러한 의미에서 존재의 한 '원소'이다"(Maurice Merleau-Ponty, *Le visible et l'invisible*, pp.181~182).

14 엘리자베스 그로츠, 《뫼비우스 띠로서 몸》, 임옥희 옮김, 도서출판 여이연, 2001, 207쪽.

15 같은 책, 215, 218쪽.

16 같은 책, 208쪽.

17 Luce Irigaray, *Ethique de la différence sexuelle*, Editions de Minuit, 1984, pp.152, 154. 대괄호 안은 필자가 추가.

18 같은 책, 159쪽.

19 뤼스 이리가레, 《하나이지 않은 성》, 32쪽.

20 Luce Irigaray, *Ethique de la différence sexuelle*, p.159.

21 같은 책, 24쪽.

22 같은 책, 153쪽.

23 애슐리 몬터규, 《터칭: 인간 피부의 인류학적 의의》, 459쪽.

24 유서연, 〈디지털 시대, 페미니즘을 위한 제안〉, 《문학사상》, 8월호, 2020, 45쪽.

25 김남이, 〈촉각의 현상학과 이리가레의 여성 주체성〉, 《여/성이론》, 31호,

2014, 136쪽.

26 Luce Irigaray, *Ethique de la différence sexuelle*, p.13.

27 뤼스 이리가레 외, 《성적 차이와 페미니즘》, 271쪽.

28 마틴 제이, 《눈의 폄하》, 703~704쪽 참조.

29 유서연, 《공포의 철학》, 206쪽.

30 토마스 앨새서·말테 하게너, 《영화이론》, 249쪽.

31 애슐리 몬터규, 《터칭: 인간 피부의 인류학적 의의》, 388쪽.

32 역자는 '햅틱스(haptics)'에 대해 "촉각학, 곧 정신적·육체적 접촉행위 전반을 연구하는 학문이다. '햅틱'은 촉각학의 형용사형으로, 촉각(touch)과 구별하고 본문에서 밝히는 의미를 상기시키고자 '확장촉각'으로 옮겼다"고 주를 달았다. 애슐리 몬터규, 《터칭: 인간 피부의 인류학적 의의》, 46쪽.

33 애슐리 몬터규, 《터칭: 인간 피부의 인류학적 의의》, 46쪽.

34 Laura U. Marks, *The Skin of the Film*, Duke University Press, 2000, preface, p.ii.

35 같은 책, 164쪽.

36 같은 책.

37 토마스 앨새서·말테 하게너, 《영화이론》, 256쪽.

38 Laura U. Marks, *The Skin of the Film*, p.162.

39 Martin Jay, *Downcast Eyes*, p.194.

40 Henri Bergson, *La pensée et le mouvant*, P.U.F., 1955(1934), p.27.

41 같은 책.

42 같은 책, 178쪽.

43 Henri Bergson, *L'Évolution créatrice*, p.175.

44 같은 책, 178쪽.

45 같은 책.

46 같은 책, 179쪽.

47 마틴 제이, 《눈의 폄하》, 685쪽.

참고문헌

• 단행본

김보영·김보화 편저, 《스스로 해일이 된 여자들》, 서해문집, 2019.
데이비드 마이클 레빈 엮음, 《모더니티와 시각의 헤게모니》, 시각과언어, 2004.
또하나의문화 편집부, 《여자로 말하기, 몸으로 글쓰기》, 또하나의문화, 1992.
뤼스 이리가레, 《나, 너, 우리 :성차의 문화를 위하여》, 박정은 옮김, 동문선, 1996.
______, 《하나이지 않은 성》, 이은민 옮김, 동문선, 2000.
뤼스 이리가레 외, 《성적 차이와 페미니즘》, 권현정 엮음, 공감, 1999.
르네 데카르트, 《방법서설, 성찰, 데까르트 연구》, 최명관 옮김, 서광사, 1989.
리즈 웰스 엮음, 《사진이론: 사진 해석을 둘러싼 논쟁과 실천의 역사》, 문혜진·신혜영 옮김, 두성북스, 2016.
마거릿 애트우드, 《눈먼 암살자》(e-book), 차은정 옮김, 민음사, 2013.
______, 《시녀 이야기》, 김선형 옮김, 황금가지, 2019.
마르틴 하이데거, 《기술과 전향》, 이기상 옮김, 서광사, 1993.
______, 〈세계상의 시대〉, 《숲길》, 신상희 옮김, 나남, 2003.
______, 《존재와 시간》, 이기상 옮김, 까치글방, 1998.
______, 《형이상학 입문》, 박휘근 옮김, 문예출판사, 1994.
마틴 제이, 《눈의 폄하》, 전영백 외 옮김, 서광사, 2019.
막스 밀네르, 《프로이트와 문학의 이해》, 이규현 옮김, 문학과지성사, 1997.

모리스 메를로퐁티, 《보이는 것과 보이지 않는 것》, 남수인·최의영 옮김, 동문선, 2004.
미셸 푸코, 《감시와 처벌》, 오생근 옮김, 나남, 1994.
______, 《광기의 역사》, 이규현 옮김, 나남, 2017.
박인철, 《에드문트 훗설》, 살림출판사, 2013.
박찬국, 《들길의 사상가, 하이데거》, 그린비, 2018.
변광배, 《장 폴 사르트르: 시선과 타자》, 살림출판사, 2004.
샤를 페로, 《푸른 수염》(e-book), 더프렌즈 옮김, 바로이북, 2018.
샬럿 퍼킨스 길먼, 《누런벽지》(e-book), 장지원 옮김, 더라인북스, 2007.
《성경》, 홀리넷(http://www.holybible.or.kr).
소포클레스, 《오이디푸스 왕, 안티고네, 엘렉트라》(e-book), 이미경 옮김, 심야책방, 2016.
쇼히니 초두리, 《페미니즘 영화이론》, 노지승 옮김, 엘피, 2012.
수전 손택, 《사진에 관하여》, 이재원 옮김, 이후, 2013.
스베틀라나 알렉시예비치, 《전쟁은 여자의 얼굴을 하지 않았다》, 박은정 옮김, 문학동네, 2015.
스티븐 존슨, 《원더랜드》, 홍지수 옮김, 프런티어, 2017.
아멜리 노통브, 《푸른 수염》, 이상해 옮김, 열린책들, 2018.
애슐리 몬터규, 《터칭: 인간 피부의 인류학적 의미》, 최로미 옮김, 글항아리, 2017.
에른스트 테오도어 아마데우스 호프만, 《모래 사나이》, 황종민 옮김, 창비, 2017.
엘렌 식수, 《메두사의 웃음/출구》, 박혜영 옮김, 동문선, 2004.
엘렌 식수·카트린 클레망, 《새로 태어난 여성》, 이봉지 옮김, 나남, 2008.
엘리자베스 그로츠, 《뫼비우스 띠로서 몸》, 임옥희 옮김, 도서출판 여이연, 2001.
우에노 지즈코, 《여성 혐오를 혐오한다》, 나일등 옮김, 은행나무, 2010.
유서연, 《공포의 철학》, 동녘, 2017.
이나영 엮음, 《누가 여성을 죽이는가: 여성혐오와 페미니즘의 격발》, 돌베개,

2019.
이민경, 《우리에겐 언어가 필요하다: 입이 트이는 페미니즘》, 봄알람, 2016.
자크 데리다, 《그라마톨로지》, 김성동 옮김, 민음사, 2010.
______, 《글쓰기와 차이》, 남수인 옮김, 동문선, 2007.
______, 《목소리와 현상》, 김상록 옮김, 인간사랑, 2006.
장 뤽 다발, 《사진예술의 역사》, 박주석 옮김, 미진사, 1999.
장 폴 사르트르, 《존재와 무》, 손우성 옮김, 삼성출판사, 1990.
지그문트 프로이트, 《성욕에 관한 세 편의 에세이》, 김정일 옮김, 열린책들, 2008.
______, 《예술, 문학, 정신분석》, 정장진 옮김, 열린책들, 2014.
______, 《히스테리 연구》, 김미리혜 옮김, 열린책들, 2012.
최태섭, 《한국, 남자》, 은행나무, 2018.
추적단 불꽃, 《우리가 우리를 우리라고 부를 때》, 이봄, 2020.
캐롤린 코스마이어, 《페미니즘 미학 입문》, 신혜경 옮김, 경성대학교출판부, 2004.
크리스타 볼프, 《카산드라》. 한미희 옮김, 문학동네, 2016.
크리스티나 폰 브라운, 《논리, 거짓말, 리비도, 히스테리》, 엄양선·윤명숙 옮김, 도서출판 여이연, 2003.
타니아 모들스키, 《너무 많이 알았던 히치콕》, 도서출판 여이연, 2007.
토마스 앨새서·말테 하게너, 《영화이론》, 윤종욱 옮김, 커뮤니케이션스북스, 2013.
필리스 체슬러, 《여성과 광기》, 임옥희 옮김, 여성신문사, 2002.
한국사이버성폭력대응센터 엮음, 《2020 한국 사이버 성폭력을 진단한다》, 2019.
황주영, 《뤼스 이리가레》, 커뮤니케이션북스, 2017.

Bergson, Henri, *Essai sur les données immédiates de la conscience*, P.U.F., 1958(1889).
______, *L'Évolution créatrice*, Oeuvres, P.U.F., 1970(1907).
______, *La pensée et le mouvant*, P.U.F., 1955(1934).
Derrida, Jacque, "La mythologie blanche", *Marges de la philosophie*, Les edition de Minuit, 1972.

______, *L'écriture et la différence*, Editions du Seuil, 1967.

Irigaray, Luce, *Ethique de la différence sexuelle*, Editions de Minuit, 1984.

______, *Speculum de l'autre femme*, Edition de Minuit, 1974.

Jay, Martin, *Downcast Eyes*, University of California Press, London, 1994.

Kofman, Sarah, *L'énigme de la femme*, Galilée, 1983.

Marks, Laura U., *The Skin of the Film*, Duke University Press, 2000.

Merleau-Ponty, Maurice, *Le visible et l'invisible*, Gallimard, 2001.

Mulvey, Laura, "Visuel Pleasure and Narrative Cinema", *Visual and other Pleasures*, Indiana University Press, 1989.

Wittig, Monique, *La pensée straight*, Editions Amsterdam, 2007.

• 논문

구윤희, 〈다망감시로써의 슈퍼 파놉티콘을 통한 현대사회의 시선의 권력관계〉, 《한국콘텐츠학회논문지》, 9권 10호, 2009.

김남이, 〈촉각의 현상학과 이리가레의 여성 주체성〉, 《여/성이론》, 31호, 2014.

김동규, 〈후설의 '현전의 형이상학'을 바라보는 세 가지 시선-하이데거, 데리다, 마리옹〉, 《철학논집》, 16집, 2008.

김소라, 〈디지털 자본주의와 성폭력 산업〉, 《여/성이론》, 41호, 2019.

김애령, 〈히스테리 언어: 여성철학의 위치〉, 한국여성철학회 학술대회 발표 자료집, 2017.

김은주, 〈제4물결로서 온라인-페미니즘: 동시대 페미니즘의 정치와 기술〉, 한국여성철학회 학술대회 발표자료집, 2019.

박이은실, 〈퀴어이론가: 이브 코소프스키 세즈윅〉, 《여/성이론》, 30호, 2014.

유서연, 〈디지털 시대, 페미니즘을 위한 제안〉, 《문학사상》, 8월호, 2020.

______, 〈베르크손의 지성적 사유 비판과 직관의 방법론〉, 이화여자대학교 석사

학위논문, 1998.
_____, 〈아우슈비츠를 넘어 디오니소스적 여성에로: 사라 코프만〉, 《여/성이론》, 31호, 2014.
윤지영, 〈디지털 메트릭스의 여성착취 문법〉, 《철학연구》, 122집, 2018.
황주영, 〈페미사이드〉, 《여/성이론》, 27호, 2013.
홍남희, 〈디지털 성폭력의 불법화 과정에 대한 연구〉, 《미디어, 젠더&문화》, 33권 2호, 2018.

• 인터넷 자료

〈결국 마스크 못 벗긴 '박사방' 유료회원들 … 경찰 "신상공개 실익 낮다"〉, 《서울경제》, 2020.6.3.
〈경찰, 텔레그램 이용 디지털 성범죄 '박사' 포함 124명 검거〉, 《연합뉴스》, 2020.3.23.
〈기저귀 찬 아기도 성착취 '다크웹' 손정우가 출소한다〉, 《노컷뉴스》, 2020.3.27.
〈디지털 성범죄와 싸우는 여성들〉, 《경향신문》, 2020.4.21.
〈리벤지포르노〉, 에듀윌 시사상식, https://100.daum.net/encyclopedia/view/201XXX1811089(검색일: 2019.8.3).
〈미투운동〉, 다음백과, https://100.daum.net/encyclopedia/view/47XXXXXd1521(검색일: 2020.6.29).
〈서대문형무소〉, 다음백과, https://100.daum.net/encyclopedia/view/b11s3457a(검색일: 2020.9.16).
〈선별진료소 휴식공간서 여성 간호사 '도촬' 신고 … 경찰 수사〉, 《연합뉴스》, 2020.3.17.
〈'아동 성 착취물 사이트', 손정우, 출소 대신 '재구속'〉, Jtbc, 2020.4.28.
〈영화〉, 네이버 지식백과, https://terms.naver.com/entry.nhn?docId=349806&cid=

42617&categoryId=42617(검색일: 2020.9.19).

〈영화란 무엇인가〉, 네이버 지식백과, https://terms.naver.com/entry.nhn?docId=2275294&cid=42219&categoryId=51141(검색일: 2020.9.19).

〈왜상화법〉, 다음백과, https://100.daum.net/encyclopedia/view/b16a2447a(검색일: 2020.9.23).

〈원근법과 건축〉, 네이버 지식백과, https://terms.naver.com/entry.nhn?docId=3579950&cid=58764&categoryId=58764(검색일: 2020.9.17).

〈이별범죄〉, 트렌드 지식사전 4, https://100.daum.net/encyclopedia/view/54XX34200041(검색일: 2019.8.3).

〈조주빈, "성착취물 브랜드화 생각" … 법정서 혐의 정당화〉, 《연합뉴스》, 2020.9.1.

〈지난해 배우자, 애인에게 살해된 여성 최소 88명 … 살인미수 피해는 196명〉, 《여성신문》, 2020.3.7.

〈추미애, "n번방은 '김학의, 장자연' 잘못된 처리가 낳은 참사"〉, 《세계일보》, 2020.4.12.

〈키아즘〉, 네이버 지식백과, https://terms.naver.com/entry.nhn?docId=1717942&cid=41908&categoryId=41972(검색일: 2020.9.23).

〈'텔레그램 미성년 성착취' 박사, 74명 성노예로 만들었다〉, 《news1》, 2020.3.20.

〈n번방 사건〉, 위키백과, https://ko.wikipedia.org/wiki/N번방_사건(검색일: 2020.4,30).

〈'n번방 성착취 법원 판결 먹고 자란다' … 아동, 청소년 음란물 범죄 새 양형기준 나오나〉, 법률방송뉴스, 2020.4.20.

〈N번방, 10-20대 문제 치부 안 돼 … 여성혐오 해결 못한 기성세대 탓〉, 《노컷뉴스》, 2020.6.10.

〈4차 산업혁명〉, 다음백과, https://100.daum.net/encyclopedia/view/ 47XXXXXXX185(검색일: 2020.9.8).